Chuck Spezzano

Wie du deinen Partner änderst …
und dein Leben gleich mit

CHUCK SPEZZANO

Wie du deinen Partner änderst

… und dein Leben gleich mit

Aus dem amerikanischen Englisch übersetzt
von Dr. Nirvana Verena Moser

Verlagsgruppe Random House FSC®-N001967

Integral Verlag
Integral ist ein Verlag der Verlagsgruppe Random House GmbH.

ISBN 978-3-7787-9264-3

Erste Auflage 2016
Copyright © 2015 by Chuck Spezzano
Titel des Originals: *Finally! How to Change Your Partner*
Copyright © der deutschsprachigen Ausgabe 2016
by Integral Verlag, München, in der Verlagsgruppe Random House GmbH,
Neumarkter Straße 28, 81673 München
Alle Rechte sind vorbehalten. Printed in Germany.
Umschlaggestaltung: Guter Punkt, München
Umschlagmotiv: © AnikaSalsera/thinkstock
Satz: Satzwerk Huber, Germering
Druck und Bindung: CPI books GmbH, Leck

www.integral-verlag.de
www.facebook.com/Integral.Lotos.Ansata

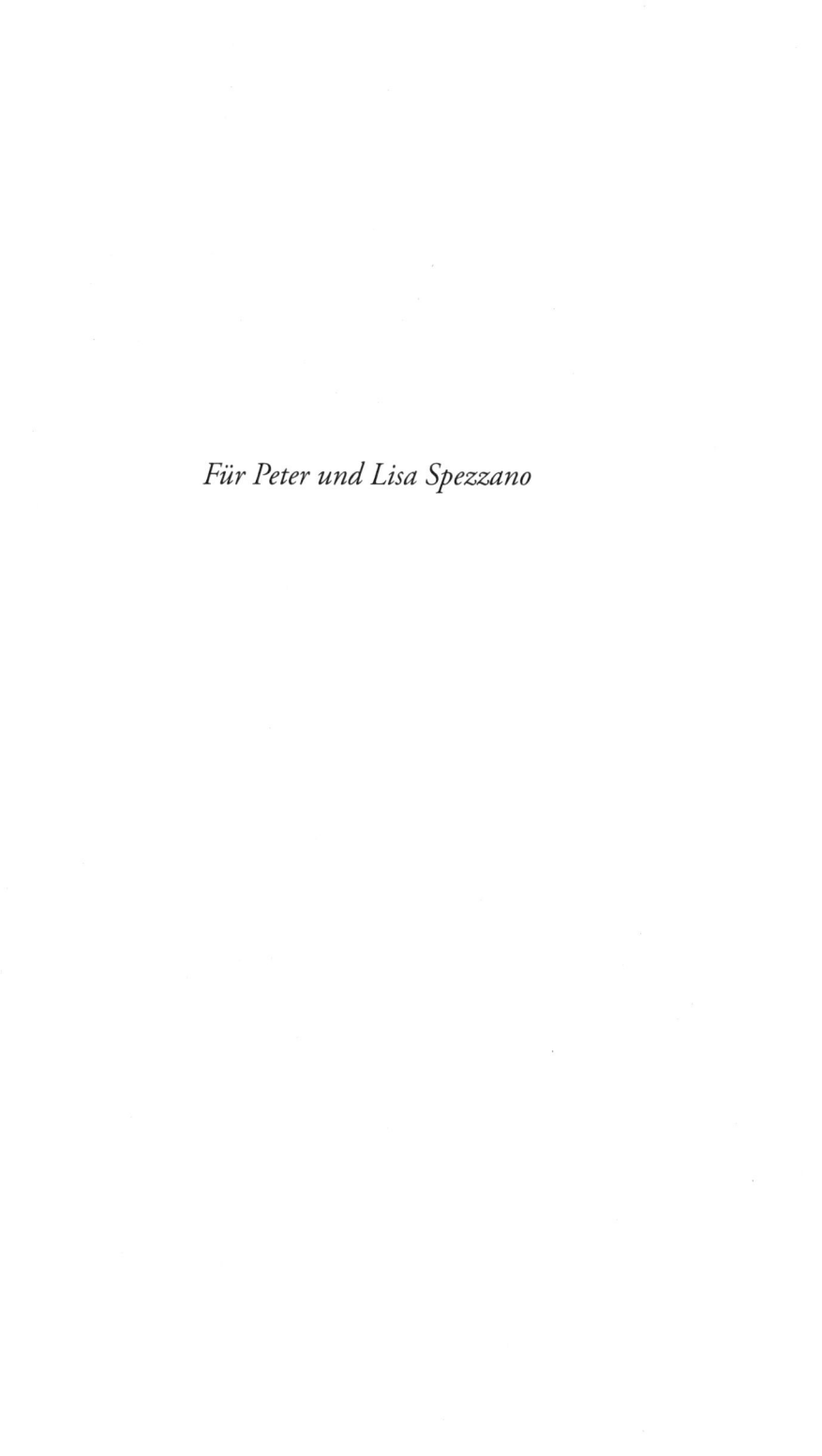

Für Peter und Lisa Spezzano

»Es hat keinen Sinn, über die Welt zu jammern.
Es hat keinen Sinn, zu versuchen, die Welt zu verändern.
Sie ist nicht imstande, sich zu verändern,
weil sie bloß eine Wirkung ist.
Hingegen hat es in der Tat einen Sinn,
deine Gedanken über die Welt zu ändern.
Damit veränderst du die Ursache.
Die Wirkung wird sich von selbst verändern.«

Ein Kurs in Wundern, Übungsbuch,
Seite 34, Lektion 23, Ü-I.23.2:2-7[1]

Inhalt

Wie du deinen Partner änderst ... und dein Leben
gleich mit 11

Einführung 13

Grundsätze, mit denen du deinen Partner änderst 19

1. Akzeptanz 22
2. Verantwortung übernehmen 26
3. Wie diese Beziehung funktioniert 29
4. Den Kampf aufgeben 32
5. Konkurrenz heilen 35
6. Sieg für beide 38
7. Die Antwort liegt in der Verbundenheit 40
8. Übertragung heilen 44
9. Festhalten sabotiert die Gegenwart 47
10. Projektion heilen 49
11. Wenn du es brauchst, kannst du es nicht haben . 54
12. Was dein Unterbewusstsein sagt 56
13. Beschwerden 59
14. Die entscheidende Lektion von Unabhängigkeit
    und Abhängigkeit 63
15. Transformierende Kommunikation 68

16. Dein Glaube bist du 72

17. Deine Geschenke 76

18. Emotionale Reife 79

19. Führung und Gnade 83

20. Dein persönlicher Mythos 85

21. Vergebung 88

22. Die Frage der Verantwortlichkeit 92

23. Verbindungsabbrüche heilen 101

24. Bedürfnisse heilen 104

25. Deine sexuelle Beziehung bereichern 107

26. Der Teil deines Bewusstseins 110

27. Herzensbruchmuster intuitiv heilen 113

28. Deine Lebensgeschichte I 116

29. Dein Partner als Gegenteil von dir 120

30. Deine Schuldmuster heilen 122

31. Kompensationen heilen 126

32. Deine Vorfahren heilen 131

33. Die Selbstkonzepte und die Schattenfigur
des Rebellen heilen 134

34. Geheime Absprachen 138

35. Den Autoritätskonflikt heilen 140

36. Hingabe 143

37. Das Kernproblem aus vergangenen Leben
heilen 145

38. Familienrollen heilen 149

39. Wenn dein Partner sich nicht ändert 154

40. Welchen Zweck hat deine Beziehung? 158

41. Deine Beschwerden 162

42. Introjektionen heilen 164

43. Distanz heilen 168

44. Hingabe lernen 170

45. Dein Erfolg in der Beziehung 173

46. Die eine Schlüsselperson................... 177
47. Bereiche, in denen dein Partner sich nicht ändert.................................... 179
48. Der Schmerz der Muster.................. 183
49. Deine versteckte schlechte Einstellung 186
50. Ho'oponopono......................... 190
51. Familien- und ödipale Verschwörungen 192
52. Sich Erfolg erarbeiten oder sich verbinden?..... 198
53. Geiz................................. 203
54. Die Lektion lernen 208
55. Weit zurückreichende Muster.............. 210
56. Eine Lüge leben 216
57. Die fünf wichtigsten Prinzipien 219
58. Zur Hölle und zurück.................... 225
59. Ego-Verträge und Pakte mit dem Teufel 228
60. Die Ursache deiner Scheidung 231
61. Das Schiff der Selbstliebe 234
62. Wenn dein Partner ein echtes Ärgernis ist...... 238
63. Als dein Beziehungsschiff versenkt wurde 240
64. Tiefe Überzeugungen über deinen Partner 242
65. Der Eisberg deines Bewusstseins............. 247
66. Verfluchen 251
67. Wiedersehen mit den dunklen Geschichten 253
68. Fehlen der Selbsteinbeziehung 261
69. Die Ich-Armer-Geschichte 264
70. Als die Selbstliebe verloren ging 267
71. Die Ursprungsmuster 269
72. Was deinen Partner motiviert 271
73. Vertrauen 276
74. Angst vor Intimität...................... 278
75. Verantwortlichkeit 281
76. Spirituelle Verbundenheit mit deinem Partner .. 283

77. Wozu ist eine Beziehung da? 285
78. Die Hundehütte 288
79. Dein Partner ist nur so gut, wie du ihn haben
    willst. 290
80. Wiederholung: Wofür benutzt du das? 292
81. »Ich werde mich dafür nicht verurteilen« 295
82. Eine Schachfigur sein 297
83. Aufopferung heilen 299
84. »Du bist genau wie deine Mutter«. 304
85. Gefängnisgeschichten und -verschwörungen 309
86. Deinem Partner helfen 314
87. Das Unverzeihliche vergeben 318
88. Zunichtemachen. 320
89. Selbstkreuzigung. 322
90. Das Astrale heilen 324
91. Dunklen Einfluss heilen 328
92. Einige Beziehungen sind wie Stützräder 330
93. Astralangriffe 333
94. Die Elemente des Kämpfens 338
95. Deine Lebensgeschichte II 342
96. Was du deinem Partner vorhältst und warum . . . 346
97. Eine kurze Spiegelübung. 349
98. Die großen Kriege 350
99. Wie ihr euch unterscheidet. 353
100. Den Himmel wählen 357

Zusammenfassung. 360

Dank. 363

Anmerkungen 364

Wie du deinen Partner änderst ...
und dein Leben gleich mit

Du kennst bestimmt die alte Weisheit, dass du eine Beziehung nicht mit dem Gedanken beginnen solltest, dass du deinen Partner[2] ändern wirst. Das wird nicht funktionieren, und es wird dir leidtun, deine Zeit verschwendet zu haben. Andere Menschen drücken es weniger freundlich aus: Du könntest genauso gut darauf warten, dass die Hölle zufriert. Das wird nicht passieren. Du wirst deinem Partner nur auf die Nerven gehen. Hier setzt dieses Buch an und es ist ein hervorragender Ausgangspunkt. Wenn du dieses alte Sprichwort nicht akzeptieren kannst, machst du dein Glück von deinem Partner und deiner Umwelt abhängig. Dies kann eine Zeit lang gut gehen, aber letztendlich wirst du enttäuscht werden. Daher beginnt dieses Buch mit einem Paradox: Wenn du deinen Partner nicht so annimmst, wie er ist, wirst du nie lernen, wie du ihn ändern kannst. Dein Glück hängt nicht von deinem Partner ab. Es hängt von *dir* ab!

Dieses Buch kann dir helfen, einerseits Kontrolle und andererseits neurotische Resignation aufzugeben. Kontrolle erzeugt Streit und Langeweile. Resignation führt dazu, dass du in deiner Beziehung in Leblosigkeit und Niedergeschlagenheit stecken bleibst. Es besteht ein wesentlicher Unterschied zwischen Kontrolle, neurotischer Resignation und Akzeptanz. Dieses Buch unterstützt dich dabei, diesen Unterschied zu erkennen. Es ist der Unterschied zwischen Erfolg und Niederlage.

Einführung

M it neurotischer Resignation passt du dich der Situation an und nichts ändert sich. Oder du kämpfst gegen deinen Partner, indem du versuchst, ihn und die Situation zu kontrollieren, und nichts ändert sich. Je mehr du um Kontrolle kämpfst, desto mehr wird deine Beziehung zu einer Seifenoper. Wenn sich deine Beziehung zu einem Machtkampf zurückentwickelt hat, gibt es keine Bewegung nach vorn zu mehr Erfolg und Intimität. Die einfachste Tatsache der Psychologie besteht darin, dass du das bestärkst, was du erreichen möchtest. Je mehr du gegen etwas kämpfst, desto stärker wird es. Das ist selbstzerstörerisch. Sogar wenn du gewinnst und das Verhalten deines Partners kontrollierst, wirst du nicht die Intimität erreichen, die du dir erhofft hast. Dir wird einfach langweilig sein. Intimität kommt aus dem Herzen und dem Geist und entsteht nicht dadurch, dass du das Verhalten deines Partners durch Angriff oder Manipulation kontrollierst.

»Es muss einen anderen Weg geben!«[3]
Die Absicht, die *Ein Kurs in Wundern* zugrunde liegt

Wenn du diese Worte wiederholst, wird dir dein Bewusstsein einen besseren Weg zeigen. Aber wenn die Situation ein chronischer Zustand ist, könnte es sein, dass du diese Worte hunderte Male mit aller Willenskraft aussprechen musst, die dein Geist aufbringen kann. Es macht keinen Unterschied, ob du diese Worte laut äußerst oder im Geist zu dir selbst sagst. Sie erhalten ihre Kraft aus der Stärke deiner Absicht.

Kannst du deinen Partner so akzeptieren, wie er ist? Dann wird sich die Situation ändern. Sie wird sich entwickeln. Es ist ein Paradox. Nur, wenn du die Situation akzeptierst, wird sie sich weiterentwickeln. Sobald du akzeptierst, wie die Dinge sind und wie dein Partner ist, wird das Problem nicht mehr länger im Zentrum deiner Aufmerksamkeit stehen. Du lässt deine Anhaftungen los und die Dinge können sich entfalten. Das ist es, was du dir wünschst. Durch Akzeptanz kommst du zum Frieden und denkst daher wirklich anders über deinen Partner und die Situation. Oder du fühlst dich als eine Folge deiner Akzeptanz nicht nur in Frieden, sondern die Person und/oder die Situation beginnen ebenfalls, sich zu verändern. Erinnere dich daran, dass dir das, was gerade passiert oder die Art, wie sich dein Partner verhält, nicht gefallen muss. Ohne Akzeptanz wirst du jedoch die Situation oder die Eigenschaften, die dir nicht gefallen, nur verstärken. Wenn du deinen Partner nicht so akzeptieren kannst, wie er ist, erzeugst du Leid, Herzensbruch und Rache. Alles, was zwischen dir und Gott steht, wird zwischen dir und deinem Partner hochkommen. Jetzt kann es in dir, in deinem Partner oder in der Situation auftauchen. Während du Heilungsfortschritte mit deinem Partner machst, kannst du in deinem Unterbewusstsein und sogar im Bereich deines Unbewussten aufräumen. Der Himmel auf Erden wartet auf dich, wenn *du* den Mut zur Veränderung aufbringst.

Wenn sie einen Moment darüber nachdenken, würden es die meisten Menschen vorziehen, dass ihr Partner an ihrer Stelle das Problem auslebt. Wenn dein Partner also das Problem auslebt, sei dankbar dafür, dass er es für euch beide auf sich nimmt, denn wenn dein Partner dieses Problem hat, gehört es euch beiden. Transformation beginnt mit Akzeptanz. Akzeptanz bringt dich wieder zurück in den Fluss, bis etwas anderes auftaucht, das du nicht annehmen willst, um dich selbst aufzuhalten. Akzeptanz ist ein ziemliches Paradox. Wenn du etwas ändern möchtest, akzeptiere es so, wie es ist, und es wird sich weiterentwickeln. Anpassung funktioniert nicht. Sie führt zu Leblosigkeit. Kontrollieren und Gewinnen funktionieren nicht. Sie führen zu entweder mehr Streitigkeiten oder mehr Langeweile. Akzeptanz heilt Verletzungen und Herzensbruch und es heilt die Rachegefühle, den Hass und den Selbsthass, die damit verbunden sind.

Du wirst dir nicht vormachen können, dass die Dinge sich verbessern, wenn dies nicht der Fall ist. Nur Akzeptanz bringt Ergebnisse. Während du in diesem Buch liest, wirst du alle möglichen Dinge über dich selbst erfahren, die du in deinem unterbewussten und unbewussten Verstand versteckt hast. Du wirst herausfinden, ob du bereit bist, dich selbst, deinen Partner und die Menschen in deinem Umfeld zu ermächtigen, oder ob du selbstsüchtig darin schwelgst, dem Plan des Egos zu folgen. Wenn du dir die Grundsätze in diesem Buch zu eigen machst, wirst du lernen, dich selbst mehr zu mögen und deinen Partner ebenso. Die Liebe kommt, während du dich heilst, und dein Partner wird sich ändern, während du heilst.

Dies ist das dritte Buch in einer Serie, die mit *Wenn es verletzt, ist es keine Liebe*[4] begann und mit dem *Beziehungs-Notfall-Set*[5] fortgesetzt wurde. Ich würde dir empfehlen, mit diesen Büchern zu beginnen, da alle drei zusammen eine natürliche Abfolge darstellen. Es ist etwa so, als wenn *Wenn es verletzt, ist es keine Liebe* ein Vordiplom, das *Beziehungs-Not-*

fall-Set ein Hauptdiplom und *Wie du deinen Partner änderst* eine Doktorarbeit in Sachen Beziehungen ist. Auch wenn du *Wie du deinen Partner änderst* unabhängig anwenden kannst, sind die anderen Bücher sehr hilfreich. *Wenn es verletzt, ist es keine Liebe* ist – ähnlich einem Grundstudium an einer Universität – allgemeiner gehalten. Das *Beziehungs-Notfall-Set* ist sehr spezifisch und geht auf bestimmte Probleme wie Sucht und Untreue ein. *Wie du deinen Partner änderst* ist ein Buch, das ich schreiben wollte, um Menschen Methoden für positive Veränderungen aufzuzeigen, während sie gleichzeitig ihre Beziehungen verwandeln. Andere Bücher, die eine große Hilfe sein könnten, sind diejenigen aus der Serie über emotionale Reife: *Emotionale Reife*[6], *Sprache des Herzens*[7] und *Leben in emotionaler Freiheit*[8]. Das Buch *Heilung beginnt im Herzen*[9] enthält Prinzipien zur Heilung aller großen Probleme, obgleich meine ursprüngliche Absicht darin lag, Menschen dabei zu helfen, körperliche Schmerzen und Krankheiten zu heilen. Ein weiteres allgemeines Buch dazu, wie du Erfolg in jeden Lebensbereich bringen kannst, heißt *Die inneren Gesetzmäßigkeiten des Erfolgs*[10]. Außerdem gibt es weitere Bücher über Beziehungen wie *Wo Engel gehen auf leisen Sohlen*[11], *Partnerschaft und spirituelles Leben*[12] und *Glückliche Partnerschaft*[13].

Mit den Jahren ist mir klar geworden, dass Menschen, die sich wirklich verpflichtet haben, einen besseren Weg zu gehen, diesen Weg auch finden.

Was wärst du zu geben bereit, um deine Beziehung und deinen Partner zu transformieren? Dein Ego ist vollkommen dagegen, aber dein Höheres Bewusstsein engagiert sich voll und ganz dafür, dass deine Beziehung so gut ist, wie sie nur sein kann. Denn sie ist das perfekte Vehikel für dein Wachstum, und du wirst schnell wachsen, sobald du erkannt hast, was Beziehungen sind und was eigentlich vor sich geht.

Wenn du den geheimen Wunsch hegst, dass dein Partner oder die Beziehung versagen, und du diesen Teil nicht findest und heilst, werden die Dinge nur sehr begrenzt besser werden. Wenn du dieses Buch als Munition gegen deinen Partner missbrauchst oder um recht zu haben und deinen Partner schlecht dastehen zu lassen, liest du das falsche Buch.

Wie das Leben auch ist deine Beziehung das, was du daraus machst. Denn einige von euch stehen großen Herausforderungen gegenüber und hatten doch geglaubt, dass Beziehungen eine Art romantisches Hollywood-Märchen sein sollten. Diese Naivität musste einfach zu einem Herzensbruch und zu zerstörten Träumen führen. Finde heraus, was wirklich in Beziehungen passiert und wie sie funktionieren. Du kannst alles aus der Vergangenheit heilen, was dich für die Gegenwart programmiert hat, denn wenn es verletzt, hast du missverstanden, was geschehen ist. Und wenn du verstehst und heilst, wird sich deine Sicht der Vergangenheit vollständig verändern. Bei diesen vergangenen Ereignissen und in der Gegenwart geht es um so viel mehr. Dieses Buch wird dir ermöglichen, die Vergangenheit und die Gegenwart zu untersuchen, um Licht auf Elemente des Unterbewusstseins (also auf alles Geschehen seit deiner Empfängnis) und auf Elemente des Unbewussten (alles in deiner Seele seit Anbeginn der Zeit) zu werfen.

Dies ist deine Chance, dich selbst viel besser kennenzulernen und dich selbst viel mehr zu mögen. Jeder Ort in der Vergangenheit, an dem du gelitten hast und der nicht geheilt ist, enthält eine verborgene Schicht aus Schuldgefühlen, die dazu führen, dass du dich selbst bestrafst. Dies wird durch das schlechte Gefühl verstärkt, das eine weitere Schicht aus Schuldgefühlen darstellt. Ich kann dir aus persönlicher und professioneller Erfahrung sagen, dass alle deine Glaubenssätze und Schuldgefühle und alle deine Vorstellungen von Sünde eine Illusion sind, die sehr zerstörerisch für dein Glücklichsein und für die Wahrheit ist. Sie greifen dich und deine Beziehungen an. Sie werden projiziert, du greifst deinen Partner ebenso an wie dich selbst.

Wünsch dir aus ganzem Herzen die Wahrheit und dass deine Beziehung ein Sieg für dich, deinen Partner und den Himmel ist, während du dieses Buch liest.

Grundsätze,
mit denen du deinen Partner änderst

1. Akzeptiere deinen Partner.
2. Übernimm Verantwortung für dich selbst, deine Emotionen, deine Situation und deinen Partner.
3. Gib deinen Kampf auf.
4. Gib deine Konkurrenz auf, die zu Streit und zu Leblosigkeit führt.
5. Die Antwort liegt in Verbundenheit.
6. Heile deine Übertragung von alten Beziehungen auf diese Beziehung.
7. Heile deine Projektionen.
8. Liebe deinen Partner bedingungslos.
9. Erlerne transformierende Kommunikation.
10. Sieh deinen Partner als dich selbst.
11. Furchtlosigkeit wird euch beide befreien.
12. Vergebung ist der Schlüssel zur Veränderung.
13. Lerne, das Unverzeihliche zu verzeihen.
14. Erlerne die vielen Formen der Vergebung.
15. Finde heraus, wofür du jedes Problem und jede negative Situation benutzt.
16. Heile deine Ahnenmuster.
17. Heile deine Seelenmuster.

18. Integriere deine Kompensationen mit den dunklen Emotionen, die darin verborgen sind.

19. Gib die Versuche auf, von anderen zu nehmen, und lerne zu geben.

20. Lebe deine Lebensaufgabe und halte dein Seelenversprechen.

21. Der Himmel steht hinter dir. Bitte um Hilfe.

22. Lass deine Anhaftungen los.

23. Gib die Kontrolle auf. Hab stattdessen Vertrauen.

24. Nimm deinen Partner wichtiger als dein Schwelgen.

25. Vertrauen verwandelt alle Situationen in Wahrheit.

26. Gib dich nicht mit weniger zufrieden, pass dich nicht an und geh keine Kompromisse ein. Strebe nach der Wahrheit.

27. Kommuniziere so lange, bis dort eine Brücke entsteht, wo euch etwas getrennt hat.

28. Gib Erwartungen und Forderungen auf und setz dir stattdessen Ziele.

29. Segne deinen Partner, anstatt ihn zu verurteilen.

30. Hilf deinem Partner, anstatt ihn zu verurteilen.

31. Wenn du Angst spürst, erinnere dich daran, wer immer mit dir geht.

32. Wenn du das Gefühl hast, etwas nicht bewältigen zu können, erinnere dich, wofür der Himmel da ist.

33. Für jedes Problem, das dein Partner hat, hast du das Gegenmittel in Form eines Talents oder einer Gabe.

34. Merze alle negativen Gedanken aus und bitte stattdessen um Gnade.

35. Vergib den Schatten, den dein Partner zeigt und den du versteckt hast.

36. Erkenne deine Emotionen als Signale für das, was *du* heilen musst.

37. Erkenne in deinen chronischsten Problemen deine alten Wutanfälle, deine Sturheit, deine schlechte Einstellung und die Idole, an denen du festhältst.
38. Vergib Gott und anderen, denen du die Schuld an einer Situation gegeben hast.
39. Gib dich deinem Partner hin.
40. Empfange die Gnade, die dir bereits zuteilgeworden ist und die du brauchst, um alles zu erreichen.
41. Erinnere dich an deine Liebenswürdigkeit.
42. Erinnere dich daran, dass ihr beide Kinder Gottes seid.
43. Dein Glücklichsein hängt von deiner Entscheidung ab, nicht von den Umständen.
44. Hilf jedes Mal, wenn du feststeckst, einem anderen.

1

Akzeptanz

Was du an deinem Partner nicht akzeptieren kannst, kannst du an dir selbst nicht akzeptieren. Wenn du deinen Partner ändern möchtest und Vertrauen hast, wirst du dich selbst ändern und du wirst erleben, wie sich dein Partner als Folge davon ändert. Wie dein Partner ist und sich verhält, ist unterbewusst Teil einer geheimen Absprache. Während du dich veränderst – und zwar nicht nur mit kosmetischen Verschönerungen, sondern wirklichen Veränderungen auf der Bauchebene –, wird sich dein Partner ganz natürlich ebenfalls verändern. Alles andere ist Manipulation und Kontrolle deines Partners. Ein derartiges Verhalten wird einfach keine Wirkung haben. Es wird zu einem Streit führen, oder du wirst in deinem Partner Sturheit und Rückzug provozieren, was eine andere Form des Kampfes ist.

Die größte Falle in Beziehungen besteht darin zu glauben, dass dein Partner dazu da ist, deine Bedürfnisse zu erfüllen und dich glücklich zu machen. Du kannst auf dieser Überzeugung bestehen, aber dann wirst du nicht die emotionale Reife entwickeln, die erforderlich ist, um glücklich zu sein oder deinen Partner zu ändern. All dein Schmerz und deine dunklen Gefühle zeigen, dass dein Glück von ihm abhängt. Ohne dieses Bedürfnis wirst du ermächtigt, das Glück zu bringen, nach dem du strebst.

Schreib eine Liste der Dinge auf, die du an deinem Partner nicht akzeptabel findest. Sieh dir diese Liste sorgfältig an. Steht da etwas, was du an dir selbst nicht annehmen kannst?

Es gibt zwei wirklich effektive Methoden, um dir zu helfen, diese Dinge akzeptabel zu finden, anstatt mit deinem Partner zu kämpfen. Erinnere dich: Wenn du dich gegen etwas wehrst, bleibt es bestehen. Ein Problem zu verdrängen oder einen Kompromiss einzugehen, wie du es manchmal getan hast, zählt nicht als Akzeptanz. Es ist eine »Flucht in die Gesundheit«, wenn du so tust, als ob du etwas akzeptiert hättest. Dann scheint es nur so, als hättest du die Lektion gelernt, und das funktioniert einfach nicht. Früher oder später wird es sich in Form einer Prüfung zeigen, und das ist nicht das, was du willst.

Mithilfe deiner Intuition kannst du Zugang zu den versteckten Tiefen des Bewusstseins erhalten und außerdem alle Antworten bekommen, die du brauchst. Deine Intuition wird die Abwehrmechanismen deines Egos überwinden. Frag dich in Bezug auf deinen Partner, wann du diesen Teil in dir selbst zurückgewiesen hast. Wenn dir keine Antwort kommt, rate einfach. Normalerweise bereitet das keine Schwierigkeiten, es sei denn, du hast Angst. Wenn du es wissen könntest: Wer war bei dir? Was ist geschehen, das dich dazu brachte, diesen Teil von dir selbst abzulehnen?

Jedes Mal, wenn du etwas ablehnst, erzeugst du Gefühle der Verletzung und des Herzensbruchs. Wenn du diese Emotionen fühlst, glaubst du vielleicht, dass sie durch etwas entstanden sind, was ein anderer Mensch getan oder nicht getan hat. Das Gefühl, ungewollt zu sein, Verletzung und Herzensbruch entstehen jedoch dadurch, dass du diesen Menschen ablehnst. Ganz gleich, was er auch getan hat: Der Schmerz beginnt in deinem Bewusstsein mit deiner Entscheidung. Wenn du etwas ablehnst, tut es weh, und was du in anderen ablehnst, lehnst du in dir selbst ab. Eine Situation muss dir nicht gefallen, aber wenn du sie akzeptierst, entwickelt sie sich weiter und entfaltet sich. Wenn du die Situation, den anderen Menschen und dich selbst nicht akzeptierst, schaffst du ein selbstzerstörerisches Muster. Du wehrst dich dagegen, aber es führt dennoch zu mehr Herzensbrüchen der gleichen Art. Du könntest dich auch durch Rückzug und Kontrolle für dissoziierte Unabhängigkeit entscheiden. Dies führt ebenfalls nicht zum Erfolg und bringt seine eigenen Probleme mit sich. Frag dich also, was du damals an dir zurückgewiesen hast. Was hast du an anderen Menschen abgelehnt? Dies wird dir zeigen, was du auch in dir zurückgewiesen hast. Kannst du die anderen und ihr Verhalten in dem Wissen akzeptieren, dass diese Lektion zu einem schmerzhaften, von Prüfungen begleiteten Muster werden wird, wenn du es nicht tust?

Eine weitere Möglichkeit, die dir bei einem Mangel an Akzeptanz helfen kann, ist die Macht der Entscheidung. Du kannst sie sowohl in der Vergangenheit als auch in der Gegenwart nutzen. Frag dich, wie viele Schritte du in Akzeptanz zurücklegen musst, um von einem bestimmten Problem oder einer bestimmten Situation frei zu sein. Stell dir vor, dass dich so viele Schritte von der Freiheit trennen. Erkläre jetzt: »Ich entscheide mich, dies so zu akzeptieren, wie es ist, da Akzeptanz in meinem besten Interesse liegt.« Mach einen Schritt oder stell dir vor, wie du einen Schritt in Richtung deiner Freiheit machst. Sieh dir die Szene an. Wie sieht sie jetzt aus? Wie fühlt sie sich jetzt an? Entscheide dich noch einmal und erkläre: »Ich entscheide mich dafür, dies zu akzeptieren, da Akzeptanz mich befreien wird.« Sieh dir erneut an, wie die Beteiligten, die Szene und du selbst jetzt aussehen. Wie fühlst du dich?

Wenn du Bereitwilligkeit zeigst, wird diese Szene schließlich beginnen, sich zu verändern. Wenn sich nach sieben Schritten nichts verändert hat, hast du ein starkes Interesse daran, dass sich die Vergangenheit oder die Gegenwart nicht ändern. Was ist dieses starke Interesse? Möchtest du diesen Schmerz wirklich behalten? Wofür benutzt du ihn?

Du kannst diese Methode anwenden, um die Eigenschaft und die Situation mit deinem Partner zu akzeptieren, die dir nicht gefallen. Wo ein Wille ist, ist auch ein Weg, um Akzeptanz zu finden und dich in deinem Leben vorwärtszubewegen. Leg diese Schritte in Akzeptanz zurück, bis du frei bist.

2

Verantwortung übernehmen

Wenn du die Verantwortung für dein Leben, deine Situation und alles, was darin passiert ist, nicht übernimmst, wirst du in Schwäche, Hartherzigkeit oder Aufopferung stecken bleiben. Ohne Verantwortlichkeit wirst du ein Opfer sein und dich gleichzeitig schuldig fühlen. Verantwortung dagegen ist ein vollkommen anderer Weg. Auf diesem Weg legst du Rechenschaft ab und gehst auf Menschen und Situationen ein. Er bedeutet das Gegenteil von Schuld und Selbstbestrafung. Verantwortlichkeit hilft anderen und sorgt dafür, dass wir die Lektionen lernen. Ein Opfer zu sein ist eine versteckte Form des Angriffs und der Rache. In dem Ausmaß, in dem wir Opfer sind, tragen wir auch versteckte Schuld. Schuld hilft weder anderen noch sorgt sie dafür, dass wir die Lektionen lernen. Sie bestraft uns und dann greifen wir andere durch Verurteilen, Anschuldigungen und Groll über das an, dessen wir uns schuldig fühlen, um unsere Schuld zu verstecken.

Wenn du dich schuldig fühlst und als Folge davon deinem Partner die Schuld an der Situation gibst und ihn verurteilst, wird sich nichts ändern. Schuld und Sünde sind die zerstörerischsten aller Ideen. Mit Schuld lernen wir die Lektion nicht, sondern machen den Fehler nur schlimmer. Wir greifen uns und andere an. Das ist der Ursprung des Egos, das die gegenwärtige Situation nur erhalten will. Diese Schuld, dieser Angriff und dieser Selbstangriff sind das, was wir trotz gegenteiliger Proteste zu wollen scheinen. Wir benutzen sie, um unser Ego intakt zu halten und den Himmel und die Liebe zu bekämpfen. Die Fähigkeit zur Ver-antwort-ung, also zum Eingehen auf andere, bringt uns wieder in den Fluss. Sie hilft anderen. Sie ist bereitwillig. Sie möchte die Lektion lernen, damit unser Leben besser wird. Wenn du nicht verantwortlich bist, wirst du versuchen, deinen Partner dazu zu bringen, sich für dich zu ändern. Dies gehört zur ersten Falle in Beziehungen: Du versuchst, deinen Partner zu ändern, um dich glücklich zu machen. Wenn du keine Verantwortung für deine Emotionen übernimmst, wirst du sie nicht dazu verwenden herauszufinden, was *du* brauchst, um zu heilen und deine Fehler zu korrigieren. Deine Emotionen werden dann zu einer Form des Angriffs und der emotionalen Erpressung. Wenn du keine Verantwortung für dein Leben übernimmst, wirst du deinen Eltern, Vorgesetzten, Expartnern, den Umständen, dem Pech, deinem Partner oder Gott die Schuld geben. Du beschuldigst, aber du übernimmst keine Verantwortung. Erkenne, was du vor dir selbst versteckt hast, und lerne die Lektion. Wenn du immer noch Schmerz verspürst, Schuldgefühle hast oder Groll hegst, dann hast du keine Ahnung, was wirklich in einer Situation passiert ist. Das hast du in deinem Unterbewusstsein versteckt. Du bist immer noch ein Opfer, und dieser Schmerz, dieser Groll und die versteckte Schuld geben dir nicht die Macht, dein Leben, deine Situation und deinen Partner zu transformieren. Wenn du Verantwortung für deine Situation, deine Vergangenheit, dein Leben, dich selbst und deinen Partner übernimmst, begibst du dich auf einen evolutionären Heilungsweg, und dies ist der Weg der Veränderung.

Ich habe viele Jahre damit verbracht, den unterbewussten Verstand zu studieren, während ich die tiefen Ebenen des Geistes kennenlernte, für die wir verantwortlich sind. Der Grund, warum wir ein Unterbewusstsein haben, besteht darin, dass bestimmte Dinge für uns nicht akzeptabel sind und wir sie deshalb verdrängen. Dazu gehören sexuelle und aggressive Impulse, bestimmte Emotionen und unsere Verantwortlichkeit bezüglich aller Dinge in unserem Leben. Wir entscheiden uns für Schwäche, um sowohl Macht als auch Verantwortlichkeit abzulehnen. Das Ego will Schwäche, denn mit Macht brauchen wir kein Ego. Wir entscheiden uns wegen Hintergedanken und versteckter Gewinne dafür, ein Opfer zu sein. Wir verstecken uns lieber, als unser Licht strahlen zu lassen. Wir haben vor unserer Unschuld Angst, obwohl sie genau das ist, was uns und andere rettet. Wir möchten lieber vor unserer Lebensaufgabe davonlaufen als glücklich zu sein. Wir benutzen lieber Ausreden als uns für unsere Macht zu entscheiden.

Jetzt ist der Zeitpunkt gekommen, um Verantwortung für dein Leben zu übernehmen. Wenn du das tust, warten Geschenke und Ermächtigung auf dich sowie die Erkenntnis, dass Verantwortung Schuldgefühle und Groll auflöst und dich einem größeren Verständnis der Partnerschaft öffnet.

3

Wie diese Beziehung funktioniert

Soll ich es ganz offen sagen? Deine Beziehung wird funktionieren, wenn du willst, dass sie funktioniert. Sie wird nicht funktionieren, wenn du nicht willst, dass sie funktioniert. Wenn du dieses Buch liest, um zu beweisen, dass du recht hast und dein Partner unrecht hat, dann wird sie dir nicht gelingen. Wenn du dieses Buch liest, um zu beweisen, dass dein Partner unmöglich ist und nichts funktioniert, nicht einmal dieses Buch, wird es nicht funktionieren. Wenn du dich wirklich bemühst, aber nicht glaubst, dass es möglich ist, wirst du beweisen, dass du recht hast, und es wird nicht funktionieren. Wenn du wirklich hart daran arbeitest, diese Beziehung zu retten, im Geheimen aber nicht willst, dass sie funktioniert, wird es nicht gelingen. Wenn du zweifelst und ein Skeptiker bist und dich selbst von diesem Prozess ausnimmst, wird es nicht funktionieren.

Wenn du dagegen zweifelst und ein Skeptiker bist, dich jedoch trotz deiner Vorbehalte vollständig auf diesen Prozess einlässt, wirst du bemerkenswerte Entdeckungen machen und ungeheures Vertrauen sowie die Macht zurückgewinnen, dich selbst und dein Umfeld zu verwandeln. Du wirst lernen, in deinem Leben und in Beziehungen immer größere Verantwortung zu übernehmen, und daher immer mehr Einfluss darauf haben. Du wirst lernen, ebenbürtig zu sein. Du wirst lernen, mit höherem Einsatz zu spielen, damit ihr beide gewinnen könnt. Du wirst das Umfeld einer glücklichen Familie schaffen, deren Fundament eine wirklich »saftige« Beziehung ist. Ihr werdet beide an Bewusstheit gewinnen. Du wirst die nötigen Hilfsmittel und Talente verwirklichen, und dieser Weg wird sich als Segen bei allem erweisen, was du tust – jedoch nur dann, wenn du nicht bereit bist, dein Ego zu verteidigen und immer recht zu haben. Wenn du auch nur die geringste Bereitwilligkeit hast und willens bist aufzugeben, dass sich deine Beziehungen darum drehen, wie besonders du bist und wie viel Aufmerksamkeit du erhältst, dann kann du erfolgreich sein.

Indem du deine Beziehung mit deinem Partner ins Reine bringst, wirst du notwendigerweise deine Beziehung mit dir selbst, deinen Eltern und dem Himmel ins Reine bringen. Wenn du diese Beziehung benutzt, um dich selbst zurückzuhalten, weil du Angst vor der Liebe, vor deiner Größe und deiner Lebensaufgabe hast, wird sich das Unwahre an dieser Beziehung bald zeigen. Wie ich schon an früherer Stelle gesagt habe: Alle heiraten aus den falschen Gründen. Und es wird dir überlassen sein, an einem bestimmten Punkt zu heiraten, aus dem richtigen Grund in dieser Beziehung zu sein – wie wäre es also damit, das jetzt zu tun? Menschen, die sich nicht einlassen, finden immer einen Weg, jemand anderen oder etwas anderes ins Unrecht zu setzen. Es geht niemals darum, was du nicht gegeben hast. Es geht niemals um deinen Mangel an emotionaler Reife oder wie du dich überlegen oder unterlegen verhältst oder in Konkurrenz gefangen bist. Es geht niemals darum, dass du Verantwortung ablehnst und stattdessen kämpfst. Es geht niemals darum, dass du es vermeidest, einen Platz als Führungsperson einzunehmen, die für das Wohl aller arbeitet. Es geht nur um Ausreden!

Was willst du? Was willst du wirklich? Wenn du willst, dass die Beziehung funktioniert, werden dir Möglichkeiten präsentiert werden, damit sie funktionieren kann. Wenn sie nicht durch dieses Buch zu dir kommen, dann auf andere Weise. Der Grund dafür ist deine Bereitschaft, sie in einem anderen Licht und als etwas zu sehen, das funktioniert. Dich selbst und deinen Partner zu heilen wird zu deinem Weg nach vorn werden. Setz dich aus ganzem Herzen dafür ein, weil dein ganzes Leben als Ergebnis davon besser werden wird und dein Bewusstsein und dein Glück wachsen werden.

4

Den Kampf aufgeben

Es ist wesentlich, über einen Streit hinauszugehen, und es hilft, wenn man einige Fakten zu Streitigkeiten kennt. Eine Tatsache besteht darin, dass du dich nicht vorwärtsbewegst, wenn du kämpfst. Du steckst fest. Wenn du also Veränderung erzeugen möchtest, wirst du den Kampf aufgeben müssen. Und dies sind einige der Gründe, aus denen wir einen Streit beginnen. Wir streiten, weil der andere unsere Bedürfnisse nicht erfüllt. Das ist das erste Problem, das wir in Kapitel 1 erwähnt haben. Wenn du deine Bedürftigkeit nicht aufgibst, werden viele unangenehme Situationen entstehen. Ein Gesetz des Bewusstseins lautet, dass du nicht haben kannst, was du wirklich brauchst. Aber wenn du das, was du brauchst, loslässt, kannst du so viel davon haben, wie du willst. Auf der unterbewussten Ebene willst du sowohl das Bedürfnis erfüllt haben als auch, dass es unerfüllt bleibt. Wenn du erhalten würdest, was du brauchst, würdest du dich verbinden und die versteckte Unabhängigkeit verlieren, die der verborgene Gewinn war, als du die Verbundenheit durch Schmerz und Trennung verloren hast. Also überredet dein Ego dich dazu, zu bekommen oder zu nehmen, was du brauchst, um dich nicht zu verbinden, nicht zu empfangen und daher deine Unabhängigkeit nicht zu verlieren. Dieses Nehmen führt zum Kämpfen.

Die zweite Sache, die zu Streit führt, ist das Rechthaben. Rechthaben ist tatsächlich eine Kompensation dafür, sich im Unrecht oder schuldig zu fühlen. Wir versuchen, recht zu haben, um die Schuld nicht zu fühlen, die wir zu kompensieren versuchen. Wenn du immer recht hast, hörst du auf zu lernen. Du bist verschlossen, unzugänglich und arrogant. In *Ein Kurs in Wundern (Textbuch*, Seite 620, T-29.VII.1:9*)* wird die Frage gestellt: »Willst du lieber recht haben oder glücklich sein?« Denn das ist im Wesentlichen die Wahl, die wir haben. Du tust überlegen und erklärst in gewisser Weise: »Ich habe die Antwort. Verwirr mich nicht mit den Tatsachen.«

Der nächste Aspekt, der zu einem Streit führt, ist Konkurrenz. Konkurrenz ist ein Spiel von Gewinnen und Verlieren, und natürlich versuchst du, auf die Gewinnerseite zu gelangen. Dabei bemühst du dich, deinen Partner auf die Verliererseite zu bringen, und als Folge davon befindest du dich in einem Kampf. Konkurrenz bringt alle möglichen Folgen mit sich, denn wenn sie nicht zu einem offenen Streit führt, kann es sein, dass du dich einfach zurückziehst, um nicht zu verlieren. Rückzug ist eine Form des Kampfes, die zu Leblosigkeit führt, sodass alle verlieren.

Der Wunsch, dass es nach dir geht, führt ebenfalls zu Streit mit deinem Partner, der früher oder später darum kämpfen wird, dass er sich durchsetzt. Auf der anderen Seite wird es dir bald langweilig werden, wenn dein Partner dir immer zustimmt. Strebe stattdessen nach dem wahren und besten Weg.

Streit ist kontraproduktiv, außer du bist einer der seltenen Persönlichkeitstypen, die Harmonie über Konflikt erreichen. Solche Menschen nutzen Dissonanz auf produktive Weise. Die meisten anderen haben dieses Talent jedoch nicht und Konflikte werden zu Kämpfen, die zu nichts führen. In jedem Streit haben beide Partner Angst vor dem nächsten Schritt.

Sie fürchten, sich aufopfern zu müssen, um ihrem Partner entgegenzukommen. Oder sie haben auf einer noch tieferen Ebene Angst, dass sie nicht haben, was es braucht, um mit ihrem Partner beim nächsten Schritt umzugehen. Wenn du die Angst überwindest, gibt es keinen Kampf und euer Zusammenkommen verbindet euch. Verpflichte dich dir selbst, deinem Partner und dem nächsten Schritt, um Streitigkeiten mit Leichtigkeit zu überwinden. Dein verbindliches Engagement ist die Entscheidung, dich deinem Partner, dir selbst und dem nächsten Schritt vollständig hinzugeben. Das macht einen riesigen Unterschied.

5

Konkurrenz heilen

Das Ego entsteht aus Konkurrenz sowie der Schuld und der Angst, die damit einhergehen. Konkurrenz entsteht durch verlorene Verbundenheit. Diese erzeugt Mangel und entsprechende Überzeugungen, sodass wir scheinbar um Liebe und Aufmerksamkeit und später um Erfolg, Geld, Partner und so weiter konkurrieren müssen. Konkurrenz zeigt sich in einer Beziehung als Streit oder Leblosigkeit. Sie baut das Ego auf Kosten deines Partners auf. Das Ego will gewinnen, um zu demonstrieren, wie besonders es ist, und um sich auf Kosten anderer ins beste Licht zu rücken. Wenn es nicht gewinnen kann, wird es sich damit zufriedengeben, zu verlieren, weil dies gleichermaßen das Ego aufbaut und ihm die Besonderheit und Aufmerksamkeit verschafft, nach der es dürstet. Das Ego will das Rennen gewinnen, aber wenn es eben nicht gewinnen kann, wird es sich lieber dafür entscheiden zu verlieren, als ebenbürtig zu sein, weil Ebenbürtigkeit alle Dinge in den Fluss bringt und das Ego wegschmelzen lässt.

Der größte Teil unserer Konkurrenz läuft auf unterbewusster Ebene ab und beginnt in unserer Ursprungsfamilie. Die Basis ist die verlorene Verbundenheit, die Kerndynamik hinter der Ödipusverschwörung, die ebenfalls in das Unterbewusstsein verdrängt wird. Dies blockiert Erfolg und Intimität. Es sorgt dafür, dass wir entweder keine Beziehung, ständigen Streit in einer Beziehung, Dreiecksbeziehungen oder vollständig leblose Beziehungen haben. Die Ödipusverschwörung, die aus der Konkurrenz folgt, erzeugt eine Quelle aus Schuld sowie Angst vor Sex, Intimität und Erfolg. Sie ist die zweitgrößte Verschwörung, die das Ego gegen unsere Lebensaufgabe angezettelt hat, und stellt damit einen der effektivsten Wege dar, um unser Glück aufzuhalten. Wenn du dir Erfolg in einer Beziehung wünschst, wenn du deine Lebensaufgabe erfüllen möchtest und willst, dass sowohl du als auch dein Partner eure Beziehungsaufgabe erfüllen, dann musst du dich dafür engagieren, alle Anzeichen von Konkurrenz zu heilen. Anstatt mit dem Gewinnen-Verlieren-Spiel weiterzumachen, verpflichtest du dich der Ebenbürtigkeit, damit ihr beide gewinnt. Muster mit Gewinnen und Verlieren erzeugen einen Teufelskreis. Gewinnen und Verlieren – das ist einer der großen Kriege oder eine der Spaltungen des Verstandes. Sie verstärken die Dualität und hindern uns daran, Sprünge nach vorn zu machen. Überall dort, wo du Gewinnen und Verlieren beobachtest, wirst du auch Überlegenheit und Unterlegenheit, Aufgeblasenheit und Zusammenfallen (sich selbst abwerten), Schadenfreude und Schmollen vorfinden, um nur einige der Teufelskreise zu nennen, in denen du dich als Folge von Konkurrenz verfangen kannst. Sie verwickeln uns und unsere Beziehung in eine Abwärtsspirale und verstärken die Trennung anstelle der Partnerschaft, die zu Erfolg und zärtlicher Intimität führt. Wenn du mit deinem Partner konkurrierst, willst du, dass er verliert, nicht, dass er sich ändert. Du möchtest die Oberhand bekommen oder behalten, und sogar wenn dein Partner dich missbraucht oder dominiert und unterdrückt, kannst du in dem Gefühl schwelgen, der bessere Mensch zu sein und zumindest diesen Aspekt des Konkurrenzkampfes gewinnen. Das Ego verbirgt die Angst vorwärtszuschreiten unter Konkurrenz. Konkurrenz freut sich nicht auf den Erfolg. Sie strebt danach, über alle zu siegen, die Gegner zu sein scheinen. Bei Konkurrenz geht es nicht darum, besser zu werden. Es geht darum, andere zu beherrschen oder der Beste zu sein, um das eigene Ego aufzublasen. Das Ego will seine Unabhängigkeit nicht verlieren. Auch wenn du vielleicht lieben möchtest, will es der Platzhirsch sein und erreichen, dass es nach ihm geht.

Die sinnvollste Konkurrenz besteht darin, einen würdigen Gegner zu haben, der dich dazu herausfordert, deine persönliche Bestleistung zu übertreffen. Dies ist die beste Form der Konkurrenz: Sie lässt dich als echten Star auf der Bühne des Lebens erstrahlen.

6

Sieg für beide

Es gibt einen Weg, auf dem du und dein Partner gleichermaßen gewinnen können. Es gibt einen Weg, auf dem ihr beide siegreich sein könnt. Es gibt einen Weg, auf dem ihr beide zusammen glücklich sein könnt.

Beurteile den Zustand deiner Beziehung. Nehmen wir einmal an, dass 100 Prozent vollkommenen Sieg und vollkommenes Glücklichsein bedeuten. Wo befindet sich deine Beziehung auf dieser Skala? Wo befindest du dich auf dieser Skala? Wo befindet sich dein Partner auf dieser Skala? Je niedriger die Zahl ist, desto mehr Arbeit wirst du leisten müssen, um deine Beziehung wieder erfolgreich zu machen. Der Himmel will, dass du glücklich und erfolgreich bist, und das kann in einer Beziehung geschehen, deren Zweck dem Ego und seinem Wunsch entrissen wurde, dass unser Partner unsere Bedürfnisse erfüllt und uns das Gefühl gibt, etwas Besonderes zu sein.

Du beklagst dich vielleicht, dass du einen Partner hast, der ein schwerer Fall ist. Das weist darauf hin, dass du gekommen bist, um sein Engel zu sein und ihn vor sich selbst zu retten, oder dass es deine Aufgabe ist, diese verdrängten Anteile deines eigenen Bewusstseins zu heilen, die dein Partner auslebt. Ganz gleich, wie die Dinge aussehen, der Himmel ist auf deiner Seite. Der Himmel will, dass deine Beziehung wiederhergestellt wird, damit sie erneut zu einem Vehikel der Gnade wird. Denn dort, wo du dich mit deinem Partner verbindest, herrscht auch die Gegenwart Gottes. Je mehr ihr euch verbindet und in allen Bereichen einen Geistes werdet, desto mehr wird die Gnade euch alle Dinge erleichtern. Der Himmel hilft durch Wunder und du kannst Tag und Nacht in dem Wissen, dass du ein Anrecht darauf hast, um Wunder bitten. Der Himmel will, dass ihr beide siegreich und vollkommen glücklich seid. Der Himmel will, dass du das Aushängeschild für das Glücklichsein bist. Der Himmel will, dass du zur Reklametafel für das Glück des Himmels wirst, wenn du nicht zu schüchtern dafür bist. Du hast es dir durch einen glücklichen Partner und eine glückliche Beziehung zu eigen gemacht.

7

Die Antwort liegt
in der Verbundenheit

Die Wurzel aller Probleme liegt in der Trennung. Die Verbundenheit stellt die Antwort auf alles dar, was aus der Trennung erwächst: Angst, Schmerz, Verlust, Widerstand, Gefühle der Unzulänglichkeit, Schuld und Wertlosigkeit sowie Bedürftigkeit, Aufopferung und die geheime, jedoch äußerst zwingende Dynamik der Unabhängigkeit. Wir wollen Unabhängigkeit. Wir wollen, dass es nach uns geht. Wir wollen Kontrolle. Wir wollen recht haben. Wir wollen unsere eigene Identität erschaffen. Dies ist die verborgene Seite jeder schmerzvollen Situation. Wir haben diese Erfahrungen gemacht und so gehandelt, um uns davon zu befreien.

Aber indem wir dem Ego zugehört und darin investiert haben, wurden wir zu seinem Sklaven und haben seine Agenda unterstützt, sich selbst aufzubauen. Wir haben keine Freiheit erlangt. Wir haben nur Unabhängigkeit bekommen. Das ist eine Rolle, die nicht empfangen kann. Mit der Unabhängigkeit haben wir auch die Rollen des Opfers und der Aufopferung erhalten sowie ein gespaltenes Bewusstsein, mit dem wir Liebe und Erfolg und gleichzeitig »unseren Kopf« durchsetzen und unabhängig sein wollen.

All dies wird in unsere Beziehung gebracht. Unser bewusster Verstand will Liebe und Erfolg, aber unser unterbewusster Verstand hat einen ganz anderen Plan. Alles, was du dir mit deinem gesamten Bewusstsein wünschst, kommt auf natürliche Weise zu dir, jedoch nicht, wenn du zwiegespalten bist. Es gibt ein altes Sprichwort, das ich mir letztes Jahr ausgedacht habe: »Du kannst alles haben, was du willst, wenn du bereit bist, deine Unabhängigkeit aufzugeben.« Dies jetzt in deiner Partnerschaft anzuwenden würde bedeuten, dass du deinen Partner genauso haben könntest, wie du ihn dir wünschst, wenn du bereit bist, deine Unabhängigkeit aufzugeben. Du würdest nichts verlieren, du würdest Liebe und Partnerschaft gewinnen. Du würdest dich nicht verlieren, sondern nur dein Ego und seine Wände, die dich von der Freude und vom Empfangen trennen und abhalten. Wenn du empfängst, was eine Form der Liebe ist, gibst du die Pläne des Egos auf, zu *bekommen* und zu *nehmen*, was nur zu mehr Problemen, Schmerz und einem größeren Ego führt. Alle erfolgreichen Beziehungen sind welche, in denen die Verbundenheit wächst.

Jede Beziehung beginnt aus den falschen Gründen. Typischerweise kommen wir mit unserem Partner zusammen, weil wir uns von ihm angezogen fühlen. Anziehungskraft entsteht aus Bedürfnissen und Bedürfnisse entstehen aus verlorener Verbundenheit. Das sind die Situationen aus der Vergangenheit, in denen wir Unabhängigkeit wollten und als Entschuldigung für unser Ausbrechen Opfersituationen geschaffen haben. Die Anziehung zu unserem Partner ist in der Flitterwochenphase der Beziehung groß. Wenn wir die Machtkampfphase erreichen, lernen wir, Unterschiede aufzugeben, und wir verbinden uns, um den besten Weg für uns beide zu finden. Anschließend stoßen wir auf all die Abwehr, die wir gegen den Teil unseres Bewusstseins aufgebaut haben, den unser Partner auslebt. Wir haben geglaubt, dass wir in der Familie, in der wir aufgewachsen sind, mit diesem bestimmten Aspekt, den uns unser Partner zeigt, nicht überleben würden, deshalb haben wir eine Opfersituation dazu benutzt, ihn abzuspalten. Unser Partner lebt jetzt diesen Aspekt für uns aus. Wir haben den abgespaltenen Teil von uns selbst unter den Teppich gekehrt und in unserem Unterbewusstsein vergraben. Jetzt stolpern wir nicht nur über den Aspekt von uns selbst, der unter dem Teppich versteckt ist, sondern müssen sogar darum herumgehen, weil er so groß ist.

Anstelle der ganzen Palette an Emotionen, die wir bezüglich des Verhaltens unseres Partners fühlen und die tatsächlich aus unserer unbewältigten Vergangenheit stammen, könnten wir stattdessen unserem Partner dankbar sein, dass er uns zeigt, was in uns geheilt werden muss. Es ist ein Ort, an dem alter Schmerz, Angst und Schuld versteckt worden sind, und der jetzt angesprochen und geheilt werden kann.

Bist du bereit, deine Unabhängigkeit aufzugeben, um dich selbst, deinen Partner und deine Beziehung zu befreien? Bist du bereit, diesen Aspekt zurückzugewinnen, den du weggeworfen hast, damit du und dein Partner jetzt zusammenwachsen? Verbundenheit verleiht sowohl Wurzeln als auch Flügel. Sie mindert die Freiheit nicht, noch nimmt sie aus den begrenzten Überzeugungen des Egos heraus wahr oder handelt danach. Das Ego ist nur daran interessiert, sich selbst durch Selbstkonzepte aufzubauen, die der Trennung entstammen. Und während dein Ego dies unterstützt, bezahlst du mit deinem Schmerz. Dein Ego ist auf den Knochen deiner Kindheit aufgebaut. Ist es das, was du willst?

Die folgende Übung ist eine hervorragende Heilungsübung, weil sie im Allgemeinen bereits in jedem Augenblick in dir stattfindet. In jedem Moment entscheidest du, was du willst.

Dies bewusst zu machen, ist auf heilende Weise hilfreich. Sieh dir deinen Partner, dich selbst und deine Beziehung an und frag dich: Ist es das, was ich will? In jedem Moment entscheidest du, ob du dich mit deinem Partner verbinden oder von ihm trennen willst. »Was willst du?« Dies war eine Frage, die ich aus *Ein Kurs in Wundern* gelernt habe. Sie ist besonders hilfreich im Hinblick auf Beziehungen.

Was willst du? Möchtest du Liebe und Erfolg mit deinem Partner oder möchtest du dein Ego aufbauen? Möchtest du, dass jeder von euch seine individuelle Lebensaufgabe sowie eure Beziehungsaufgabe erfüllt, oder möchtest du dein Ego durch Selbstverherrlichung und Schmerz aufbauen und dafür sorgen, dass sich die Beziehung nur um dich dreht? Wenn du dich für das Letztere entscheidest, wählst du das, was die Beziehung zerstört. Du bewegst dich entweder auf deinen Partner zu oder entfernst dich von ihm.

Was willst du? Möchtest du Ereignisse benutzen, um eine Ausrede dafür zu haben, dass du dich von deinem Partner trennst, oder jede schwierige Situation als eine Möglichkeit nutzen, zu heilen und einander näherzukommen?

Was willst du? Die einzige Richtung für den Erfolg in deiner Beziehung liegt in der Hinwendung zu deinem Partner. Die einzige Richtung für dein Ego liegt in der Trennung und in der »Fahrerflucht«. Mit deinem Ego versuchst du, deine Bedürfnisse von deinem Partner erfüllen zu lassen, und wenn du alles von ihm bekommen hast, was du kriegen kannst, verlässt du ihn. Ist es das, was du willst?

Was willst du wirklich?

8

Übertragung heilen

»Alles ist Übertragung«, erklärte die Psychiaterin Dr. Gwendolyn Brooks. Das leuchtete mir sofort ein. Ich hatte die gleiche Entdeckung gemacht, während ich Menschen mit schwerwiegenden Problemen half, und festgestellt, dass alle ihre Probleme Wurzeln in der Vergangenheit mit ihnen nahestehenden Menschen hatten. »Aller Schmerz stammt aus der Vergangenheit.« Dies ist ein Konzept aus *Ein Kurs in Wundern*. Fritz Perls[14] machte in seiner Gestalttherapie die gleiche Aussage. Unerledigte Angelegenheiten aus der Vergangenheit werden so lange in die Gegenwart übertragen, bis die Lektion gelernt worden ist.

Wenn wir Angelegenheiten mit unserer Mutter, unserem Vater, unseren Expartnern, unseren Schwestern und Brüdern oder sogar unseren Großeltern haben, die nicht geheilt worden sind, werden wir sie unserem Partner »anhängen«. Deine Probleme mit deinem Partner stammen aus der Vergangenheit. Die Vergangenheit taucht in der Gegenwart in der Verkleidung eines aktuellen Problems mit deinem Partner auf, während sie aus dem Unterbewusstsein ans Licht gebracht wird.

Während du ein bestimmtes Thema heilst und abschließt, wirst du eine neue Phase der Partnerschaft erreichen und als Ergebnis neue Flitterwochen genießen. Diese Flitterwochen dauern zwischen einer Stunde und einem Jahr. Wenn du dich in deiner Beziehung in der toten Zone befindest, was die Phase nach dem Machtkampf ist, schlage ich dir vor, die Flitterwochen zu genießen, sobald sie sich ankündigen, weil sie möglicherweise nur eine Stunde lang anhalten, bevor die nächste Schicht der Leblosigkeit an die Oberfläche steigt. Ich habe einmal mit einem Ehepaar gearbeitet, das siebzehn seiner achtzehn Jahre langen Ehe in Leblosigkeit verbracht hatte. Sobald ich ihnen zu einem Durchbruch verholfen hatte, erlebten sie ein Jahr lang anhaltende Flitterwochen.

Hier ist eine Übung, die dir helfen kann, die Übertragung zu erkennen und zu heilen. Stell dir vor, dass dein Partner in einem gewissen Abstand vor dir steht. Wenn es sich um ein chronisches Problem handelt, empfehle ich meinen Klienten normalerweise, sich ihren Partner in einer Entfernung von fünfhundert Schritten vorzustellen. Wenn es sich um ein großes Problem handelt, sollen sie sich ihren Partner in einer Entfernung von zweihundert Schritten und bei einem kleineren Problem in einer Entfernung von hundert Schritten vorstellen. Dann fordere ich sie auf, ihren Partner zu fragen: »Was brauchst du von mir, das ich dir nicht gegeben habe?« Setz deine Intuition ein und gib deinem Partner energetisch, was er von dir haben möchte. Wie viele Schritte darf er jetzt näher kommen? Frag dann: »Was brauchst du von mir, das ich dir nicht genug gegeben habe?« Gib ihm diese Qualität und lass ihn näher kommen. Stell diese Frage erneut, bis er sich mit dir verbinden kann.

Anschließend machst du die Übung mit der gleichen Entfernung noch einmal. Frag den anderen: »Was hast du von mir gebraucht, das ich dir nicht genug gegeben habe?« Gib diese Qualität und lass deinen Partner vorwärtsschreiten. Stell dir jetzt vor, dass dein Partner eine Maske trägt, die so aussieht wie er. Nimm ihm die Maske ab. Wer oder was verbirgt sich dahinter? Frag diese neue Person: »Was hast du von mir gebraucht, das ich dir nicht genug gegeben habe?« Stell dir vor, dass du diese Qualität jetzt gibst. Wie viele Schritte darf die Person näher kommen? Nimm ihr die nächste Maske ab. Wer oder was verbirgt sich dahinter? Frag die Person: »Was hast du von mir gebraucht, das ich dir nicht genug gegeben habe?« Gib ihr diese Qualität. Wie viele Schritte darf die Person näher kommen? Zum Schluss wird jemand vor dir stehen und alle anderen Gestalten, die in der Übung aufgetaucht sind, stellst du dir dahinter vor. Stell dir vor, wie du sie alle umarmst.

Bei den letzten Schritten taucht nach dem Abnehmen der Maske manchmal die Erkenntnis auf, dass du es selbst bist oder dass Gott vor dir steht. Während der Übung zum Abnehmen der Masken können auch manchmal Dämonen, Dunkelheit oder Böses erscheinen. Falls dies geschieht, gibst du das Geschenk, tust dies jedoch gemeinsam mit deinem Engel oder mit Christus. Wir leben in einer bemerkenswerten Zeit, in der sogar Teufel erlöst werden können.

9

Festhalten sabotiert die Gegenwart

Auch wenn ich auf dieses Prinzip bereits in einigen meiner früheren Bücher eingegangen bin, ist es so entscheidend für den Erfolg von Beziehungen, dass es noch einmal erwähnt werden sollte. Es ist die Notwendigkeit, die Vergangenheit und unser Anhaften daran loszulassen.

Frag dich, zu welchem Prozentsatz an dem Elternteil des anderen Geschlechts festhältst (bei homosexuellen Menschen des gleichen Geschlechts). Dazu musst du wissen, dass in deinem Festhalten eine Anhaftung sowohl an dem Positiven als auch an dem Negativen enthalten ist. Zu welchem Prozentsatz hältst du an Geschwistern des anderen Geschlechts fest? Schreib alle diese Prozentzahlen auf. Geh anschließend alle wichtigen Beziehungen durch, die du gehabt hast, und frag dich, zu welchem Prozentsatz du noch an diesen Beziehungen hängst. Erinnere dich daran, dass wir sowohl mit positiven Anhaftungen als auch negativen Anhaftungen wie Groll und Schuld festhalten. Frag dann, zu welchem Prozentsatz du an deinem gegenwärtigen Partner sowohl negativ als auch positiv festhältst. Addiere alle Prozentzahlen auf.

Nehmen wir an, du bist eine Frau und hältst zu 50 Prozent an deinem Vater, zu 30 Prozent an deinem Bruder, zu 20 Prozent an zwei deiner sechs bedeutenden Beziehungen, zu 30 Prozent an drei von ihnen, zu 0 Prozent an einer von ihnen und zu 50 Prozent an deinem gegenwärtigen Partner fest. Das macht insgesamt 260 Prozent. Diese Anhaftungen füllen deinen Beziehungseimer, bis er überläuft. Dies bedeutet, dass dein Partner bestenfalls negative 160 Prozent für dich sein kann. Wenn die Summe 70 Prozent betragen würde, wäre es bestenfalls ein 30 Prozent positiver Partner. Dies ist eine Falle, die das Ego für uns stellt und die unsere Beziehungen recht träge, leblos oder konfliktbehaftet machen kann.

Es ist einfach, dich dafür zu entscheiden, deinen Beziehungseimer auszuleeren. Wenn er leer ist, erlaubt dies deinem Partner, ihn auf einer ganz neuen Ebene mit Verbundenheit anstelle von Anhaftung zu füllen.

Es ist außerdem wichtig zu wissen, dass du in Bezug auf Beziehungen häufig nicht an der ganzen Person, sondern nur an speziellen Aspekten von ihr festhältst. Wenn du an besonderen Aspekten der Person haftest, zeigt sich das als ein Bild in deinem Bewusstsein. Wenn du das in deiner Beziehung hattest, würde es heute dennoch nur ein Bild in deinem Bewusstsein sein. Durch das Anhaften glaubt dein Bewusstsein aber, es zu haben, weil es ein Bild ist, und deshalb gibt es sich keine Mühe, diese Qualität in deinem Leben zuzulassen oder willkommen zu heißen. Dein Festhalten und deine Fantasien betrügen dich um die Wirklichkeit. Betrüg dich nicht selbst. Du sollst alles in der Gegenwart haben.

Überprüfe regelmäßig deine Anhaftungen in deinem Beziehungseimer. Während du neue Ebenen erreichst, werden neue Schichten von Anhaftungen auftauchen, um losgelassen zu werden. Auch dein Anhaften an deinem Partner ist ein Keil, der zwischen euch getrieben ist und echten Kontakt und Intimität blockiert. Lass alles los, um dich zu öffnen und deinen Partner auf einer ganz neuen Ebene zu empfangen.

10

Projektion heilen

Das Bewusstsein projiziert seinen Inhalt, und unser Partner spiegelt uns, was wir verurteilt und verleugnet haben. Wir verdrängen diese Glaubenssätze über uns selbst. Dennoch sind all unsere Überzeugungen, die unsere Wahrnehmung ausmachen, unsere Selbstkonzepte. Wir verurteilen diese Teile von uns selbst. Und weil sie uns nicht gefallen, projizieren wir sie auf die Welt, insbesondere auf unseren Partner. Da unser Partner diese verurteilte Eigenschaft demonstriert, soll sie offensichtlich geheilt werden. Ohne Heilung werdet ihr beide leiden. Dein Urteil, das eine Form des Angriffs ist, verbirgt deine Schuld und erzeugt Angst, zwei der großen Wurzeln jeden Problems. Unser Ego hat uns davon überzeugt, dass wir loswerden, was uns nicht gefällt, indem wir es auf andere projizieren. Aber während unser Ego unsere verdrängten Selbstkonzepte unserem Partner anhängt und ihn damit angreift, behält es dennoch die gleichen Selbstkonzepte, die uns ebenfalls angreifen. Dies baut das Ego auf und gibt uns einen Vorteil in der Konkurrenz mit unserem Partner darum, wer der Bessere ist, während wir das, was wir an uns nicht mögen, auf ihn projizieren. Die Heilung der Projektion hilft uns, Menschen in unserem Umfeld von dem zu befreien, was wir ihnen angehängt haben, und befreit damit alle.

Schatten

Beginnen wir mit den Dingen, die du an deinem Partner hasst. Schreib eine Liste der Dinge, die du hasst, und der Dinge, du die an deinem Partner nicht magst. Die Dinge, die du hasst, sind deine Schattenfiguren.

Was du hasst – Schatten

1. _____   4. _____

2. _____   5. _____

3. _____   6. _____

Nehmen wir einmal an, dass dein Vater ein Alkoholiker oder ein Glücksspieler gewesen wäre. Nehmen wir an, deine Mutter hätte dich bösartig angegriffen. Alle unerledigten Angelegenheiten, die du nicht vollständig vergeben hast, neigen dazu, sich um dich herum zu zeigen. Was du siehst, ist der Film, den dein Bewusstsein dreht. Die Geschichten, die sich um dich herum abspielen, bestehen aus deinen eigenen Selbstkonzepten. Beispiele für Schattenfiguren sind Glücksspieler, Alkoholiker, Sittenschänder, Geldhai, Schlampe oder Mistkerl, Räuber, Hexe, Geizhalz, Nehmer, Versager, Verlierer, Schlägertyp oder es sind Verhaltensweisen wie andere ausnutzen, schikanieren, zurückgezogen oder deprimiert sein und so weiter.

Frag dich, wie viele von jeder der Schattenfiguren du hast. Nehmen wir zum Beispiel an, du würdest deinen Partner als ein Monster betrachten: Wie viele Monster-Schattenfiguren hast du in dir? Frag dich anschließend, wie viele Selbstkonzepte des Monsters du in dir hast. Eine Schattenfigur unterscheidet sich von einem Selbstkonzept insofern, dass sie von mehr Schuld und Selbsthass begleitet ist. Und bei einem Selbstkonzept, zum Beispiel einem Monster, würdest du glauben, dass es normal ist, ab und zu ein Monster zu sein.

Stell dir vor, dass alle deine Monster-Schattenfiguren vor dir auf der linken Seite und alle deine Monster-Selbstkonzepte vor dir auf der rechten Seite stehen. Schmelz alle Schatten zu einer großen Monster-Schattenfigur und alle Selbstkonzepte zu einem großen Monster-Selbstkonzept zusammen. Sieh sie dir jetzt an. Wie sehen sie aus und was ist der Unterschied? Schmelz die beiden Monster jetzt zu einer großen Monsterfigur zusammen. Lade deinen spirituellen Lieblingshelfer zu deiner Unterstützung ein, zum Beispiel Christus, Buddha, Kuan Yin, Abraham oder Mohammed. Geh mit ihm gemeinsam auf das Monster zu. Das Monster ist ein dreidimensionales Hologramm, das vom Ego benutzt wird, um Einweihungspforten zu verstecken. Tritt in das Monster und sieh die Pforte. Schreite durch sie hindurch. Was siehst du dort? Genieß diesen Ort. In dem seltenen Fall, dass es kein glücklicher, schöner Ort ist, bitte deinen spirituellen Helfer, den Ort so zu verwandeln, dass dir ein Teil deines Bewusstseins für Liebe, Glück und Erfolg zurückgegeben wird. Lade deinen Partner in deiner Vorstellung dorthin ein. Wie erscheint er dir jetzt?

Was dir nicht gefällt

Stell jetzt eine Liste von Dingen auf, die du an deinem Partner nicht magst:

1. _____   4. _____

2. _____   5. _____

3. _____   6. _____

Nimm dir jeweils eine Eigenschaft vor. Sieh diese Eigenschaft in deinem Partner. Es könnte zum Beispiel sein, dass *es immer nach ihm gehen muss*. Nimm diese Projektion jetzt zurück und erkenne, dass es deine eigene Eigenschaft ist. Die Projektion wird einen von zwei Stilen haben, die du hinsichtlich dieses Selbstkonzeptes hast, oder möglicherweise aus beiden bestehen. Der erste Stil besteht darin, dass du die gleiche Eigenschaft von dir selbst kennst, in unserem Beispiel also, dass *es immer nach dir gehen muss*. Oder du folgst dem zweiten Stil, der darin besteht, dass *es niemals nach dir gehen muss*. Du bist extrem flexibel. Dieses gegenteilige Verhalten ist eine Kompensation, eine Rolle, bei der du dich richtig verhältst, aber keine Belohnung dafür erhältst, weil es nur eine Abwehr und eine Kompensation ist. Es handelt sich nicht um wahres Geben, das allein durch sein Geben immer auch empfängt. Eine Kompensation mag gut aussehen, ist jedoch eine Rolle, die negative Glaubenssätze verbirgt. Vielleicht benutzt du beide Stile. Achte einfach darauf, welchen Stil du anwendest. Erkenne, dass du dich ungeachtet deines Stils wegen dieser Eigenschaft, dass *es immer nach dir gehen muss*, selbst angreifst und quälst.

Hier ist der Schlüssel, um euch beide zu befreien. Frage dich: »Will ich mich quälen oder will ich meinem Partner helfen?« Während du dich dafür entscheidest, lieber zu helfen, anstatt dich zu quälen, stellst du dir vor, zu deinem Partner zu gehen, ihn zu umarmen und ihm die Hilfe zu geben, die er braucht. Wenn du das getan hast, stellst du dir vor, dass du einige Schritte zurücktrittst und mit der nächsten Eigenschaft weitermachst, die du an ihm verurteilst. Wenn du die Übung vollständig abgeschlossen hast, frage dich, wie dir dein Partner jetzt erscheint.

11

Wenn du es brauchst,
kannst du es nicht haben

Das ist ein Prinzip, das ich als junger Mann kennengelernt habe. Wenn du etwas brauchst, kannst du es nicht haben. Wenn du es nicht brauchst, kannst du so viel davon haben, wie du willst. Was brauchst du also von deinem Partner und bekommst es nicht? Bist du bereit, dein Anhaften loszulassen, um alles davon zu bekommen, was du willst?

Frag dich, was du von deinem Partner erwartest. Wenn du etwas erwartest, wird sich dein Partner entweder weigern, es zu geben, oder es nur unter Zwang geben, was gar kein Geben ist, sondern einfach nur bedeutet, dass er es tut, weil du ihn dazu gedrängt hast. Deine Erwartungen sind Forderungen. Forderungen entstammen deinen Bedürfnissen, und deine Bedürfnisse sind dort entstanden, wo du dich abgetrennt hast. Einige der wichtigsten Gründe dafür, dass du dich getrennt hast, sind: Du wolltest unabhängig sein, Kontrolle haben und dir eine Identität schaffen. Wenn du versuchst, ein Bedürfnis erfüllt zu bekommen, willst du dein Ziel erreichen, jedoch gleichzeitig Kontrolle haben, unabhängig sein und die Identität behalten, die du aufgebaut hast. Dies führt zu einem gespaltenen Bewusstsein. Wenn du ein gespaltenes Bewusstsein hast, wird es doppelt schwierig, dein Ziel zu erreichen und dein Bedürfnis erfüllt zu bekommen.

Wenn du also abgesehen vom Loslassen ein Bedürfnis hinsichtlich deines Partners hast, ist es eine Beschwerde. Du wunderst dich, warum dein Partner dir etwas nicht gibt. Aber Geben, um etwas zu bekommen, zählt nicht als Geben. Alles wahre Geben ist selbsterfüllend, und wenn wir geben, öffnen wir auch die Tür, um zu empfangen. Was du also für dein Geben hältst, ist vermutlich eine Rolle, und in einer Rolle opferst du dich, gibst dich jedoch nie selbst. Noch einmal: Dort, wo du dich beschwerst, bist du derjenige mit dem Geschenk, es ist jedoch unter dem verborgen, was du brauchst. Wenn du gibst, wird du erfüllt werden. Ebenso ist es mit Erwartungen: Du erwartest, dass dir dein Partner gibt, was du dir selbst oder ihm nicht gibst. Es ist an der Zeit, dir dessen bewusst zu werden und die Situation zu korrigieren, da deine Beschwerden dich nur noch mehr ärgern und die Situation verschlimmern. Wenn du empfängst, kommt dies aus bedingungslosem Geben ohne Anhaftung. Wenn du anhaftest, wirst du dich aufregen und beschweren. Sag die Wahrheit, wenn du deine Beziehung schätzt, und engagiere dich für das, was erfolgreich ist, anstatt zu *fordern* und zu *erbetteln*, was dein Partner dir geben sollte. Diese zwei Worte zeigen, dass du auf eine unwahre Weise gehandelt hast, die einfach nicht funktionieren wird. Nur Erfolg ist erfolgreich. Wenn du nicht erfolgreich bist, handelst *du* nicht wahrhaftig. Wenn du diese Lektionen lernst, kannst du erfolgreich sein. Verpflichte dich für dich selbst und deinen Partner, diese Lektion wirklich zu lernen.

12

Was dein Unterbewusstsein sagt

Ich begann 1974 mit dem Studium des Unterbewusstseins und fand eine völlig neue Sichtweise auf das Leben. Im Unterbewusstsein gibt es keine Zufälle, und bei jedem Problem läuft viel mehr ab, als offensichtlich wird. Das, was im Unterbewusstsein passiert, resultiert aus unseren Entscheidungen oder, um es anders auszudrücken, was passiert ist, entsprach unserer Absicht. Alles geschieht so, wie wir uns entscheiden, dass es passieren soll. Häufig ist uns noch nicht einmal bewusst, dass wir uns entscheiden, weil es unterbewusst geschieht. Wir haben die Entscheidung entweder sofort verdrängt oder in unserem Unterbewusstsein getroffen. Außerdem gibt es alte oder uralte statische Entscheidungen, die aus unseren Überzeugungen, Lebensgeschichten und Verschwörungen und auch aus Ahnen-, Seelen- und sogar tieferen kollektiven Mustern stammen.

Dein Unterbewusstsein bestimmt, dass du deinen Partner genauso haben willst, wie er ist. Irgendwie dient es dir, dass er so ist oder sich so verhält. Benutz jetzt deine Intuition und dein Verlangen nach Wahrheit und frag dich, warum du willst, dass dein Partner so ist, wie er ist. Beantworte die folgenden Fragen intuitiv, um ein gewisses Verständnis deines Unterbewusstseins zu erhalten:

- Wofür benutzt du das Verhalten deines Partners?
- Wie benutzt du es?
- Worin liegt der versteckte Gewinn für dich, wenn er sich so verhält?
- Was für einen Zweck hat es?
- Was erlaubt dir sein Verhalten zu tun?
- Was erlaubt es dir, nicht zu tun, was kannst du lassen?
- Wie erlaubt dir das Verhalten deines Partners, deine Lebensaufgabe zu vermeiden?
- Welche Angst kannst du damit umgehen?
- Welche Schuld, Sünde oder welches Karma versuchst du abzuzahlen?
- Welche Ausrede gibt dir dein Partner, indem er sich so verhält?
- Was kannst du durch seine Seinsweise beweisen?
- An wem oder an was hältst du fest, wenn er so ist?
- Wo kannst du schwelgen und dich gehen oder weiterhin gehen lassen?
- Wie rechtfertigt sein Tun, dass du einen bestimmten Schritt nicht tun musst?
- Was versuchst du zu bekommen oder zu nehmen, während dein Partner so ist?
- Welches Selbstkonzept kannst du bestärken und behalten?
- Welches Selbstkonzept kannst du verstecken?
- Welchen Konflikt in dir verbirgt sein Verhalten?
- Wie erlaubt es dir, dich zu verstecken?
- Welches Geschenk meidest du, indem dein Partner so ist, wie er ist?
- Welches Bedürfnis versuchst du dir von ihm erfüllen zu lassen, weil er so ist?
- Wie erlaubt dir das Verhalten deines Partners, dich selbst nicht vollständig hinzugeben?

- Wem kannst du, abgesehen von deinem Partner, noch die Schuld geben, während dein Partner sich so verhält?
- Welche Bestimmung lehnst du ab, indem dein Partner so ist, wie er ist?
- Versuchst du im Zusammensein mit deinem Partner der Gewinner oder der Verlierer, der Überlegene oder der Unterlegene, der Dominante oder der Unterwürfige, der Aufgeblasene oder der Zusammengefallene, der Schadenfrohe oder der Schmollende zu sein? Wie kommt das?
- Vor welchem Schritt hast du Angst, ein Schritt, den du vermeiden kannst, solange dein Partner so ist, wie er ist?
- Über wen beschwerst du dich, abgesehen von deinem Partner, und über was beschwerst du dich, während dein Partner so ist, wie er ist?
- Abgesehen von dir selbst und deinem Partner, an wem kannst du dich rächen, während deine Beziehung so ist?
- Da alles Kommunikation ist: Wie lautet die Botschaft, die du deiner Mutter unterbewusst gibst, indem sich dein Partner so verhält? Deinem Vater? Deinen Geschwistern? Deinen Expartnern? Gott? Deinem Partner? Deinen Kindern? Und dir selbst?

Wenn dir eine dieser Antworten nicht gefällt, kannst du dich bewusst entscheiden, wie du es haben willst. Das ist die Macht des bewussten Verstandes: Du kannst dich noch einmal entscheiden. Engagiere dich aus ganzem Herzen für deine neuen Antworten.

13

Beschwerden

Bei der Erforschung des Unterbewusstseins entdeckte ich viele verblüffende Muster, die meine Welt, so wie ich sie ursprünglich gesehen hatte, auf den Kopf stellten. Wir wollen uns in einen solchen Bereich begeben, der dir, deinem Partner und deiner Beziehung wirklich helfen könnte. Stell eine Liste der Beschwerden über deinen Partner auf.

1. _____   4. _____   7. _____

2. _____   5. _____   8. _____

3. _____   6. _____   9. _____

Achte darauf, wie du dich mit all diesen Beschwerden fühlst. Jetzt wollen wir uns ein wenig tiefer in das Bewusstsein begeben. Der Zweck dieser Übung besteht darin, dich zu ermächtigen, die Verantwortung für deine Situation auf eine Weise zu übernehmen, die sie sowohl für dich als auch für deinen Partner heilsam sein kann. Als Eheberater habe ich festgestellt, dass Beschwerden die Ministreitigkeiten darstellten, die einen Keil zwischen die beiden Menschen treiben konnten. Das Erste, was dir hinsichtlich deiner Beschwerden klar werden muss, ist, dass du in die größte Falle in einer Beziehung getappt bist. Du glaubst von deinem Partner, dass er die Quelle deines Glücks ist, und erwartest, dass er deine Bedürfnisse erfüllt. Das wird aber nicht funktionieren. Das Prinzip lautet nach wie vor: »Wenn du etwas brauchst, kannst du es nicht haben. Wenn du es nicht brauchst, kannst du so viel davon haben, wie du willst.« Dein Bedürfnis ist ein Anhaften, das auf Angst aufbaut und Dringlichkeit erzeugt. Damit verdrängt es deine Fähigkeit, zu empfangen, da du versuchst, *zu bekommen* oder *zu nehmen*. Ein Bedürfnis spiegelt ein gespaltenes Bewusstsein wider. Du willst es und du willst es nicht. Du willst die Liebe oder den Erfolg, aber da ist eine verborgene Angst, dass du deine Unabhängigkeit verlieren wirst. Wenn du diesen neuen Grad an Verbundenheit empfängst, wird er die Unabhängigkeit im Geben und Empfangen auflösen. Verbundenheit ist der Schlüssel zum Glück. Je mehr du hast, desto glücklicher und sicherer macht dich das. Wo du keine Verbundenheit hast, baust du heimlich oder nicht so heimlich dein Ego mit seiner Kontrolle auf, du willst recht haben und etwas Besonderes sein und lebst nach dem Wunsch, dass es nach ihm geht. Dies führt weder zu einer glücklichen Beziehung noch zu langfristigem Erfolg.

Eine Beschwerde tritt auf, weil *dein Partner die Dinge nicht tut, die du haben willst, um deine Bedürfnisse zu erfüllen.* Sie ist ein Kampf, weil du auf eine Weise handelst, die seine Bedürfnisse nicht erfüllt. Das ist die Ebene deines bewussten Verstandes. Es gibt eine tiefere Schicht deines Bewusstseins, die eine andere Geschichte erzählt: Dein Partner verhält sich genauso, wie du dir aus tieferen und versteckteren Bedürfnissen heraus wünschst, dass er sich verhalten soll. Unabhängigkeit spielt dabei eine große Rolle.

Wozu benutzt du deine Beschwerden?

Inwiefern ist das, worüber du dich beschwerst, in Wirklichkeit das, was du willst?

Was erlauben dir deine Beschwerden zu tun oder nicht zu tun?

Was rechtfertigen sie aus deiner Sicht?

Welche Ausrede geben sie dir?

Du beginnst, mehr über dein Unterbewusstsein zu erfahren, indem du dich selbst in jeder negativen Situation fragst: »Wozu benutze ich das?«

Es gibt eine noch tiefere Schicht des Bewusstseins, die zeigt, dass das, worüber du dich beschwerst, das ist, *was du nicht gibst!* Sobald du gibst, was dir dein Partner laut deiner Beschwerden nicht gibt, wirst du erfüllt leben.

Wir wollen uns einmal das Beispiel Sex ansehen. In meiner Zeit als Eheberater beschwerte sich typischerweise der eine Partner oder der andere, dass er nicht genug Sex bekommen würde. Normalerweise fing ich mit den versteckten unterbewussten Gründen dafür an, warum er selbst keinen Sex wollte. Offensichtlich hatten die, die sich hier beschwerten, ein gespaltenes Bewusstsein, denn alles, was das Bewusstsein gänzlich will, kommt mit Leichtigkeit und auf natürliche Weise. Unsere Untersuchung brachte alle möglichen Dinge wie versteckte Bedürfnisse, Habgier, Angst, Schuld, Scham und den Wunsch nach Überlegenheit, Unabhängigkeit oder Aufopferung ans Licht. »Der Zweck allen Sehens ist es, dir das zu zeigen, was du zu sehen wünschst. Alles Hören bringt deinem Geist nur jene Töne, die er hören will.« (*Ein Kurs in Wundern, Übungsbuch,* Seite 304, Lektion 161, Ü-I.161.2:5-6)

Ich habe in den vierzig Jahren, seit ich mit der Erforschung des Unterbewusstseins begonnen habe, immer wieder festgestellt, dass dies wahr ist. Wenn du dich darüber beschwerst, etwas nicht zu bekommen, ist es an der Zeit, genau das zu geben. Um wieder auf den Sex zurückzukommen: Ich forderte den Partner, der sich beschwerte, auf, den Sex zu geben, da er offensichtlich derjenige von beiden war, der weniger Angst und Schuldgefühle hatte. Einige erhoben Einspruch und erklärten, sie wollten ihrem Partner jederzeit, überall und auf jede erdenkliche Art Sex schenken, aber der andere würde nicht darauf eingehen. Also sprach ich darüber, dass er Liebe geben könnte, um beispielsweise die Angst seiner Partnerin zu heilen, er könne Vergebung und Unschuld schenken, um ihre Schuldgefühle zu heilen, und Humor und Verspieltheit geben, um Schamgefühle oder Peinlichkeit zu heilen. Ich erinnerte ihn daran, dass Sex nicht nur ein körperlicher Akt ist, wie eine »Klempnerarbeit« sozusagen, sondern dass seine Partnerin ihn unwiderstehlich finden würde, wenn er ihr genug Liebe und sexuelle Energie schenken würde. Bring deinem Partner genau das, von dem du geglaubt hast, du würdest es brauchen. Ich glaube, dass du feststellen wirst, dass du es schon immer in dir hattest. Hinsichtlich deiner Beschwerden hast du das Geschenk, das euch beiden helfen kann. Gib dieses Geschenk und kehre die Energie in deiner Beziehung um, während du gleichzeitig eines der Geheimnisse des Erfolgs lernst.

14

Die entscheidende Lektion von Unabhängigkeit und Abhängigkeit

Dies ist die wichtigste Lektion in einer Beziehung. Wenn du diese Lektion nicht lernst, wird deine Beziehung weiterhin zwischen den beiden Polen Abhängigkeit und Unabhängigkeit – und vielen Streitigkeiten dazwischen – hin- und herschwingen oder du wirst in einer dieser Positionen verhärten. Wenn du in dieser Phase zu lange stecken bleibst, wird deine Beziehung zu einem Krieg. Wenn der unabhängige Partner nicht danach strebt, seinen Partner in seinem Bestreben nach Ebenbürtigkeit zu unterstützen, wird er stattdessen nach Wegen suchen, um zu schwelgen und sich gehen zu lassen. Dies kann dazu führen, dass der abhängige Partner versucht, dem unabhängigen Partner die Kontrolle mithilfe von Anschuldigungen wieder zu entreißen. Der unabhängige Partner verlässt die Beziehung möglicherweise, während der abhängige Partner versucht, seine Bedürfnisse erfüllt zu bekommen oder irgendwie die unabhängige Position zu übernehmen. Wenn die Lektion von Unabhängigkeit-Abhängigkeit nicht gelernt wird, lebt der unabhängige Partner seine Untreue weiter aus, während der abhängige Partner mehr emotionales Dulden demonstriert. Jedes Mal, wenn die Macht wieder der Kontrolle des anderen entrissen worden ist, bewegt sich die

Beziehung seitwärts anstatt vorwärts. Das Erste, was es zu erkennen gilt, ist, dass darin eine äußerst wichtige Lektion liegt. Sonst wird die Beziehung blind vor- und zurückschwingen, bis sie auseinanderfällt.

Die Lektion für den unabhängigen Partner besteht darin, seinem abhängigen Partner weiter seine Aufmerksamkeit zu schenken, auch wenn die Bedürfnisse des Unabhängigen in der Beziehung nicht vollständig erfüllt werden. Aus diesem Grund ist er immer ein wenig auf der Suche nach anderen Menschen oder nimmt andere Dinge wichtiger als seinen Partner. Wenn er sich jedoch auf die Beziehung und seinen Partner konzentriert, ihn wertschätzt und ihm zur Ebenbürtigkeit verhilft, können beide neue Flitterwochen und Verliebtheit genießen, bis die nächste Schicht zur Heilung auftaucht. Je mehr der unabhängige Partner seinen abhängigen Partner schätzt und sich mit ihm verbindet, desto eher macht die Beziehung einen Schritt nach vorn. Gleichermaßen entwickelt sich die Beziehung umso mehr weiter, je mehr der abhängige Partner seine Bedürfnisse und Anhaftungen loslässt und ehrlich mit sich selbst ist, damit er sich verbinden und nicht nur von seinem Partner fordern kann.

Wenn du eine leidenschaftliche Beziehung führst, wirst du einen viel größeren Machtkampf und eine viel kürzere Phase der »toten Zone« erleben. In jeder Phase liegt der Schlüssel natürlich im Joining, im Wiederherstellen der Verbundenheit. Was auch immer als ein Problem oder eine Entfernung zwischen euch tritt, hat die gleiche Antwort: Verbinde dich mit deinem Partner, um mehr Verbundenheit zu schaffen. Beide Partner sind in dieser Phase immer noch darin gefangen, etwas Besonderes sein zu wollen und außerhalb von sich selbst nach Glück zu suchen. Der unabhängige Partner findet es normalerweise außerhalb der Beziehung und der abhängige

Partner macht seinen Partner zur Quelle seines Glücks und versucht ihn dazu zu bringen, jedes Bedürfnis zu erfüllen, das niemals zuvor in seinem Leben erfüllt wurde.

Der abhängige Partner glaubt, wirklich verliebt zu sein, steckt jedoch tatsächlich tief in seinen Bedürfnissen. Bedürfnisse wirken auf den anderen abstoßend, wenn er nicht bereits sehr große Fortschritte gemacht hat. Der abhängige Partner wird in die Höhen der romantischen Liebe gehoben und in die Tiefen der Enttäuschung und manchmal der Verzweiflung gestürzt. Doch ein abhängiger Partner kann ebenso wie der unabhängige Partner die Beziehung vorwärtsbringen. Jedes Mal, wenn er seine Bedürfnisse und sein Anhaften loslässt, gewinnt er seine ganze Attraktivität zurück, *was sich darin zeigt, dass sich der unabhängige Partner auf ihn zubewegt.* Dies ist der Lackmustest, der das Loslassen beweist. Nur wenn der abhängige Partner seine Bedürfnisse loslässt, wird der unabhängige Partner zu ihm kommen: Wenn der abhängige Partner sich verletzt oder traurig fühlt, ist dies ein Zeichen dafür, dass er versucht hat, seine Bedürfnisse durch seinen Partner zu erfüllen.

In einem Interview bin ich einmal gefragt worden: »Sollte denn der unabhängige Partner nicht all die Liebe geben, um die Bedürfnisse des abhängigen Partners zu erfüllen?« Meine Antwort lautete: »Du erwartest, dass der unabhängige Partner das tut, was sich der abhängige Partner weigert zu tun, nicht nur für sich selbst, sondern auch für seinen Partner. Das Universum versucht, uns zu lehren, dass wir etwas nicht haben können, wenn wir es brauchen, aber dass wir so viel davon haben können, wie wir möchten, wenn wir das Bedürfnis loslassen. Bedürfnis ist eine Form des Nehmens, das funktioniert einfach nicht.« Du kannst anhand der Reaktion deines Partners immer klar sehen, ob du gibst, um zu nehmen, oder ob du einfach versuchst zu nehmen. Du erkennst das daran, ob sich dein Partner auf dich zu oder von dir weg bewegt. Du kannst es Liebe oder Verliebtheit nennen, aber das Testergebnis zeigt sich darin, ob sich dein Partner auf dich zu oder von dir weg bewegt. Liebe fordert nicht, sie lädt ein. Sie versucht nicht, zu bekommen oder zu nehmen; sie möchte geben und empfangen. Unter Abhängigkeit befindet sich versteckte Unabhängigkeit und unter Unabhängigkeit versteckte Abhängigkeit. Jeder sorgt dafür, dass der Partner seine verborgene Seite auslebt. Jedes Joining führt zu mehr Verbundenheit und zu einem stärkeren Fundament, auf dem gemeinsam aufgebaut werden kann.

So viele Menschen gehen unbekümmert eine Beziehung ein und erkennen nicht, dass es dabei ausschlaggebende Lektionen gibt, die sie zu lernen aufgefordert sind. Sie gehen die Beziehung mit ihren jeweiligen romantischen Vorstellungen ein, die Fantasien sind und ihre Bedürfnisse kompensieren. Für dieses wichtigste aller Themen gibt es in unseren Schulen keine wirkliche Ausbildung. Wir müssen unseren eigenen Weg durch all die Probleme von Beziehungen finden. Dies sind die entscheidenden Lektionen, weil Beziehungen entweder das Tor zum Himmel oder die Wurzel aller Probleme sind.

Wenn beide Partner erkennen würden, wie der jeweils andere der Beziehung dient, indem er alle unabhängige oder abhängige Energie auf sich nimmt, könnten sie erkennen, dass es eine Teamarbeit ist und dass sie ein Star sein könnten, um sich selbst, ihrem Partner und der Beziehung zu helfen. Jeder Partner könnte die Beziehung vollständig transformieren, wenn er sich der Erfüllung seiner Aufgabe widmet. Der unabhängige Partner kann dies tun, indem er sich umwendet und seinen abhängigen Partner und seine eigene versteckte Abhängigkeit auf die gleiche Stufe bringt, auf der er selbst steht.

Und der abhängige Partner kann dies tun, indem er seine Bedürfnisse und Anhaftungen loslässt, um seine ganze Attraktivität zurückzugewinnen. Wenn einer oder beide Partner sich verbinden und echte Liebe geben, stärkt das die Beziehung und macht sie zu einer glücklichen Erfahrung.

15

Transformierende Kommunikation

Es gibt eine Form der Kommunikation, die reif, heilend und wirksam ist. Sie erfolgt, wenn du Verantwortung für deine Gefühle und deine Erfahrung übernimmst und daher nicht anschuldigst. Stattdessen gewinnst du die Hilfe deines Partners. Anschuldigungen unterbrechen die Kommunikation und lösen Streit aus. Echte Kommunikation erfordert Mut, während Anschuldigen und Schikanieren einen Versuch darstellen, Verantwortlichkeit zu vermeiden, was zu mehr Angst führt. So beginnt ein Teufelskreis aus Angst und Wut. Angriff, Rückzug und passive Aggression sind alles Formen des Machtkampfes.

Der erste Schritt in der transformierenden Kommunikation besteht darin, als dein Ziel aufzustellen, was du mit deiner Kommunikation erreichen möchtest. Frag dich während der gesamten Kommunikation, was du dir als Ergebnis wünschst. So behältst du dieses Ziel bei den momentanen Entscheidungen, wie sie zu jeder Situation gehören, in Erinnerung. Wenn du diese Frage stellst, wird dir dein Ziel bewusst in Erinnerung gerufen.

Zweitens bittest du deinen Partner, dich zu unterstützen. Wenn er dich unterstützt, ist es weniger wahrscheinlich, dass du ihm Schuld zuweist oder ihn zum Sündenbock für deine Erfahrung machst.

Das dritte Prinzip folgt dem zweiten: Setz dich für deine Unschuld und die Unschuld deines Partners ein. Dies ist die Wahrheit. Du weißt, dass nur die Wahrheit für dich funktioniert. Engagiere dich also verbindlich für diese Wahrheit. Transformierende Kommunikation funktioniert so, dass du nicht versuchst, etwas von deinem Partner zu bekommen, auch wenn seine Unterstützung willkommen ist. Du versuchst nicht, ihn zu ändern oder emotional zu erpressen. Kommunikation ist keine Kommunikation, wenn du versuchst, etwas zu bekommen oder anzugreifen. An diesem Punkt bricht die Kommunikation ab und der Kampf beginnt. Überall dort, wo Kampf herrscht, gibt es keine Vorwärtsbewegung. Auch wenn du dich durchsetzt, erlangst du einfach die Kontrolle und wirst zum unabhängigen Partner. Früher oder später wird der andere dich aus dem Hinterhalt angreifen oder sich zurückziehen, um es dir heimzuzahlen.

Das vierte Prinzip besteht darin, dass ihr beide jetzt und in Zukunft gewinnen könnt. Das ist es, was du wirklich willst. Richtig geführte Kommunikation bringt Ebenbürtigkeit mit sich. Das ist das Zeichen einer gesunden Partnerschaft, weil es das ist, was Partnerschaft bedeutet.

Das fünfte Prinzip ist, den Himmel um Hilfe zu bitten. Erinnere dich immer wieder daran, den Himmel um Hilfe zu bitten, damit du nicht vergisst, wer mit dir geht. So weißt du, dass du unterstützt wirst, und die Gnade kann durch dich kommunizieren.

Das sechste Prinzip besteht darin mitzuteilen, was du fühlst, und deinem Partner zu versichern, dass du ihn nur darum bittest, dich zu unterstützen. Wenn dein Partner nicht beschuldigt wird, wird er gern etwas tun, was dir hilft, und sogar dein Held sein, während du dich mitteilst. Wenn du deinen Partner in der Vergangenheit bei Gesprächen missbraucht

hast, indem du versuchst hast, ihn zu ändern, um deine Bedürfnisse zu erfüllen, kann es sein, dass du einige Male ohne
jede Anschuldigung mit ihm kommunizieren musst, bevor er
dir traut. Wenn du diesem Prinzip treu bleibst, wirst du lernen, deinem Partner und dir selbst zu vertrauen. Teile mit,
was du erlebst und was für dich nicht funktioniert. Es kann
sich um den anderen, die Beziehung, dich in der Beziehung
oder das Leben im Allgemeinen drehen.

Wenn dein Partner sich verletzt fühlt oder beginnt, sich zu
verteidigen, versicherst du ihm erneut, dass das, was für dich
nicht funktioniert, deine Verantwortlichkeit ist, und dass du
es relativ schnell lösen wirst, wenn er durchhält und dich unterstützt. Das ist das Schöne an dieser Übung. Wenn die Kommunikation zusammenbricht, weil er eine emotionale Reaktion zeigt, unterstütze ihn, während er seine Gefühle fühlt.
Emotionen haben in der Kommunikation Vorrang. Wenn du
deinem Partner durch diese Emotionen hilfst, wird euch das
beiden helfen. Wenn du in der Lage bist, dich mitzuteilen,
nachdem er sich durch seine Gefühle gefühlt hat, tu es. Wenn
nicht, spar es dir für ein baldiges anderes Mal auf.

Achte so sorgfältig, wie du kannst, darauf, die Verantwortung für deine eigenen Emotionen zu übernehmen, während du dich mitteilst. Deine Emotionen kommen von dir
und interpretieren deine Gedanken. Wenn Emotionen in
Form einer Reaktion auftauchen, wirst du dir immer mehr
bewusst, dass sie die ganze Zeit in dir vorhanden waren. Ganz
gleich, was du mitteilst, bleib so nahe bei der Emotion, wie
du es kannst. Verlier dich nicht in der Geschichte und verlier auch nicht das Gefühl und damit die Wirksamkeit der
Heilung. Sobald du dich mitgeteilt und die Emotionen gefühlt hast, beschreibst du, wie du dich mit diesen Emotionen
fühlst.

Das siebte Prinzip besteht darin, in die Emotion hineinzuspüren und dich zu fragen, wann du dieses Gefühl zuvor schon einmal gehabt hast. Dann teilst du entweder dieses Gefühl oder, wenn dir ein Ereignis in Erinnerung kommt, dieses Ereignis mit. Bleib wieder so nahe wie möglich bei der Emotion. Während du Emotionen mitteilst, werden sie losgelassen. Wenn du mit dieser Geschichte und ihren Emotionen fertig bist, frag dich, wo alle diese Emotionen begonnen haben. Sie können eine noch tiefere Ursache haben. Nachdem du dich vollständig mitgeteilt hast, wirst du bemerken, dass du dich besser fühlst und die Dinge anders aussehen. Wenn du dich nicht besser fühlst und die Dinge nicht anders aussehen, bist du noch nicht fertig. Diese Art der Kommunikation verbindet euch, da sie die Unterschiede überbrückt, die eure Emotionen in euch aufrechterhalten hatten. Diese Art der Kommunikation hat die Wirkung, das Problem vollständig zu heilen oder eine ganze Schicht zu klären, falls es sich um ein chronisches Problem handelt.

Das achte Prinzip besteht darin, über dein Ziel für diese Kommunikation nachzudenken. Hast du es erreicht? Wie erscheinen dir dein Partner und die Situation jetzt? Wie fühlst du dich jetzt? Wenn du dein Ziel nicht erreicht oder Fehler gemacht hast, setzt du dein Ziel erneut und fährst fort, wenn die Zeit dafür günstig ist. Wenn du erfolgreich warst, fühl deine Dankbarkeit für deinen Partner und dich selbst und drück sie aus. Je mehr du dies tust, desto mehr erkennst du, dass du heilst und dabei dein Leben mit deinem Partner verbesserst. Außerdem wird dir klar, dass die Verantwortung für deine Partnerschaft in deinen Händen liegt.

16

Dein Glaube bist du

Dein Glaube bist du, die Essenz dessen, wie du dich selbst siehst. Darin investierst du deine Überzeugung. Er ist die Macht deines Bewusstseins, die in eine Situation oder ein Ergebnis investiert wird. Er hat eine ungeheure Macht, die häufig übersehen oder missachtet wird. Die Welt und unsere Situation darin spiegeln, wo hinein wir unser Bewusstsein gegeben haben.

Sieh dir deine Welt an und schreib fünf Glaubenssätze auf, die du darüber hast. Am besten lässt du sie dir einfach in den Sinn kommen. Schreib sie auf:

1. Die Welt ist ...
2. Die Welt ist ...
3. Die Welt ist ...
4. Die Welt ist ...
5. Die Welt ist ...

Schreib jetzt fünf negative und fünf positive Eigenschaften deines Partners auf:

Negativ
1. Mein Partner ist ...
2. Mein Partner ist ...

Positiv
1. Mein Partner ist ...
2. Mein Partner ist ...

3. Mein Partner ist …	3. Mein Partner ist …
4. Mein Partner ist …	4. Mein Partner ist …
5. Mein Partner ist …	5. Mein Partner ist …

Schreib jetzt fünf negative und fünf positive Eigenschaften deiner Beziehung auf:

Negativ	*Positiv*
1. Meine Beziehung ist …	1. Meine Beziehung ist …
2. Meine Beziehung ist …	2. Meine Beziehung ist …
3. Meine Beziehung ist …	3. Meine Beziehung ist …
4. Meine Beziehung ist …	4. Meine Beziehung ist …
5. Meine Beziehung ist …	5. Meine Beziehung ist …

Alle Glaubenssätze sind in Wirklichkeit Überzeugungen über uns selbst. Alle Glaubenssätze sind Selbstkonzepte. Daher ist alles, was du über die Welt und deinen Partner glaubst, eine Überzeugung über dich selbst.

Beginn mit den Glaubenssätzen über die Welt. Nehmen wir einmal an, dein erster Glaubenssatz über die Welt lautete, dass die Welt schmutzig sei. Frag dich, welche Auswirkung die Überzeugung, dass die Welt schmutzig sei, auf die Welt hat. Wie viele Glaubenssätze dieser Art hast du? Wozu benutzt du diese Glaubenssätze? Nachdem du einen Augenblick darüber nachgedacht hast, frag dich selbst, welche Auswirkung es auf dich hat, dass du glaubst, schmutzig zu sein. Um die Welt zu ändern, musst du deine Meinung über dich selbst ändern. Wozu benutzt du diesen Glaubenssatz?

Wenn du mit der Welt fertig bist, sieh dir die fünf negativen und fünf positiven Eigenschaften an, die du über deinen Partner aufgeschrieben hast, und stell dir die gleichen Fragen. Welchen Einfluss haben diese Glaubenssätze auf dich und deine Beziehung? Unsere Selbstkonzepte schaffen unsere Erfahrung, aber wir müssen nicht in diesen Selbstkonzepten stecken bleiben. Sie sind wie Ziegelsteine, aus denen das Ego gebaut ist, und trennen uns von allen anderen und von uns selbst wie eine Wand. Du kannst diese Glaubenssätze loslassen oder sie in dein Höheres Bewusstsein integrieren, indem du deine Ganzheit ausweitest, während du die Negativität hinwegschmilzt.

Schließlich frag dich: Auf einer Skala bis 100 Prozent, wie sehr glaubst du ehrlich daran, dass deine Beziehung funktionieren kann? Ist es das, was du willst? Wenn dir die Zahl nicht gefällt, die dir in den Sinn kam, und du wenig Vertrauen hast, dass die Beziehung funktionieren kann, kannst du das ändern. Der erste Schritt besteht darin, sich vorzustellen, dass du mit der Hilfe des Himmels die negativen und positiven Prozentsätze zu einem neuen Ganzen verschmilzt. Anschließend stellst du dir vor, dass in der Beziehung die nächste Ebene zur Heilung auftaucht. Nehmen wir einmal an, dass du ursprünglich glaubtest, zu 40 Prozent könne die Beziehung geheilt werden, es aber jetzt, da die negative und die positive Seite verschmolzen sind und die nächste Schicht auftaucht, 50 zu 50 Prozent sind. Integriere dies wieder in eine neue Ganzheit. Anschließend bringst du die nächste Schicht hoch, die, sagen wir einmal, Zahlen von 60 zu 40 Prozent zeigt. Du integrierst das erneut. Dann bringst du die nächste Bewusstseinsschicht hoch, die geheilt werden muss. Nehmen wir an, das Zahlenverhältnis hätte sich erneut verändert: 30 zu 70. Das ist hervorragend. Du hast eine der größten unterbewussten oder unbewussten Fallen ans Licht gebracht. Mit der Hilfe des Himmels schmilzt du diese gegenteiligen Teile zu einer neuen Ganzheit zusammen. Dann bringst du die nächste Schicht hoch und siehst dir die Spaltung an. Tu dies mindestens zehnmal. Dies bringt Ganzheit in dein Bewusstsein und macht es stärker, während Ambivalenz und Zweifel hinweggeschmolzen werden.

Du musst kein volles Vertrauen haben. Ein wenig reicht aus. Der Himmel glaubt zu 100 Prozent an dich und deine Beziehung. Du könntest sogar etwas von der Macht meines Bewusstseins und meiner Erfahrung nutzen, dass Beziehungen sich ändern können. Du brauchst nur die geringe Bereitwilligkeit, die dafür notwendig ist. Stell dir vor, dass du den Glauben des Himmels bei jedem Schritt auf dem Weg einsetzt. Stell dir vor, dass Gott jeden Schritt des Weges mit dir geht. Mit dieser Macht und diesem Glauben hinter dir, was kann da ein Problem sein?

17

Deine Geschenke

Nach ein paar Jahrzehnten der Arbeit mit Menschen stellte ich fest, dass jedes Problem ein Geschenk oder eine Gabe verbirgt. Und wenn eine Person durch ihren gesunden Verstand oder die Intuition direkt zu der Gabe gehen und sie akzeptieren würde, würde sich das Problem ohne weitere Notwendigkeit der Heilung auflösen. Nach ungefähr fünfunddreißig Jahren Arbeit fand ich heraus, dass es bei jedem Trauma einen Zeitpunkt der Entscheidung gibt. Hier geht es darum, entweder weiter dem Pfad des Egos zu folgen, sich zu trennen, zu leiden, Schuld zuzuweisen, sich vom Licht abzuwenden und zu verstecken oder andererseits den Pfad des Höheren Selbst zu wählen und die Geschenke und Gaben anzunehmen, die auf uns warten. Dies hilft der Person, die dir das Trauma zugefügt hat, und wendet Leid und Schuld für alle Beteiligten ab. Wenn wir die Person oder Situation gerettet hätten, wären wir einen Schritt nach vorn gegangen und hätten die Seelengeschenke empfangen, wir hätten die Gaben des Himmels erhalten und eine neue Ebene unserer Lebensaufgabe und unserer Bestimmung erreicht. Wenn wir gelitten haben, hatten wir aus was für Gründen auch immer Angst zu leuchten. Aber diese Geschenke und Gaben liegen immer noch in uns und warten darauf, ausgepackt zu werden. Während wir uns heilen und uns auf die Überholspur der Evolution begeben, während wir unsere Führungskraft, Vision und Meisterschaft stärken, werden wir diese Gaben früher oder später annehmen. Lasst uns dies lieber früher als später tun und umso mehr strahlen! Unsere Gabe hilft uns, unserem Partner und der Welt. Es ist der Wille des Himmels, dass wir strahlen und die Leichtigkeit, den Fluss und die Kreativität genießen, die das mit sich bringt. Unsere Gaben sind ein Teil unserer Liebe. Sie sind ein Aspekt der Liebe Gottes für uns und unserer Liebe für die Welt. Wir alle haben Beschwerden. Sogar Menschen, die so positiv sind, dass sie generell ihre Urteile übertünchen oder kompensieren, würden erkennen, dass sie Beschwerden haben, wenn sie innehalten und einen Moment darüber nachdenken. Wenn du eine Emotion oder ein Problem übertünchst oder kompensierst, wird es fortbestehen. Aber wenn du sie heilst, macht das für dich und deinen Partner einen wunderbaren Unterschied. Deine Geschenke helfen euch beiden, erfolgreicher und glücklicher zu sein.

Es gibt einen einfachen Weg, um deine Beschwerden zu transformieren. Stell eine Liste der Beschwerden über deinen Partner auf.

1. _____

2. _____

3. _____

4. _____

5. _____

*Was dir deine Beschwerden über deinen Partner zeigen, ist das,
was du nicht gibst oder nicht genug gibst.* Wenn du deine Einstellung von Beschwerden hin zu Großzügigkeit ändern würdest, fändest du den Schlüssel, der deine Beschwerden auflöst
und dir hilft, dich besser zu fühlen, und der deinem Partner
hilft, Fortschritte zu machen.

Auf diesen Gebieten haben du und dein Partner Lektionen
zu lernen. Deine Beschwerden zeigen, dass du willst, dass dein
Partner derjenige ist, der sich ändert und es besser macht. Dies
mag dich eine Zeit lang befriedigen, aber da du den inneren
Konflikt nicht gelöst hast, wird er sich erneut zeigen. Du
könntest stattdessen die Lektion jetzt lernen, weil du dich sehr
viel besser fühlen wirst, sobald du gibst, anstatt dich zu bekla-
gen. Entspann dich. Schließ deine Augen und frag dich bezüglich deiner ersten Beschwerde, welches Geschenk du zu geben
aufgerufen bist, das dieses Problem für euch beide heilen
würde. Ohne Hilfe geht es niemandem besser, und dies ist die
Hilfe, die dein Partner braucht. Jede Gabe, die du teilst, wird
einen Riesenunterschied für deinen Partner machen, weil du
ihn dort, wo er offensichtlich Hilfe benötigt, nicht verurteilst.
Einfache Lösungen für ein großes Problem sind elegant. Die
Welt wird durch dein Geben zu einem besseren Ort, und du
hast nicht länger das Gefühl, festzustecken und dich aufzuopfern. Du handelst proaktiv, fühlst dich ermächtigt und darfst
empfangen und die Belohnung deines Gebens genießen.

Frag dich also, welche Gabe du hast, die unter deiner Beschwerde versteckt ist, die auf einem *unechten* Bedürfnis beruht. Darunter liegt das Geschenk, um euch beide zu befreien.
Öffne die Tür zu dieser Gabe. Umarme sie und lass dich davon erfüllen. Anschließend teilst du sie mit deinem Partner
und allen anderen Menschen, die dir einfallen und die diese
Gabe gebrauchen könnten.

18

Emotionale Reife

Deine emotionale Reife ist ein Geschenk für deinen Partner. Sie sorgt dafür, dass du auf ihn und die Wahrheit eingehst. Der Umgang mit dir ist einfach und unkompliziert und du bist auf allen Ebenen mehr verfügbar. Es bedeutet, dass du Verantwortung für deine Emotionen und sogar für die äußere Situation übernimmst, die deine Emotionen projizieren. Deine Angst kann zum Beispiel Emotionen der Wut, des Angreifens und sogar der Rage in deinem Umfeld hervorrufen. Die meisten Menschen erkennen die Macht ihrer Emotionen nicht und wie sie die Situation in ihrem Umfeld beeinflussen. Der große Schritt in der emotionalen Reife besteht darin zu erkennen, dass du für deine Emotionen verantwortlich bist. Niemand sorgt dafür, dass du dich schuldig, wütend, verängstigt, beschämt und so weiter fühlst. Es gibt viele Wege, um Emotionen zu heilen. Zuerst musst du jedoch erkennen, dass deine Emotionen Illusionen sind, die auf Fehlinterpretationen mit Wurzeln in der Vergangenheit beruhen. Sie benötigen nur einen Auslöser, um an die Oberfläche zu kommen, und manchmal noch nicht einmal das. Sie sickern einfach nach oben durch oder brechen aus, um bearbeitet zu werden.

Der zweite Punkt besteht darin, sie zur Heilung zu benutzen, damit du deinem Partner nähergebracht wirst. Während eine Emotion auftaucht, wird sie für etwas benutzt. Du kannst sie zur emotionalen Erpressung, als Schikane, als einen Hilferuf, als einen Angriff oder eine Form der Rache einsetzen oder um eine tiefere Emotion wie Wut zu verdecken. Die Wut verbirgt Verlust, Angst oder Schmerz. Der Schlüssel zur emotionalen Reife besteht darin, Emotionen nicht für andere Zwecke zu missbrauchen, sondern zur Heilung einzusetzen. Wenn du eine Emotion vollständig fühlst oder sie loslässt, bringt dir das Frieden, mit welcher Lektion auch immer diese Emotion verknüpft war. Durch echte Trauer oder Loslassen werden zum Beispiel Verlust und Traurigkeit zu Ergriffensein und Neugeburt. Das Ausmaß unseres Friedens ist das Ausmaß unserer Ganzheit. Frieden bringt Gesundheit, Liebe, Freude und Fülle. Je mehr du die Verantwortung für deine Emotionen übernimmst, desto mehr übernimmst du Verantwortung für dein Leben. Das Ausmaß, in dem du in Opfermustern verhaftet bleibst, ist das Ausmaß, in dem du in einem selbstzerstörerischen Muster gefangen bist, das dir Rollen des Opfers, der Aufopferung und der dissoziierten Unabhängigkeit zuteilt. Dies hält dich in einem Machtkampf oder in Leblosigkeit gefangen und programmiert dich. Es kostet Zeit und Energie, die dir von Liebe, Spaß und Erfolg abgezogen werden. Mit emotionaler Reife machst du dir, deinem Partner und deiner Beziehung ein großartiges Geschenk. Während du dich verbindlich für deine emotionale Reife engagierst, wirst du typischerweise immer noch Fehler machen. Zum Beispiel wirst du dich verletzt oder wütend, schuldig oder traurig fühlen. Aber du wirst dies immer schneller erkennen und kannst dich bei deinem Partner für deinen Fehler entschuldigen, wenn du die Emotionen benutzt hast, um etwas von ihm zu nehmen oder ihn anzugreifen. Eine ernst gemeinte Entschuldigung überbrückt viele Kluften und hilft dabei, gemeinsame Fortschritte zu machen. Dein verbindliches Engagement für deine Reife entlässt deinen Partner aus der Verantwortung für deine Erfahrungen. Dies bringt Glücklichsein und Heilung als Prioritäten in die Beziehung zurück. Jedes Mal, wenn du etwas heilst, bewegst du dich vorwärts. Wenn du das tust, profitiert dein Partner davon und darf ebenfalls vorwärtsschreiten, da euer Bewusstsein verbunden ist und ihr ein Team seid.

Engagier dich weiterhin verbindlich dafür, die Lektionen zu lernen und deine emotionale Reife zu vergrößern. Je mehr du in diesem Bereich beiträgst, desto mehr wird dein Partner im gleichen Bereich oder in einem anderen wichtigen Bereich beitragen. Ganz gleich, wie es aussehen mag, Beiträge sind in einer Beziehung immer gleich, es sei denn, du benutzt den Mangel an Beitrag deines Partners, um dich zurückzuhalten, oder als eine Ausrede. Manchmal stellst du fest, dass du ein Seelenversprechen gegeben hast, ihn sogar über das in einer Partnerschaft normale Maß hinaus zu retten. Oder dein Partner leistet vielleicht einen großen Beitrag für die Welt, und du hast auf der Seelenebene versprochen, ihm dabei zu helfen.

Du kannst Emotionen heilen, indem du sie so gründlich fühlst, dass sie sich in Frieden verwandeln. Du kannst sie loslassen, in Gottes Hände legen, sie akzeptieren und vergeben, dich verbindlich für die Wahrheit engagieren, sie mit deinem Höheren Bewusstsein integrieren und den nächsten Schritt tun, gegen den sie eine Abwehr darstellten. Du kannst diese Emotionen heilen, indem du erkennst, dass sie versuchen zu verhindern, dass du den Hilferuf eines Menschen hörst. Dann kannst du intuitiv herausfinden, wer das ist, und dich energetisch durch diese Emotion zu diesem Menschen hinwenden, um ihm zu helfen. Du kannst Emotionen heilen, indem du dort um die Liebe, die göttliche Liebe und die göttliche Gegenwart bittest, wo die Emotion, die du so lange mit dir getragen hast, begonnen hat. Du kannst darum bitten, die Situation mit den Augen des Heiligen Geistes zu sehen. Diese verschiedenen Methoden können dir helfen, Frieden und Zuversicht an den Orten zu finden, wo zuvor die Emotionen waren, die die Trennung zwischen dir und deinem Partner aufrechterhielten. Deine Heilung segnet deinen Partner und dich.

19

Führung und Gnade

Ich habe einmal mit einer Frau gearbeitet, deren Mann Alkoholiker war. Jedes Mal, wenn sie ihn berichtigte, wenn sie sich mit ihm stritt oder ihn in der geringsten Weise kritisierte, benutzte er das als Ausrede, um sich zu betrinken. Ihre Beziehung ging langsam zugrunde. Dann erzählte sie mir, dass sie die Lösung gefunden hatte. Jedes Mal, wenn sie merkte, dass er Streit suchte, hielt sie inne und horchte auf. Die Lösung, die sie brauchte, kam dann zu ihr, und sie wusste, wie sie reagieren sollte. Während sie ihre Heilungsarbeit für sich selbst und ihn fortsetzte, gab er allmählich das Trinken auf.

Der Himmel ist auf deiner Seite. Es ist nicht Gottes Wille, dass du in irgendeiner Weise unglücklich bist. Die Wahrheit würde nicht zulassen, dass du in irgendeiner Weise leidest. Als das Problem begann, wurde die Antwort gegeben, und das Wunder wurde sogar noch vor dem Problem bewirkt. Hör auf die Stimme für Gott. Die Antwort wartet darauf, dass du danach fragst und keine Angst hast, sie zu erhalten. Während dein Wunsch wächst, schmilzt er die Angst und den Widerstand im Innern hinweg. Während die Antwort zu dir kommt, wird die Gnade sie durch dich verwirklichen. Das ist die Natur von Führung und Inspiration. Sie erhebt dich und vollendet durch dich.

Erinnere dich daran, wer immer bei dir ist, und lass die Angst hinwegschmelzen. Setz dich in Ruhe hin, denn dann können dir die Antworten kommen. Hör einfach zu. Kommuniziere mit dem Himmel. Verbring Zeit mit Gott. Bete. Lass den Himmel vorangehen. Du musst es nicht verstehen und auch nicht selbst machen. In der Ruhe kannst du Gott und seine ekstatische Liebe spüren. Dein wahrer Wille ist identisch mit Gottes Willen, und wenn das, was passiert, kein glückliches Geschehen ist, dann ist es an der Zeit, damit aufzuhören, in das Ego und die Trennung zu investieren. Lade dein eigenes Höheres Bewusstsein ein, das mit dem Heiligen Geist verbunden ist. Gib dir selbst die Ruhe, die du verdienst. Je tiefer dein Frieden ist, desto mehr deiner Konflikte schmelzen hinweg. Keine Situation ist für dich und den, der immer mit dir geht, unmöglich.

20

Dein persönlicher Mythos

Stell dir die folgende Frage und warte ab, was dir in den Sinn kommt. Das Erste, was dir einfällt, ist die wahrhaftigste Antwort. Wenn du darüber nachdenkst, hat dein Ego seine Finger im Spiel, und daher wird nicht nur die Frage, sondern auch deine Antwort verfälscht. Da du der Herrscher deines eigenen Bewusstseins bist, musst du dir das nicht gefallen lassen. Also: Wenn du eine legendäre Figur, eine Märchengestalt oder eine historische Persönlichkeit wärst, wer würdest du sein?

Deine legendäre Figur, Märchengestalt oder historische Persönlichkeit ist ein Muster dafür, wie du dein Leben lebst. Erzähl die Geschichte dieser Figur, schreib sie auf oder nimm sie mündlich auf deinem Handy auf. Dann hör sie dir erneut an. Häufig gibt es in derartigen Geschichten einen Helden (das bist typischerweise du), einen Bösewicht, der von jemand anderem in deiner Geschichte gespielt wird, und jemanden, der gerettet werden muss. Blick auf dein Leben zurück und erkenne, wie sich deine Geschichte auf dein Leben bezieht. Wie hast du deine Geschichte ausgelebt? An welchem Teil der Geschichte befindest du dich in deinem Leben?

Frag dich, wie alt du warst, als dein persönlicher Mythos entstanden ist. Wer war bei dir? Was ist damals geschehen, wenn du das wissen könntest? In deinem persönlichen Mythos spielst du alle Charaktere. Genau wie in einem Traum sind sogar die bedeutenden leblosen Objekte du. Ein persönlicher Mythos hat alle Elemente eines lebendigen, wiederkehrenden Traums, der wichtige Elemente in deinem Lebensmuster offenbart. Untersuch jetzt alle Charaktere und wichtigen Objekte und beschreib jeweils, inwieweit du in deinem Leben so gewesen bist. Die stärkste Verleugnung und Abwehr mag hinsichtlich dessen vorhanden sein, dass du die Schattenfigur bist (falls es eine gibt). Hier befindet sich jedoch der größte Gewinn für die Heilung.

Es gibt eine Traumübung aus der Gestalttherapie, in der du jeden Charakter ausagierst. Beginne mit deinem persönlichen Mythos und spiele ihn (allein oder mit der Hilfe anderer) wie in einem Theaterstück. Typischerweise empfindest du Widerstand dabei, deine Rolle zu übernehmen. Nach einer scheinbar langen Zeit, die eigentlich recht kurz war, schlüpfst du jedoch in diese Rolle. Mach sie dir zu eigen. Übertreib das Gefühl und das Verhalten, die zu dieser Rolle gehören. Nachdem du sie ein wenig ausagiert hast, scheint sie zu zerplatzen und von dir abzufallen. Anschließend agierst du den nächsten wichtigen Charakter oder Gegenstand in deiner Geschichte aus, bis er platzt. Wiederhole dies für alle Charaktere in deiner Geschichte. Dies ist sehr machtvoll und sehr hilfreich. Das Wegfallen deines persönlichen Mythos, der wie eine Rüstung war, die du niemals ablegst, erlaubt viel mehr Intimität und Vergnügen mit deinem Partner. Die Heilung des Traumas lässt viel mehr Liebe und Freude in deinem Leben zu. Lass deinen persönlichen Mythos mit allen immer noch vorhandenen Resten des Traumas schmelzen, damit ein neuer Grad an Stärke und Unschuld entstehen kann.

Die nächste Ebene der Heilung besteht darin zu erkennen, dass dein persönlicher Mythos als Abwehr und als Kompensation für eine sehr traumatische Erfahrung gedient hat. Du warst so verletzt, dass du das Gefühl hattest, als du selbst nicht weitermachen zu können. Dein persönlicher Mythos jedoch konnte nicht nur weitermachen, sondern auch noch die Situation retten! Jetzt ist der Zeitpunkt gekommen, zu diesem traumatischen Vorfall zurückzugehen. Du hast dunkle Überzeugungen über dich selbst angenommen. Frag dich, wie sie dich und dein Leben beeinträchtigt haben. Sei bereit, diese dunkle Lektion loszulassen, und bitte darum, die Lektion des Himmels zu erhalten. Bring die Liebe in diesen Vorfall und lade gleichzeitig die Liebe des Himmels und die göttliche Gegenwart in diese Szene ein. Wenn die göttliche Liebe und die göttliche Gegenwart in eine Szene fließen, werden das Ego sowie seine dunklen Überzeugungen und Emotionen losgelassen und die Szene wird der Ganzheit übergeben. Jetzt bist du nicht mehr dein persönlicher Mythos, der eine Rolle, eine Kompensation und eine Abwehr darstellt. Jetzt kannst du von dem, was du gibst, empfangen und den Frieden und die Zuversicht genießen, in deinem Leben und in deiner Beziehung erfolgreich zu sein.

21

Vergebung

Vergebung ist das grundlegende Heilungsprinzip, dem alle anderen Heilungsprinzipien entspringen. Sie beendet die Trennung, welche die grundlegende Ursache aller Probleme ist. Sie löst deine Urteile, deinen Groll und deine darunter versteckte Schuld auf. Deine Vergebung ist für dich. Sie befreit die Vergangenheit und daher auch die Zukunft, und sie öffnet dich für den Frieden und das Glücklichsein in der Gegenwart. Die meisten Menschen gelangen nicht in die Gegenwart, weil das Ego nicht will, dass wir gegenwärtig sind. In der Gegenwart brauchen wir unser Ego nicht. Es benutzt unsere Schuld und unseren Groll aus der Vergangenheit, um die Zukunft zu verurteilen, und fürchtet sie daher, weil es sich vorstellt, dass sie eine Wiederholung der Vergangenheit sein wird. Daher versäumen wir die Gegenwart vollkommen, in der das Ego nichts hat, um sich zu verteidigen.

Vergebung heilt Probleme, weil sich an der Wurzel jedes Problems eine Beschwerde gegen eine andere Person befindet. In dem du deinem Partner häufig genug vergibst, heilst du schließlich alle die Menschen aus der Vergangenheit, die an dem Problem beteiligt waren, einschließlich dir selbst. Es gibt eine Reihe einfacher Vergebungsübungen, die ich aus *Ein Kurs in Wundern* gelernt habe. Eine Übung besteht darin, eine Beschwerde anzusehen und dich zu fragen: »Würde ich mich dafür verurteilen, das getan zu haben?« *(Übungsbuch, Seite 250, Lektion 134, Ü-I.134.15:3.)* Es kann kein Urteil und keinem Groll geben ohne Schuld, und diese Übung geht mit diesen beiden Dynamiken auf elegante Weise um. Eine andere ausgezeichnete Übung ist es, deinem Partner diese Worte aus *Ein Kurs in Wundern (Übungsbuch,* Seite 306, Lektion 161, Ü-I.161.11:7-8)* zu sagen: »Gib mir deinen Segen, heiliger Sohn Gottes. Ich möchte dich mit Christi Augen schauen und meine vollkommene Sündenlosigkeit in dir erblicken.« Über denjenigen, dem vergeben wird, sagt *Ein Kurs in Wundern:* »Dies ist es, was des Körpers Augen in dem erblicken, der dem Himmel lieb und teuer ist, den die Engel lieben und den Gott vollkommen schuf. Dies ist seine Wirklichkeit. Und in der Schau Christi wird seine Lieblichkeit in einer so heiligen und schönen Form gespiegelt, dass du kaum anders kannst, als zu seinen Füßen hinzuknien. Doch stattdessen nimmst du seine Hand, denn du bist wie er in der Sicht, die ihn auf diese Weise sieht. Angriff auf ihn ist dir ein Feind, denn du wirst nicht wahrnehmen, dass in seinen Händen deine Erlösung liegt. Bitte ihn nur darum, und er wird sie dir geben. Bitte ihn nicht, ein Symbol für deine Angst zu sein. Möchtest du darum bitten, dass die Liebe sich selbst zerstört? Oder möchtest du, dass sie dir offenbart werde und dich befreit?« *(Übungsbuch, Seite 305, Lektion 161, Ü-I.161.9:1-9)*

Eine weitere Erklärung zur Vergebung aus *Ein Kurs in Wundern (Übungsbuch,* Seite 369, Lektion 193, Ü-I.193.13:3)* lautet: »Ich will vergeben, und dieses wird verschwinden.« Dies erkennt an, dass Vergebung deine Wahrnehmung verändert. Während du diese Aussage machst und die Person oder die Situation ansiehst, werden sie sich innerhalb der ersten sieben Male, die du diese Worte aussprichst, verändern, *es sei denn, du benutzt das Problem für einen versteckten eigenen*

Gewinn. Vergebung vereint und bringt dich und deinen Partner einander näher. Diese Verbundenheit bringt euch beiden Intimität und größeren Erfolg. Während du Vergebung praktizierst, beginnst du zu erkennen, dass Vergebung eine glückliche Illusion ist, die schmerzhafte Illusionen heilt. Wenn du durch all die Illusionen gegangen bist, erkennst du, dass es in Wahrheit nichts zu vergeben gab und alle Beteiligten unter den inneren und äußeren Umständen ihr Allerbestes getan haben. Du erkennst, dass der aufgetauchte Schmerz aus Fehlinterpretationen und Trennung entstanden ist. Es war von Anfang an alles ein Fehler. Unterbewusst geht es bei Vergebung darum zu sagen: »Es tut mir leid, dass ich dir die Schuld für Verbrechen gegeben habe, von denen ich glaubte, sie selbst begangen zu haben.« Vergebung bedeutet ver-geben, also etwas von sich zu geben und sich so erneut zu verbinden.

Wenn es ein großes chronisches Problem mit deinem Partner gibt, schlage ich dir die Übung mit den 100 Vergebungen vor. Besorg dir ein kleines Notizbuch, das du mit dir tragen kannst, und schreib in einem Wort auf, was du deinem Partner vergibst. Vergib es. Vergib ihm und vergib seinem Glaubenssystem, das dazu geführt hat. Anschließend vergibst du deinem Glaubenssystem, das dazu geführt hat. Vergib alle Kompensationen in dir, die verstecken, dass du das gleiche Problem hast, und vergib schließlich dir selbst. Jedes Mal, wenn du eine Vergebungsübung machst, notierst du, worum sie sich dreht. Strebe danach, jeden Tag hundert Vergebungsübungen mit deinem Partner zu machen. Dazu musst du wissen, dass verschiedene Dinge hochkommen werden, die vergeben werden wollen, und dass manchmal immer wieder die gleiche Sache auftaucht.

Wenn du ein großes chronisches Problem hast, zeigt dies, dass die Wurzeln in vielen verschiedenen Bereichen liegen. Es können dir andere Menschen und Situationen in den Sinn kommen, denen du vergeben musst, während du dir und deinem Partner vergibst. Diese zählen dann zu deinen hundert Vergebungen dazu. Vergib jeden Tag hundert Mal. Wenn du keine hundert schaffst, setz dir erneut dein Ziel und fang von vorn an. Du vergibst das Problem deinem Partner und seinem Glaubenssystem. Dann vergibst du alles, was du an ähnlichen Mustern hast, jegliche Abwehr davon, dir selbst und deinem Glaubenssystem, das dazu geführt hat. Alle Glaubenssätze sind Glaubenssätze über dich selbst oder Selbstkonzepte. Wenn du dich verbindlich an dieses Heilungsprotokoll hältst, ist es sehr wahrscheinlich, dass du innerhalb von zehn Tagen eine neue Art entwickelt haben wirst, deinen Partner zu erfahren, ein neues Leben und eine viel unschuldigere Erfahrung deiner selbst. Wenn das nicht eintritt, ist es deshalb, weil du willst, dass dein Partner so ist, wie er ist, um eine Ausrede für dich selbst zu haben.

Worum dreht sich diese Ausrede?

Ist es das, was du wirklich willst?

22

Die Frage der Verantwortlichkeit

Ohne Verantwortlichkeit wirst du in deiner Beziehung viele, viele Kämpfe erleben. Du wirst mit Anschuldigungen um dich werfen, anstatt eine Änderung zu erreichen. Ohne Verantwortlichkeit wirst du die Lektion nicht lernen, die der Himmel für dich geplant hat. Stattdessen wirst du der dunklen Lektion begegnen, die das Ego für dich bereithält. Seine Lektionen erzeugen dunkle Selbstkonzepte und selbstzerstörerische Probleme, und sie bauen die Mauern des Egos weiter auf. Das Ego beschuldigt und nimmt Schuld auf sich. Es opfert, anstatt auf andere einzugehen. Wenn du das Unterbewusstsein entschleiern würdest, würdest du feststellen, dass alles, von dem du glaubst, dass es dir ein anderer angetan hat, das war, was du dir selbst angetan hast. Genau das, weshalb du andere beschuldigt und zurückgewiesen hast, war das, was du ihnen versteckt unter Verleugnung und Dissoziation angetan hast. Wenn du etwas in deinem Partner siehst und es akzeptierst, ohne dich oder ihn zu verurteilen, kannst du die Verantwortung dafür übernehmen. Nur dann kannst du es ändern.

Es gibt einige wichtige Fragen, die dir helfen können, einige der tiefen Verstecke der Schmerzen zu finden, die früher oder später in deiner Beziehung auftauchen werden. Indem du jetzt Verantwortung übernimmst und dein Unterbewusstsein untersuchst, kannst du die Angriffe deines Egos auf dich und andere im Voraus stoppen und große Ausbrüche heilen, bevor sie geschehen. Dies erfordert Bereitwilligkeit, Intuition, Ehrlichkeit mit dir selbst und den Wunsch, es dir in deinem Leben und deinen Beziehungen leichter zu machen. Die folgenden Fragen stammen aus einer Sitzung, in der eine große, öffentliche Explosion in der Beziehung bearbeitet wurde. Durch diese Fragen und die daraus resultierende Heilung wurde die Beziehung gerettet. Die Fragen halfen das Bewusstsein zu schaffen, das beide Partner benötigten, um die vollständige Verantwortung für das zu übernehmen, was passiert war, und eine Beziehung dort wiederherzustellen, wo sie keine Möglichkeit mehr sahen. Ohne Verantwortung handeln wir wie Opfer. Wir sind uns nicht bewusst, dass wir ein solches Ereignis zum Angriff und zur Rache benutzen. Wir verstecken, dass wir große Zweifel und Ängste bezüglich unseres Partners und der Beziehung haben, und leugnen, dass wir uns mit ihm auf die nächste Ebene begeben könnten. Wir projizieren auf unseren Partner genau die Dinge, die wir getan haben, jedoch unter einer Wolke der Verleugnung verstecken.

Schreib deine Antworten auf diese Fragen auf, damit du sie später verwenden kannst.

1. Was hat dir dein Partner angetan?
2. Warum glaubst du nicht, dass deine Beziehung funktionieren wird?
3. Was sieht dein Partner nicht in dir?
4. Was ist der nächste Schritt, vor dem du dich so fürchtest?
5. Was sind die Dinge, die du an deinem Partner nicht magst?
6. In welcher Hinsicht ist deine ganze Beziehung ein Test für deinen Partner gewesen, mit dem du prüfen willst, ob

er dein wahrer Partner ist? Es ist ein Test, bei dem du zweifelst, dass er der Richtige ist, bis er den Test bestanden hat, den du ihm gibst.

7. Worauf prüfst du ihn?
8. Was fürchtest du an ihm?
9. Worüber bist du wütend in Bezug auf ihn?
10. Welche Beschwerden hast du gegen deinen Partner?
11. Welchen Teil von dir hältst du für nicht kompatibel mit ihm?
12. Warum wolltest du, dass dieses Ereignis geschieht und so ablief, wie es war?
13. Wofür ist dein Partner blind?
14. Warum geschieht dies hier und jetzt?
15. Warum willst du nicht mit ihm verheiratet sein?
16. Was ist deiner Meinung nach für die Beziehung entscheidend, aber du weißt nicht, wie du es tun sollst? Was ist es, von dem dein Partner nicht weiß, wie er es tun soll?
17. Was an diesem Ereignis würde beweisen, dass dein Partner dich liebt?
18. Was versuchst du über dieses Ereignis zu bekommen?
19. Wofür bestrafst du deinen Partner?
20. Was hält dich davon ab, ihm näherzukommen?
21. Wo lässt dich dein Partner im Stich?
22. Warum glaubst du, dass dein Partner das verdient?
23. Wo hapert es bei deinem Partner?
24. Was hast du herauszufinden versucht, indem all dies so geschah, wie es war?
25. Was schätzt dein Partner nicht an dir?
26. Wofür bestrafst du dich selbst?
27. Wofür hast du dich an deinem Partner gerächt?
28. Wie spiegeln dein Partner und deine Beziehung deinen versteckten Hass?

29. Wie spiegelt dein Partner deinen Selbsthass?
30. In welcher Hinsicht ist dies ein Kampf mit und eine Ablenkung von Gott?
31. Was in deiner Beziehung lässt die Seele schrumpfen?
32. Zu wie viel Prozent läuft in dieser Situation bei dir eine emotionale Masturbation ab?
33. An welcher Beschwerde hältst du immer noch fest, obwohl sie verhindert, dass die Beziehung Fortschritte macht?
34. Wo in deiner Beziehung befindest du dich in Aufopferung?
35. Warum empfängst du wegen deines Partners nicht im Leben?

Wenn dir Antworten zu diesen Fragen kommen und du die Verantwortung dafür übernimmst, übergibst du sie rasch an den Heiligen Geist, wie es in *Ein Kurs in Wundern* vorgeschlagen wird.

1. Bei der Antwort auf die erste Frage ist das, von dem du gesehen oder erlebt hast, dass dein Partner es getan hat, das, was du getan hast. Vielleicht nicht unbedingt in körperlicher Hinsicht, aber definitiv energetisch.
2. Dies bringt die Zweifel hervor, die dich davon abhalten vorwärtszuschreiten.
3. Wenn dein Partner etwas nicht an dir sieht, bedeutet das, dass es etwas gibt, was mindestens so groß ist und was du an ihm nicht siehst. Sehr wahrscheinlich liegt es in dem Bereich, in dem du dich nicht gesehen fühlst. Denn du würdest dich erfüllt anstatt nicht anerkannt fühlen, wenn du deinen Partner sehen würdest.
4. Der nächste Schritt, vor dem du dich so fürchtest, ist

dort, wo du dich unzulänglich fühlst und Angst hast, etwas zu verlieren. Die Unzulänglichkeit spricht davon, wie unabhängig du bist. Sonst würdest du dich auf natürliche Weise daran erinnern, wer immer mit dir geht. Die Angst vor dem Verlust ist mit der Anhaftung an dein Gefühl von Identität oder dein Ego verbunden. Das Ego sagt dir, dass du sterben wirst, wenn du vorwärtsschreitest, aber es ist das Ego, das stirbt, und du wirst einfach mehr Liebe zur Verfügung haben.

5. Die Dinge, die du an deinem Partner nicht magst, sind deine Schatten. Sie sind das, was du an dir selbst nicht magst. Du hast sie auf deinen Partner projiziert und mehr oder weniger in dir selbst versteckt.

6. und 7. Es gibt Bereiche in der Beziehung, in denen du unsicher bist und versuchst, deinen Partner zu kontrollieren, und die du benutzt, um ihn zu testen. Du stellst ihn auf die Probe, damit er versagen soll und du ihn loswerden kannst. So hast du eine Ausrede dafür, dass du tun kannst, was du willst, oder um ihn zu kontrollieren. Dort, wo du nicht in Partnerschaft mit ihm gehst und ihm hilfst, erfolgreich zu sein, stellst du ihn auf die Probe. Das hält dich in den Teufelskreisen der Schadenfreude und des Schmollens, der Überlegenheit und der Unterlegenheit und des Gewinnens und Verlierens. Du konkurrierst und das sorgt für Machtkämpfe und Leblosigkeit. Außerdem schätzt du dein Ego mehr als deinen Partner.

8. Das, wovor du Angst hast, dass er es tun könnte, ist genau das, was du versteckt tust. Halte dich dabei nicht an der äußeren Erscheinung fest, da es dein Unterbewusstsein einschließt. Wenn dein Partner zum Beispiel eine Affäre hat, du jedoch nicht, verlierst du das Vertrauen in ihn, weil er wie du ist, aber seine Untreue auslebt.

9. Du bist wütend über das, was er tut oder nicht tut, aber es ist genau das, was du tust oder nicht tust und auf ihn projiziert hast. Dies ist deine Verantwortung.
10. Die Beschwerden, die du gegen ihn hast, sind das, was du getan hast. Beschwerden verstecken Schuld.
11. Der Teil deiner Beziehung, den du für nicht kompatibel hältst, ist dort, wo du dich nicht mit dem Partner verbinden und daher das Beste aus beiden Welten bekommen willst. Er ist dort, wo du recht haben, besser als dein Partner sein und etwas beweisen willst. Dennoch versuchen wir nur zu beweisen, wovon wir nicht vollkommen überzeugt sind. Irgendwie willst du dich nicht mit ihm oder mit dem Himmel in Einklang bringen. Er lebt einen verdrängten Teil von dir aus, den du verurteilt, abgespalten und begraben hast und nicht akzeptieren willst. Du weigerst dich, zu heilen und zur Ganzheit zu kommen, und kämpfst daher gegen deinen Partner, den Himmel und dein eigenes Glück.
12. Abgesehen von allen anderen Gründen, die dir einfallen, ist Unabhängigkeit der wichtigste Grund dafür, dass etwas so passiert oder gewesen ist, wie es war.
13. Wofür dein Partner blind ist, ist das, wofür du blind bist.
14. Es geschieht hier und jetzt, weil du Angst davor hast, voranzuschreiten und gefangen zu werden, und davor, dass es später schlimmer wird.
15. Du möchtest nicht mit ihm oder ihr verheiratet und wirklich verbunden sein, weil du tust, was du tust. Du hast Angst davor.
16. Die Dinge, die für die Beziehung entscheidend sind, aber von denen du nicht weißt, wie du sie tun sollst, sind die Dinge, bei denen du deinem Partner nicht hilfst, sich zum Besseren zu ändern. Hier bittest du nicht den Him-

mel um Hilfe, sondern hörst stattdessen deinem Ego zu. Die Dinge, von denen dein Partner nicht weiß, wie er sie tun soll, sind ebenfalls Dinge, bei denen du ihm nicht hilfst.

17. Du könntest die Aspekte an dem Ereignis schätzen, die beweisen, dass dein Partner dich liebt, und dafür dankbar sein.

18. Ganz gleich, was die Situation oder die Umstände sind: Du versuchst, etwas davon zu bekommen. Dieser Versuch des Gewinnens zeigt, wie das Unterbewusstsein funktioniert. Wir benutzen alles, was passiert, um etwas zu bekommen, und verdrängen es dann. Was hast du zu bekommen versucht?

19. Das, wofür du deinen Partner bestrafst, ist das, weswegen du dich schuldig fühlst. Und was du deinem Partner vorwirfst, wird, anstatt ihm zu helfen, als eine Ausrede zur Trennung benutzt, um zu beweisen, dass du nicht wie er bist.

20. Was auch immer dich davon abhält, deinem Partner näherzukommen, hält dich auf vielerlei Weise in deinem Leben zurück. Das ist nicht notwendig. Du kannst dich entscheiden, es loszulassen und es dem Heiligen Geist zur Auflösung zu übergeben. Ein anderer Weg besteht daran, dich zu entscheiden, dass es dich nicht davon abhalten wird, einen Schritt näherzukommen.

21. Die Bereiche, in denen dein Partner dich scheinbar im Stich lässt, benutzt du als Ausrede. Wozu dient diese Ausrede? Dort, wo dein Partner dich im Stich zu lassen scheint, lässt du ihn in Wahrheit im Stich.

22. Der Grund dafür, dass du glaubst, dass dein Partner dieses Problem oder diesen Grad der Distanz verdient (oder welche Erfahrung auch immer), ist in Wirklichkeit, dass

du deinen Partner für das verdammst, weswegen du dich schuldig fühlst.

23. Was deinem Partner fehlt, ist das, was du ihm nicht gegeben hast. Typischerweise hast du das Geschenk, das er braucht, um seinen Mangel auszugleichen, aber es ist unter Groll und Beschwerden vergraben. Du könntest die Geschenke und Gaben jetzt hervorholen und ihm schenken.

24. Indem die Dinge auf eine bestimmte Weise passieren, stellst du Nachforschungen an, um etwas über deinen Partner herauszufinden oder etwas ohne den geringsten Zweifel zu beweisen. Dieser Beweis würde dir erlauben, zu tun, was du willst, oder nicht zu tun, was du nicht tun willst.

25. Was dein Partner nicht an dir schätzt, schätzt du nicht an ihm, sonst wärst du bereits erfüllt. Außerdem schätzt du diese Dinge nicht vollständig an dir selbst, sonst würdest du ihre Wertschätzung in dich einlassen.

26. In jedem anderen Zustand als Glücklichsein bestrafst du dich für etwas. Wisse, was das ist, übernimm die Verantwortung dafür, anstatt dir Vorwürfe zu machen, und übergib es dem Heiligen Geist zur Auflösung.

27. Du rächst dich an deinem Partner oder der Situation, indem er oder sie so ist, wie sie ist. Oder du tust es durch dein eigenes Verhalten. Warum ist das so? An wem rächst du dich noch, indem du deinen Partner dafür bezahlen lässt? Rache liegt im Herzen von Zerstörung und Selbstzerstörung. Ist es das, was du willst?

28. Alle unglücklichen oder schmerzhaften Erlebnisse oder Ereignisse, die wie die Hölle scheinen, sind ein Ausdruck deines Hasses, den du aufgrund von alten Herzensbrüchen, zerbrochenen Träumen und nicht gestillten Be-

dürfnissen in dir trägst. Du lässt deinen Partner dafür bezahlen.

29. Dein Partner oder die Situation drücken deinen Selbsthass durch die Probleme aus, die sie dir bereiten, durch die Enttäuschung, die sie für dich darstellen, oder sogar durch ihren Angriff auf dich.

30. Du kämpfst mit deinem Partner und deine Enttäuschung ist Teil deines Kampfes mit Gott. Deine Probleme sind so einnehmend, dass dir nicht viel Zeit bleibt, um deine Aufmerksamkeit Gott zuzuwenden. Alles Negative in deiner Beziehung ist ein Kommentar über dich und soll beweisen, dass Gott als ein Gott unzulänglich ist. Was du deinem Partner vorwirfst, wirfst du Gott vor.

31. Du benutzt das in der Beziehung, was die Seele schrumpfen lässt, um dich zu verstecken und nicht zu zeigen. Du hast so viel Angst vor dir selbst, vor deinen Geschenken und deiner Größe, dass du dich versteckst.

32. Der Prozentsatz der emotionalen Masturbation entspricht der Menge an deiner Besonderheit und sorgt dafür, dass es in der Beziehung nur um dich geht. Du könntest Liebe haben, anstatt deine Emotionen auf diese Weise zu missbrauchen.

33. Die Beschwerden, an denen du festhältst, stammen aus Schuld, die du nicht losgelassen hast. Es gibt mit Sicherheit einen besseren Weg.

34. Wo du dich in Aufopferung befindest, ist dort, wo du deine Intimität und deinen Erfolg vermeidest und deine Lebensaufgabe nicht auf einer vollständig neuen Ebene ausführen willst. Ist es das, was du willst?

35. Wo du nicht empfängst, hast du eigentlich Angst, deine Unabhängigkeit zu verlieren. Oder möchtest du lieber Liebe haben?

23

Verbindungsabbrüche heilen

Es gibt Verbindungsabbrüche (ein »Abkoppeln«) zwischen uns und unserem Partner, die heilen werden, während wir zusammenkommen. Dies bringt Liebe, größeres Verständnis und mehr Leichtigkeit sowie mehr Erfolg im Allgemeinen mit sich. Es heilt sowohl Konflikte in uns als auch Konflikte zwischen uns, und es kann Zeit sparen, damit wir dort, wo wir in Unfrieden gewesen wären, jetzt glücklich sein können.

Die Verbindungsabbrüche mit unserem Partner spiegeln Spaltungen in uns selbst. Während die Konflikte in uns selbst, die zu Kämpfen mit unserem Partner wurden, viele verschiedene Male abliefen, als wir herangewachsen sind, gibt es einen Hauptkonflikt, der eine große Spaltung in unserem Bewusstsein heilen könnte. Frag dich, wenn du das möchtest, mithilfe deiner Intuition, wie alt du warst, als du den Teil deines Bewusstseins abgespalten hast, den dein Partner repräsentiert. Es war damals, als du entschieden hast, dass du nicht mehr länger so sein und in deiner Familie überleben kannst. Wie viele Türen zu dir selbst hast du verschlossen? Öffne sie jetzt. Wie viele Schritte bist du von dir selbst zurückgetreten? Mach einen Schritt nach vorn und komme jetzt wieder in Kontakt mit dir und dem Leben. Ganz gleich, welchen Prozentsatz von dir selbst du weggeworfen hast, heiße ihn jetzt wieder willkommen. Als Nächstes lädst du die Liebe, die göttliche Liebe und die göttliche Gegenwart in die Situation in der Vergangenheit ein. Wenn es jemanden gibt, der in dieser Situation bei dir war, hat er typischerweise genauso gelitten wie du, oder, wenn er scheinbar das Problem verursacht hat, hatte er diese Spaltung bereits zuvor erlitten. Hilf dieser Person mit der göttlichen Liebe, der göttlichen Gegenwart und deiner Liebe, alle Türen in diesem vergangenen Ereignis zu öffnen, und hilf ihr, die nötigen Schritte zu machen, um sich wieder mit sich selbst und dem Leben zu verbinden. Anschließend hilfst du ihr, den Prozentsatz wieder willkommen zu heißen, den sie von sich selbst weggeworfen hat. Von diesem Ort in deinem Leben schickst du das Licht und die Liebe dieser Heilung vorwärts, bis du damit zur Gegenwart gelangst. Dann schickst du von diesem Ort und diesem Alter die Liebe und das Licht den ganzen Weg zurück zu deiner Empfängnis.

Dein Partner ist ein Spiegel von dir und deinem Bewusstsein. Während du diese Aspekte in dir selbst heilst, hilft das sowohl euch als auch euren Kindern, wenn ihr welche habt. In der gleichen Weise fragst du, wo dein Partner den Teil seines Bewusstseins abgespalten hat, den du repräsentierst. Wie viele Türen zu sich selbst hat er verschlossen? Wie viele Schritte von sich selbst und vom Leben ist er zurückgetreten? Welchen Prozentsatz von sich selbst hat er weggeworfen? Hilf ihm, diese Türen zu öffnen, wieder zu sich selbst und dem Leben zurückzukommen und den Prozentsatz willkommen zu heißen, den er von sich selbst weggeworfen hat. Anschließend lädst du die Liebe, die göttliche Liebe und die göttliche Gegenwart zurück in diese Szene ein, wo er den Teil abgespalten hat, den du repräsentierst. Du hilfst ihm, alle Türen zu öffnen und wieder zurück in Kontakt zu kommen und willkommen zu heißen, was weggeworfen wurde. Wenn dies geheilt ist, hilfst du allen anderen Personen in dieser Szene, ihre Türen zu öffnen, den Kontakt wiederherzustellen und den Prozentsatz willkommen zu heißen, den sie von sich selbst verloren haben. Anschließend bringst du die Heilung den ganzen Weg zurück bis zu seiner Empfängnis und wieder vorwärts in die Gegenwart. Schließlich bittest du die göttliche Liebe und die göttliche Gegenwart darum, die Teile wieder zur Ganzheit zu integrieren, die jeder von euch für den anderen repräsentiert. Diese Übung kann jeden Monat für neue Elemente wiederholt werden, die auftauchen, während alte Spaltungen geheilt werden.

24

Bedürfnisse heilen

Dein Partner kann nicht erfolgreicher sein, weil er ein gespaltenes Bewusstsein hat. Er ist nicht zuversichtlich oder ganz. Oder, um es anders auszudrücken, er ist bedürftig und dieses Verhalten stammt entweder aus unerfüllten Bedürfnissen oder aus der Kompensation von Bedürfnissen. Der Schlüssel liegt darin, diese Bedürfnisse auf eine Weise zu erfüllen, bei der dein Partner empfangen kann, ohne dass du dich aufopferst.

Es gibt zwei ähnliche Übungen, um deinem Partner in dieser Hinsicht zu helfen.

Übung 1

Wenn dein Partner ein chronisches Problem hat, stellst du dir vor, dass er fünfhundert Schritte von dir entfernt steht. Wenn es ein großes Problem ist, stell dir eine Entfernung von zweihundert Schritten vor. Ist es einfach ein Problem, stell ihn dir in einer Entfernung von hundert Schritten von dir vor. Sieh ihn vor dir und frag ihn: »Was brauchst du von mir, das ich dir nie gegeben habe?« Stell dir vor, wie du das gibst und es gleichzeitig vom Himmel empfängst und mit deinem Partner teilst. Wie viel näher ist er dir nun, nachdem das geschehen ist?

Jetzt stellst du die Frage etwas anders: »Was brauchst du von mir, das ich dir nicht genug gegeben habe?« Ganz gleich wie die Antwort lautet, du stellst dir vor, wie du das gibst und es gleichzeitig vom Himmel empfängst und ihm schenkst. Wie viele Schritte darf dein Partner jetzt näher kommen? Frag erneut: »Was brauchst du von mir, das ich dir nicht genug gegeben habe?« Nachdem er dir geantwortet hat, stellst du dir vor deinem inneren Auge vor, wie du das mit ihm teilst, worum er dich gebeten hat, wie du das Geschenk des Himmels empfängst und es ebenfalls mit ihm teilst. Wenn dein Partner ganz nahe bei dir steht, fragst du erneut, denn wenn er dir am nächsten steht, werdet ihr gemeinsam zu einem Licht. Wenn dein Partner direkt vor dir steht, machst du diese Übung noch ein weiteres Mal.

Übung 2

Stell dir deinen Partner im gleichen Abstand vor wie in der vorherigen Übung und frag erneut: »Was brauchst du von mir, das ich dir nie genug gegeben habe?« Gib ihm, was immer er braucht, und empfange dann das gleiche Geschenk vom Himmel und teil es mit ihm. Wie viele Schritte darf er näher kommen? Wenn er dort angekommen ist, stellst du dir vor, dass er eine Maske trägt, die so aussieht wie er. Nimm deinem Partner die Maske ab. Wer verbirgt sich dahinter? Frag diese Person: »Was brauchst du von mir, das ich dir nie genug gegeben habe?« Gib das und empfange es auch vom Himmel und teile es mit ihr. Wie viele Schritte darf sie näher kommen? Nimm erneut die Maske ab. Wer verbirgt sich dahinter? »Was brauchst du von mir, das ich dir nie genug gegeben habe?« Gib es und empfange die Belohnung des Himmels, die du ebenfalls mit der

Person teilst. Wie viele Schritte darf sie näher kommen? Wiederhole diese Übung, bis alle, die Teil dieser Übung waren, mit dir ein Licht geworden sind.

Achte in den folgenden Tagen auf die Ergebnisse. Diese Übung kann nach Bedarf wiederholt werden.

25

Deine sexuelle Beziehung bereichern

Verbessere dein Sexualleben, um deine Beziehung zu verbessern. Sex ist keine große Sache, es sei denn, er funktioniert in einer Beziehung nicht. Dann ist es eine sehr große Sache. Vielleicht hast du bereits ein tolles Sexualleben, aber da Sex ein Kontinuum ist, kann er, ganz gleich wie gut er bereits ist, immer noch besser werden. Manchmal ist es das andere Extrem, wenn ihr beide, also sowohl du als auch dein Partner, in sexueller Hinsicht verletzt seid.

Ein machtvoller Aspekt von Sex besteht für dich darin, dass er spiegelt, wie deine Beziehung zum Leben aussieht. Wunden in sexueller Hinsicht erzählen von Wunden im Leben, die sich in Form von Angriff, Kontrolle oder Rückzug zeigen. In diesem Fall hat der weniger verwundete oder nicht verwundete Partner vermutlich ein Seelenversprechen gegeben, den anderen Partner zu retten. Der weniger verwundete oder reicher beschenkte Partner kann dies durch die Liebe, Hilfe, Geduld und Seelengeschenke erreichen, die er seinem Partner gibt, um ihm beim Erblühen zu helfen.

Hier eine Auswahl weiterer Wege, um deine sexuelle Beziehung zu bereichern. Der erste Weg besteht darin, die Liebe in der Beziehung zu vergrößern und diese Liebe dann in die sexuelle Beziehung einfließen zu lassen. Ein weiterer hilfreicher Aspekt besteht darin, dich jeden Tag verbindlich für deinen

Partner zu engagieren und dich jeden Tag deiner Beziehung und deiner sexuellen Beziehung zu verpflichten. Engagiere dich jeden Tag verbindlich für Sex als ein Vehikel der Liebe, der Zärtlichkeit und der Freude in eurer Beziehung. Denn dann ist der Sex am sinnvollsten und stärkt eure Beziehung. Um Sex anzunehmen, vergib ihm, vergib deinem Partner bezüglich des Sex und vergib hinsichtlich aller Blockaden, die er hat oder die du hast. Vergib allen, die in Bezug auf Sex dein Herz gebrochen haben. Segne den Sex. Segne deinen Partner und dich im Hinblick auf Sex. Bitte um Geschenke für dich und deinen Partner, bevor ihr Sex habt. Bitte während des Sex um die Gnade aller Geschenke und Gaben, die dein Partner braucht, insbesondere in Bezug auf Sex. Während des Sex ist dein Partner normalerweise energetisch weit offen. Dies ist ein guter Zeitpunkt, um ihm zu helfen. Bitte darum, dass er alle Gaben und die Gnade, die du vom Himmel empfangen hast, mit dir teilen kann.

Beanspruche für euch, dass ihr ein großartiges Sexualleben habt und dass ihr hervorragende Sexualpartner füreinander seid. Sex ist nur eines der Vehikel der Liebe in einer Beziehung, aber er ist ein wichtiges Mittel. Wenn während des Sex echte Intimität und echter Kontakt auf energetischer Ebene mit deinem Partner vorhanden sind, bringt das alles in Fluss und bewirkt Veränderung. Wenn du und dein Partner feststecken oder ihr euch auf irgendeine Weise negativ fühlt, kann Sex einen wirklichen Unterschied machen.

Wenn du dich erschöpft oder vollständig leblos fühlst, wirst du feststellen, dass deine sexuelle Energie innerhalb von zehn Minuten oder schneller wach wird, wenn du einfach beginnst, deinen Partner mit ein wenig Liebe zu streicheln. Und jedes Mal, wenn der Gedanke an Sex dich nicht anspricht, wird die sexuelle Energie rasch entzündet werden, wenn du dich dafür entscheidest, ihn zu streicheln und zu liebkosen.

Sex kann eine Brücke zwischen euch bauen und hilft eurer Beziehung, Jahr um Jahr zu wachsen. Wenn Sex für Angriff oder Kontrolle benutzt worden ist, wird Heilung notwendig sein, um ihn wiederherzustellen. Aber er ist die Heilung wert, da er einfach ein weiterer Weg ist, um dich mit deinem Partner zu verbinden.

26

Der Teil deines Bewusstseins

Erlaube dir, dich zu entspannen. Wenn du dich entspannt fühlst, erlaube dem Teil deines Bewusstseins, der nicht will, dass diese Beziehung funktioniert, oder dem Teil, der deine Beziehung am ehesten ruinieren könnte, nach vorn zu treten. Entspanne den Rest von dir. Frag diesen Teil von dir, wie er heißt, da sein Name sich von deinem unterscheiden kann. Frag ihn: »Wie alt bist du?« Du stellst vielleicht fest, dass es sich um ein Kind handelt, oder dass dieser Teil uralt ist. Frag ihn: »Welchen Prozentsatz meines Bewusstseins machst du aus?« Frag ihn: »Welchen Zweck erfüllst du in mir?« Wenn das keinen Sinn ergibt, frag: »Welchem Zweck dient das?« Und wenn das immer noch keinen Sinn ergibt, frag weiter: »Welchem Zweck dient das?«, bis du eine sinnvolle Antwort erhältst. Jeder Teil deines Bewusstseins hat eine Funktion, aber einige Funktionen sind sinnlos. Sie sind selbstzerstörerisch oder recht unwirksam. Es motiviert diesen Teil, wenn du klarstellst, was seine Funktion ist, und ihn fragst, ob er gern Hilfe dabei hätte, effektiver zu sein. Da seine Funktion für ihn von höchster Bedeutung ist, wird er dazu bereit sein.

Ich habe eine Reihe von dreijährigen Teilen kennengelernt, die wollten, dass die Person, mit der ich arbeitete, starb, damit sie von ihren Schmerzen befreit würden. Sie erkannten nicht, dass die Schmerzen auf dem Weg zum Tod, von dem sie glaubten, dass er sie von den Schmerzen befreien würde, schrecklich sein würden, abgesehen von dem eigentlichen Vorgang des Sterbens. Als dieser unlogische Zusammenhang diesem Teil des Bewusstseins präsentiert wurde und er das Angebot erhielt, diese Strategie zu korrigieren, um ihn in seiner wahren Aufgabe erfolgreicher zu machen, wurde diese Perspektive für diesen Teil unwiderstehlich.

Der nächste Schritt besteht darin, diesen Teil deines Bewusstseins zu einem kleinen Experiment einzuladen, an dessen Ende er entscheiden darf, was am wirkungsvollsten war, um seine Aufgabe zu erfüllen, und was er will. Der erste Schritt des Experiments besteht darin, dass sich dieser Teil vorstellt, wie die Situation in drei Monaten aussehen würde, wenn er auf die alte, unwirksame und in vielerlei Hinsicht zerstörerische Weise weitermachen würde. Nachdem du diesem Teil einen Augenblick Zeit gegeben hast, um über die Situation in drei Monaten nachzudenken, bittest du ihn als nächsten Schritt des Experiments, sich vorzustellen, wie die Situation in sechs Monaten aussehen würde, falls er weiter in die gleiche Richtung geht. Ihr könnt beide einen Augenblick darüber nachdenken. Frag anschließend, wie die Situation in einem Jahr aussehen würde, wenn dieser Teil weiter tut, was er tut, um dir zu »helfen«, wenn er also in die gleiche Richtung weitergeht. Denkt darüber einen Augenblick nach. Damit ist die erste Phase des Experiments abgeschlossen.

Versichere diesem Teil deines Bewusstseins noch einmal, dass er am Ende des Experiments entscheiden darf, welcher Weg am besten ist, und was er tun möchte. Bitte ihn anschließend, als weitere Phase des Experiments, mit dem Rest von dir zu verschmelzen. Erwähne, dass ihm dies einen großen Vorteil bringt: Er kann so nämlich überall dort sein, wo du bist, anstatt von dir abgespalten zu sein. Denkt anschließend darüber nach, wie die Situation nun in drei Monaten, in sechs Monaten und in einem Jahr aussehen wird. Lass diesen Teil deines Bewusstseins jetzt, nachdem er beide Wege in Erwägung gezogen hat, wählen, welcher Weg am besten wäre, um seine wahre Funktion zu erfüllen. Sobald er erkennt, dass es sehr viel besser ist, mit dem Rest von dir eins zu werden, lass diesen Teil ein für alle Mal mit dir verschmelzen und fühle die Vollständigkeit und den Frieden, die daraus entstehen.

27

Herzensbruchmuster intuitiv heilen

F rag dich, wie viele Herzenbrüche du noch in dir trägst.
Frag anschließend, wie viele Herzensbruchgeschichten
du hast. Frag dann, wie viele Herzensbruchverschwörungen
du hast. Alle großen Niederlagen in deinem Leben waren
Herzensbrüche und sie begründen Muster der Niederlage und
des Herzensbruchs in deinem Leben. Typischerweise ziehst
du dich dann entweder zurück, kontrollierst oder investierst
in Opfergeschichten und -verschwörungen. Oder, wenn du
wirklich kompensierst, wirst du so unabhängig, dass du zu
einem Herzensbrecher und Täter wirst, auch wenn dies unab-
sichtlich geschieht. Keines dieser Muster funktioniert gut für
deinen Partner, deine Beziehung oder für dich. Stell dir die
folgenden Fragen:

- Wofür benutze ich meinen Herzensbruch? Herzensbruchgeschichten sind Skripte. Wir schreiben ein Her-
  zensbruchkapitel nach dem anderen.
- Was versuche ich zu bekommen, indem ich meine Herzensbruchgeschichten schreibe?
- Was hoffe ich zu gewinnen, indem ich Herzensbruchverschwörungen erschaffe? Herzensbruchverschwörungen
  sind Fallen, die das Ego aufstellt, damit es so aussieht, als
  ob es keinen Ausweg gäbe.

Stell dir jetzt die gleichen Fragen in Bezug auf deine Opfergeschichten und Opferverschwörungen.

- Welchen Zweck haben meine Opfermuster?
- Welcher geheime Gewinn liegt für mich in meinen Opfergeschichten?
- Was versuche ich meinen Opferverschwörungen abzuge-
  winnen?
- Frag dich, wie deine Opfer- und Herzensbruchmuster
  dich, deinen Partner und deine Beziehung aufhalten. Wie
  viel davon projizierst du auf deinen Partner? Ist es das,
  was du willst? Was willst du wirklich für dich, für deinen
  Partner und für deine Beziehung?

Ein Herzensbruch stellt eine große Spaltung in deinem Bewusstsein dar. Dein Ego hat diese und die Opfermuster dazu
benutzt, sich und die Unabhängigkeit aufzubauen, durch die
es gedeiht. Unter diesen Herzensbruch- und Opfermustern
befindet sich eine unwahre dissoziierte Unabhängigkeit, die
das Ego verstärkt. Das Ego hält all dies durch Verdrängung
geheim. Unsere Herzensbruch-, Opfer- oder Unabhängig-
keitsmuster sind nicht gut für unser Glücklichsein, das Glücklichsein unseres Partners oder das Glück unserer Beziehung.
    Dennoch ist das nicht das ganze Problem. In dem Ausmaß,
wie wir Herzensbruch- und Opfermuster haben, haben wir
auch Rache-, Hass- und Selbsthassgeschichten und -ver-
schwörungen. Wofür benutzt du sie? Wen bekämpfst du mit
ihrer Hilfe? Was versuchst du mit diesen Mustern, Geschichten und Verschwörungen zu vergraben? Wie hat all dies dich,
deinen Partner und deine Beziehung beeinträchtigt? Ist es das,
was du willst? Wirklich? Wenn du Verantwortung für alle
diese zerstörerischen und selbstzerstörerischen Muster über-

nimmst, könntest du sie dem Himmel übergeben, damit er sie für dich transformiert. Stell dir vor, wie dein Leben, das Leben deines Partners und deine Beziehung wären, wenn all diese Negativität entfernt worden wäre. Stell dir vor, wie viel mehr Energie du haben würdest, wenn du diese ganze Dunkelheit nicht ständig unterdrücken müsstest? Ist es nicht das, was du willst? Übernimm die Verantwortung. Übergib es dem Himmel zur Auflösung.

28

Deine Lebensgeschichte I

Wir alle erzählen Geschichten. Wir sind Geschichtenerzähler. Unser Leben ist eine Geschichte. Wir erzählen glückliche und unglückliche Geschichten. Wir schaffen Mythen. Wir erfinden Legenden und leben danach. Wir haben unseren eigenen persönlichen Mythos über unser Leben. Diese Geschichten sind Skripte, nach denen wir leben, und wir erkennen nicht, dass wir diese Skripte Kapitel um Kapitel schreiben und dass sie uns programmieren. Das Ego ist abhängig davon, dunkle Geschichten unterhalb unserer Bewusstheitsschwelle versteckt zu halten. Sobald sie in den bewussten Verstand gebracht werden, haben wir die Wahl, ob wir weiter in sie investieren möchten.

Ich habe einmal mit einer Frau gearbeitet, deren letzter Therapeut sie von all ihren Herzensbrüchen in ihrem Leben befreit hatte, sodass dieses Muster entfernt worden war. Als sie einen neuen Freund fand und wenige Monate später einen Herzensbruch erlebte, warf sie der Therapeut mit dem Vorwurf der Arglist aus seiner Praxis. Sie hatte jedoch tatsächlich hundert Herzensbruchgeschichten, die das Muster ihres Lebens bestimmten. Wir haben diese Art von Geschichten aus einem bestimmten verborgenen Gewinn oder Zweck. Als ich die junge Frau fragte, wofür sie die Herzensbruchgeschichten benutzte, gab sie zurück, dass sie damit sowohl zu Beginn der

Beziehung Romantik erleben als auch die dunkle Romantik genießen konnte, wenn die Beziehung zerbrach. Ich erklärte ihr, dass sie in einer Beziehung so viel Romantik haben konnte, wie sie wollte. Denn jedes Mal, wenn sie und ihr Partner einen neuen Durchbruch hätten, würde es neue Flitterwochen zu feiern geben. Sobald sie die falsche Investition in ihre Herzensbruchgeschichten verstanden hatte, ließ sie alle hundert Geschichten los. Als Ergebnis traf sie in weniger als zwei Wochen einen Mann, mit dem sie nach sechs Monaten bereits glücklich verheiratet war.

Denk über dein Leben im Allgemeinen nach. Was für eine Geschichte ist es? Wenn es ein Kinofilm wäre, wie würde der Titel lauten? Wie könnte deine Lebensgeschichte mit ihrer Natur deine Beziehung beeinträchtigen? Welche Rolle weist du deinem Partner in deiner Lebensgeschichte zu? Würdest du eine solche Rolle in der Lebensgeschichte deines Partners spielen wollen? Wenn dir diese Geschichten bewusst werden, kannst du erneut entscheiden, was dich und deinen Partner glücklich machen würde. Frag dich jedes Mal, wenn du negative Geschichten entdeckst, wie viele davon du hast und wofür du sie benutzt. Es ist am besten, für diese Fragen deine Intuition zu benutzen, denn sie hat die Macht, Antworten mit Leichtigkeit aus ihrem Versteck im unbewussten Verstand zu holen. Wie viele Herzensbruchgeschichten hast du? Wofür hast du sie benutzt? Ist es das, was du willst, oder würdest du dich dazu entscheiden, sie loszulassen?

Es gibt einen Teufelskreis zwischen Herzensbruch-, Rache-, Hass- und Selbsthassgeschichten. Sie können nur so lange existieren, wie sie verborgen sind. Sobald sie in unseren bewussten Verstand gebracht werden, können wir uns neu entscheiden.

- Wie viele Rachegeschichten hast du? Wofür benutzt du sie?
- Wie viele Hassgeschichten hast du? Wofür benutzt du sie?
- Wie viele Selbsthassgeschichten hast du?
- Welche Kompensationen hast du benutzt, um deine Hass- und Selbsthassgeschichten zu verstecken?
- Wie viel Energie hat das gekostet, die andernfalls für Gesundheit, Wohlbefinden und Glücklichsein eingesetzt worden wäre?

Dies sind Standardfragen, die du dir bezüglich all deiner dunklen Geschichten stellen kannst. Und auch diese:

- Wie viele dunkle Geschichten gibt es?
- Welche Art von Kompensationen hast du benutzt, um sie zu verstecken?
- Wie haben diese dunklen Geschichten dich beeinträchtigt?
- Und wie viel Energie hast du durch diese Kompensationen verschwendet?
- Du kannst außerdem fragen, wie all dies dich, deinen Partner und deine Beziehung beeinträchtigt hat.

Hier einige weitere häufige Geschichten, die deine Beziehung beeinträchtigen können: Angst-, Schuld- und Schattengeschichten, bei denen du oder andere häufig deine Schatten ausagieren; Geschichten von Machtkampf, Festhalten, Kontrolle, Angriff, Selbstangriff, Unzulänglichkeit, Widerstand, Ungeliebtsein und Unerwünschtsein; Geschichten des Verlassenwerdens; Geschichten der Flucht in die Gesundheit, bei denen alles gut aussieht, obwohl es nur eine Kompensation ist;

Geschichten von Unwürdigkeit und Aufopferung; Unabhängigkeits- und Opfergeschichten; Geschichten von Bedürftigkeit, Überleben und Bösartigkeit; Geschichten von Leblosigkeit, Tragik, Horror, Ödipuskomplex und Leiden; Geschichten von Wutanfällen und Mangel; Geschichten von Verlust, Verlierern, Halbherzigkeit oder »Alles geht schief«; Geschichten von Krieg, Erwartung oder Beschäftigtsein. Dies sind Geschichten, die eine Beziehung auf sehr negative Weise beeinflussen können.

Wenn du dich selbst bei einer dunklen Geschichte ertappst, kann du sie loslassen oder mit all ihren Kompensationen integrieren, sodass dein Bewusstsein dort, wo es gespalten war, wieder vollständig und friedlich wird. Die einfachste Form der Integration besteht darin, dich dafür zu entscheiden, dass sie integriert wird, oder sie dem Himmel zur Integration zu übergeben. Weil alles Bewusstsein miteinander verbunden ist, kannst du anschließend die gleiche Übung machen, indem du dich intuitiv fragst, wie viele dieser gleichen zerstörerischen Geschichten dein Partner hat. Auf unbewusster Ebene spiegelt dein Partner nur einen Teil deines eigenen Bewusstseins, der mehr abgespalten und dissoziiert ist. Lass diese dunklen Geschichten dann für ihn los oder integriere sie für ihn in sein Höheres Selbst.

29

Dein Partner als Gegenteil von dir

In vieler Hinsicht ist dein Partner das Gegenteil von dir. Zu Beginn der Beziehung hat das für die Anziehung zwischen euch gesorgt. In der nächsten Phase, dem Machtkampf, kann es zu Auseinandersetzungen führen. Die Gegensätze leiten eine Konkurrenz darüber ein, auf welche Art Dinge am besten erledigt werden sollten. Je mehr du diese Gegensätze zusammenbringen kannst, desto mehr erhältst du das Beste von beiden Seiten und erreichst eine neue Ebene der Intimität und des Erfolgs. Auch wenn Konflikte in der Machtkampfphase akuter sein können, wirst du Differenzen und gegensätzlichen Eigenschaften auf immer höheren Ebenen der Verbundenheit gegenüberstehen. Dies geht so weiter, bis du die wichtigsten gegensätzlichen Aspekte in deinem Seelenmuster und im Seelenmuster deines Partners im Unbewussten zusammenbringst.

Dies ist ein guter Zeitpunkt, um zu untersuchen, wie ihr Gegensätze repräsentiert. Du hast vielleicht einen gegensätzlichen Aspekt in dir zu dem, was dein Partner ausdrückt, versteckst ihn jedoch unter Kompensationen, weil du diesen Teil verurteilst, abgespalten und verdrängt hast. Es ist am besten, in dieser Hinsicht deine Intuition einzusetzen, weil dein Ego sich jeder Idee, dass du so wie dein Partner bist, widersetzen wird, insbesondere wenn es sich um einen gefürchteten Gegensatz handelt. Es ist wahrscheinlich, dass dein Verhalten, das du für besser hältst, eine Kompensation darstellt, weil du die Qualität verurteilt hast, die dein Partner ausdrückt.

Warum solltest du Angst haben, wie er zu sein? Du könntest die Verantwortung für diese Spaltung zwischen euch übernehmen und sie heilen, um eine neue Ganzheit für euch beide zu erreichen. Die Welt und insbesondere dein Partner, sie sind dein Spiegel. Sie spiegeln dir, was du über dich selbst denkst. Indem du Verantwortung übernimmst, kannst du diesen Aspekt von dir dem Himmel zur Auflösung übergeben und ebenso diesen gegensätzlichen Teil, den dein Partner auslebt. Dadurch können du und dein Partner einen höheren Ort erreichen, der das Beste von beiden ist. Dies kann euch auf neuen Ebenen der Partnerschaft verbinden und euer Leben so viel einfacher, intimer, glücklicher und erfolgreicher machen.

Diese Art, Gegensätze zu verkörpern, kann sich weiter zeigen, aber jede große Spaltung, die für dich und einen Partner zusammengefügt wird, schenkt euch beiden mehr Meisterschaft. Sei dir deshalb der Gegensätze bewusst und benutze sie, um deine Beziehung hin zu neuen Ebenen zu transformieren. Die volle Verantwortung zu übernehmen, das Problem jedoch sofort an den Himmel zur Auflösung zu übergeben, ist eine Übung, die Wunder wirkt, und sie ist so einfach und so leicht.

30

Deine Schuldmuster heilen

Deine Schuld und die zerstörerischen Muster zu heilen, die sie erschafft, ist eines der besten Dinge, die du tun kannst, um zu ändern, wie du deinen Partner siehst und erlebst. Deine Schuld beeinträchtigt deine Wahrnehmung von allem, und du nimmst sogar noch trüber wahr als »durch einen Spiegel in einem dunklen Wort«[15]. Deine Schuld ist die Quelle deiner Projektion und die Quelle von allem, was du in deinem Partner siehst. Schuld lässt dich verurteilen, verdammen und bestrafen, um zu verhindern, dass du deine eigene Schuld erkennst. Alles, was dich an deinem Partner wütend macht oder was du an ihm nicht magst, wird von deiner eigenen unterbewussten oder unbewussten Schuld geschürt. Wir sind uns nur des kleinsten Teils unserer Schuld gewahr.

Es gibt ein uraltes Sprichwort, das ich mir vor einigen Jahren ausgedacht habe. Es lautet: »Wir bevölkern die Welt mit unserer Vergangenheit.« Auf einer Ebene könntest du sagen, dass das, was dir in deinem Partner gegenübersteht, dein Karma ist. Das heißt, es ist ein Muster deiner Vergangenheit, das dir vorgehalten wird, weil das für deine Heilung erforderlich ist. Wenn du deinen Partner nicht benutzt, um dich zurückzuhalten, vor deiner Lebensaufgabe davonzulaufen oder deine beste Ausrede zu sein, ist deine Beziehung mit ihm für deine Entwicklung und auch für seine entscheidend. *Wenn du*

*nicht schuldig wärst, würdest du nicht nur deinen Partner nicht
verurteilen, sondern du würdest auch nichts in ihm sehen, was es
wert wäre, verurteilt zu werden.* Wir können das Gefühl der
Schuld nicht aushalten, deshalb hat uns unser Ego dazu gebracht, dass wir es, obwohl wir es verdrängt haben, immer
noch auf andere projizieren und es so loswerden. Das funktioniert natürlich nicht. Das Ego will nicht, dass wir unsere
Schuld loswerden, weil es Schuld benutzt, um sich aufzubauen. Wenn es jemand anderem die Schuld geben und die
Trennung verstärken kann, dann baut es sich sogar noch mehr
auf. Es ist an der Zeit zu entscheiden, ob du dein Ego vergrößern oder deinem Partner und deiner Beziehung helfen
möchtest. Möchtest du dich gehen lassen oder eine glückliche
Beziehung haben? Möchtest du recht haben oder glücklich
sein? Rechtschaffenheit ist eine Tarnung für einen Mangel an
Rechtschaffenheit und verbirgt einfach Schuld. Das Gleiche
gilt für Aufopferung, Rollen, Anschuldigung, dafür, sich gut
oder schlecht zu verhalten, hart zu arbeiten, gute Dinge zu
tun, es gilt für Leblosigkeit und so weiter. Schuld und Rechtschaffenheit spielen außerdem bei gescheiterten Beziehungen,
schlechten Familienbeziehungen und bei allen Arten von Versagen, Herzensbruch, Trauma oder starken Emotionen eine
große Rolle. Und das sind nur die ersten zwei Schichten der
Schuldgefühle! Diese beziehen sich auf den bewussten und
den unterbewussten Verstand, aber das Unbewusste ist voller
Ahnen- und Seelenschuld, kollektiver Schuld, astraler oder
dunkler übernatürlicher Schuld und schließlich unserer Ur-
schuld aus dem »Fall«.

Ich möchte kurz etwas zur Dynamik von Schuldgefühlen
erklären. Wir bestrafen mit Schuld uns selbst und andere
ebenfalls. Da »... Angriff nie vereinzelt ist ...« *(Ein Kurs in
Wundern, Textbuch,* Seite 123, T-7.VI.1:3*),* greifen wir alle an,

die wir lieben, wenn wir uns selbst angreifen. Wenn wir einen anderen Menschen angreifen, greifen wir auch uns selbst an und öffnen uns mit dem Glauben, dass ein Angriff uns schaden kann, für Angriffe. Wir würden niemanden angreifen, wenn wir nicht die Überzeugung hätten, dass Angriff Schaden anrichten kann. Schuld ist ein Denkmal für einen Fehler. Es ist der Sekundenkleber, der uns festhält. Schuld entsteht aus Trennung und Angriff. Sie wird benutzt, um unsere Angst zu verstecken, einschließlich der Angst vor dem nächsten Schritt, der Angst vor Intimität, der Angst vor Erfolg und der Angst vor unserer Lebensaufgabe. Chronische Schuld wird benutzt, um Gott zu bekämpfen. Sie nährt die zerstörerischen und selbstzerstörerischen Überzeugungen von Sünde und Karma. Jedes Mal, wenn wir uns schlecht fühlen, haben wir Schuldgefühle. Sie sind mit all unseren Emotionen verknüpft. Wenn es keine glücklichen Emotionen sind, ist Schuld im Spiel. Sie ist eine der Wurzeln aller Probleme. Wenn wir die Schuld heilten, würde sich der Rest der Wurzeln auflösen.

Stell eine Liste der »schlechten« Eigenschaften deines Partners auf. Was verletzt dich, macht dich wütend oder ungeduldig? Was sorgt dafür, dass du dich von deinem Partner zurückziehen möchtest?

1. _____

2. _____

3. _____

4. _____

5. _____

6. _____

7. _____

8. _____

9. _____

10. _____

11. _____

12. _____

Erwäge diese Eigenschaften jetzt mit dem Gesetz der Wahrnehmung: Wenn du etwas siehst, was nicht stimmt, glaubst du, dass mit dir etwas nicht stimmt. Nachdem du die Liste aufgestellt hast, siehst du dir jede Eigenschaft an und erklärst mit fester Absicht, während du den Himmel um Hilfe bittest: »Ich werde mich dafür nicht verurteilen.« Sag dies so oft, wie du möchtest, bis sich diese Eigenschaft in deinem Partner auflöst, jedoch mindestens einmal morgens und abends. »Ich werde mich dafür nicht verurteilen.«

31

Kompensationen heilen

Kompensationen sind eine Abwehr gegen den Schmerz der Trennung. Wo wir Einssein und den Himmel auf verschwenderische Weise weggeworfen haben, um eine eigene Identität zu schaffen und die Identität, die Gott uns als sein geliebtes Kind gegeben hat, zu verbergen, bemühen wir uns um Dissoziation, um den Schmerz zu verdrängen. Wir urteilen, um unsere Schuld aufgrund der Trennung zu verbergen. Alle Kompensationen sind Aufopferung. Daher lassen sie nicht zu, dass wir empfangen. Oder wenn sie es tun, benutzen wir das, was wir empfangen haben, um den Stress derartiger Rollen zu tilgen. Wenn wir uns aufopfern, erwarten wir von anderen, ebenfalls so sehr in Aufopferung zu gehen, wie wir es tun. Aufopferung konkurriert, greift an und stellt eine Abwehr dar. Wie alle anderen Kompensationen führt sie zu Leblosigkeit.

Je mehr wir kompensieren, desto größer scheint unser Sumo-Ringer-Kostüm zu werden, in dem wir durchs Leben hüpfen, ohne wirklichen Kontakt herzustellen. Hier einige Kompensationen und das, was sie verbergen:

Kompensation	Erfahrung
Dissoziation	Schmerz, Angst und Verlust
Perfektionismus, sich zu sehr anstrengen, sich selbst und andere antreiben	Gefühl der Unzulänglichkeit
sich zu sehr anstrengen, überhaupt nicht anstrengen	abgelehnt, ungewollt fühlen
Unabhängigkeit	Bedürftigkeit, Abhängigkeit
Erwartungen, Forderungen	Bedürfnisse
in zu viele Richtungen gehen	Angst davor, keinen Erfolg zu haben
Unabhängigkeit, Kontrolle	ambivalent sein, gespaltenes Bewusstsein
unklar sein	Widerstand
übertrieben positiv sein	Negativität
Kontrolle	Herzensbruch, Angst
Kontrolle	emotionale Konflikte
Aufopferung, Urteilen, Anschuldigen, Groll, Angriff und Selbstangriff	Schuld
Probleme	Trennung, Angst, Schuld und Autoritätskonflikt
Schmerz, Angst, Schuld, Selbstkonzepte, Widerstand, Schwächen, Unzulänglichkeit, Groll, Bedürfnisse und Idole	Trennung
hart arbeiten, sich überarbeiten	Faulheit, Schuld
Aufopfernder, Märtyrer, Rolle des Helden oder Sündenbocks, sich übertrieben schlecht oder übertrieben gut verhalten, Religiosität, Moralismus	Schuld

Kompensation	Erfahrung
Partylöwe, Clown	Gefühl der Unzulänglichkeit oder sich verletzt, ungeliebt fühlen
sich nicht kümmern, Unabhängigkeit	Fusion, Aufopferung, sich zu sehr kümmern
Prüderie, Urteil über Sex, übermäßig sittsam	Schamgefühl, Schuld, Angst vor Sex
Prahlerei	Mangel an Selbstvertrauen, Gefühl der Unzulänglichkeit
Überlegenheit	Gefühl der Unterlegenheit
Unterlegenheit	Gefühl der Überlegenheit
gegensätzlich zum Partner agieren	Erleben, dass der Partner gegensätzlich zu dir agiert
chronische Schuld, Schmerzen oder verheerende Probleme, Idole und Wutanfälle	Kampf mit Gott
Versagen	Rache
Rage	Hilflosigkeit
Selbstkonzepte, Persönlichkeiten, Ego	Verlust, Schmerz, Angst, Schuld, Angriff, Selbstangriff und Trennung
Konkurrenz, Schwierigkeiten, Probleme, Krankheit, Scheitern, Aufmerksamkeit erringen, Errungenschaft für Selbstverherrlichung	Besonderheit
Machtkampf	Bedürfnisse, recht haben wollen, den eigenen Kopf durchsetzen, Konkurrenz, Angst vor dem nächsten Schritt

Wenn du kompensierst, kann es sein, dass du all die richtigen Dinge tust und dennoch so wenig von dem empfängst, was du wirklich brauchst. Was du brauchst, ist die Verbundenheit, die heilt. Kompensationen spiegeln ein gespaltenes Bewusstsein. Als Folge davon wollen wir zwei verschiedene Dinge und wir wollen in zwei verschiedene Richtungen gehen. Solche Konflikte erzeugen Angst und halten uns davon ab vorwärtszugehen. In Beziehungen machen sie unseren Partner langweilig und uninteressant, weil wir uns aufopfern, aber es handelt sich nicht um echtes Geben, bei dem wir uns auch selbst geben würden. Unserem Partner wird es nur besser gehen und er wird nur dann glücklicher und schöner werden, wenn wir uns selbst geben. Es gibt eine Kompensation, bei der wir uns wie ein guter, liebenswerter und netter Mensch verhalten, um zu verstecken, wo wir glauben, schlecht, böse und gemein zu sein, und wo wir Schattenfiguren und dunkle Selbstkonzepte haben. Dies wiederum ist eine Kompensation dafür, dass wir in Unschuld, wahrer Güte, Licht, Geist und Liebe geschaffen worden sind. Je mehr Kompensationen wir auflösen können, desto mehr kann unser Partner ebenfalls aus seinen Kompensationen herauskommen. Dies bringt mehr Kontakt, mehr Fluss und mehr Erfolg.

Wenn wir uns dem Entfernen unserer Kompensationen widmen, wird uns das viel mehr Leben und Vitalität bringen. Wir können unsere Kompensationen und das, was sie verbergen, loslassen. Wir können das Abgespaltene integrieren, indem wir wählen, dass alles in Ganzheit zusammengebracht wird oder die Spaltung dem Himmel zur Integration übergeben. Diese Kompensationen haben begonnen, als wir Kleinkinder waren. Wir können unsere Unschuld und Sorglosigkeit jedoch zurückgewinnen, anstatt die Vorsicht der Kompensationen und die Fahrlässigkeit dessen, was sie verstecken, zu leben.

Dein Partner verdient deine Authentizität, weil nur sie Leichtigkeit und Fluss ermöglicht. Wenn du dazu neigst, dich stoisch zu verhalten, wird dein Partner zur Überempfindlichkeit neigen. In dem Maß, in dem du dissoziiert bist, wird er sich hysterisch verhalten. Wenn du ein starkes Bedürfnis nach Kommunikation hast, kann dein Partner verbal unkommunikativ sein. Wenn du Kompensationen aufgibst und heilst, was darunter liegt, anstatt es zu verstecken, wirst du dir selbst treu sein. Gib dir das Geschenk, dir selbst treu zu sein, und du wirst deinen Partner an diesem glücklichen Ort willkommen heißen.

32

Deine Vorfahren heilen

Deine Ahnenmuster beeinflussen dich. Du kannst jedoch auch deine Ahnenmuster beeinflussen. Ich habe Ahnenmuster seit 1974 geheilt und dies auch aktiv unterrichtet. Es war der erste große Aspekt des Unbewussten, der zeigte, wie sehr es uns hinsichtlich unserer Probleme beeinflusst. Geschenke und Gaben werden durch den Stammbaum weitergegeben. Aber jeder ungeheilte Verlust, jede ungeheilte Schuld und jeder ungeheilte Herzensbruch werden ebenfalls in der Familie vererbt und beeinträchtigen die Familienmitglieder zu verschiedenen Zeiten. Tendenzen zu bestimmten Krankheiten werden ebenfalls weitergegeben. Als ich diese Krankheiten zurückverfolgte, stellte ich fest, dass ihre Wurzel in emotionalem Trauma lag. Sobald es geheilt wird, ist es so, als ob eine bestimmte Belastung und ein bestimmter Druck wegfallen, und die Symptome verschwinden ebenfalls. Mit den Jahren habe ich festgestellt, dass du die Familie und die Ahnenlinien deines Partners ebenso wie deine eigenen heilen kannst, was ein großer Segen für deine Kinder und deine Enkelkinder ist.

Der erste Punkt besteht darin, dir bewusst zu werden, welche Muster in deiner Familie weitergegeben wurden und welche Probleme in der Familie deines Partners weitergegeben wurden. Dies kann ein riesiger Schritt für dich und deinen

Partner sein, der euch zu einem echteren, glücklicheren und erfolgreicheren Weg des Seins bringt. Du könntest dir einige Tage Zeit nehmen, um zu untersuchen, was das Problem ist, das in deiner Familie weitergegeben worden ist, oder vielleicht ist es dir direkt offensichtlich.

- Frag dich, ob es auf der Seite deiner Mutter, deines Vaters oder auf beiden Seiten der Familie begonnen hat.
- Dann frag dich: Wenn du es wüsstest, vor wie vielen Generationen hat es begonnen?
- Hat das Problem mit einem Mann, einer Frau oder mit beiden begonnen?
- Wenn du es wüsstest, in welchem Land haben sie gelebt?
- Mit welchem Ereignis hat dieses Problem begonnen?

Stell dir vor, dass du dort als ein bester Freund bist, der großen Einfluss hat. Du weißt, wie dieses Problem deine Familie Generationen später beeinträchtigen wird.

- Was würdest du deinem Freund oder deinen Freunden von damals vorschlagen, um dieses Problem abzuwenden und ein viel glücklicheres Muster durch die Ahnenlinie zu senden?
- Wie entwickeln sich die Dinge, wenn sie deinem Vorschlag folgen?
- Was können sie jetzt an ihre Kinder weitergeben?
- Und an ihre Enkel?
- Und an jede folgende Generation, bis zu dir und deinen Kindern und Enkeln (wenn du welche hast)?
- Wie beeinflusst das dich und was kannst du jetzt mit deinem Partner teilen?

Untersuch jetzt das Problem, das durch den Ahnenbaum deines Partners weitergegeben worden ist. Bitte den Himmel um Hilfe. Stell dir vor, dass du die göttliche Hilfe für die Familie deines Partners herbeirufst. Beginne mit seiner Generation und bitte die göttliche Gegenwart darum, die negative Wirkung aufzulösen. Dann stellst du dir vor, dass du und dein Partner Generation um Generation zurückgehen und die göttliche Gegenwart und die Wunder bringen können, um aufzulösen, was in jeder Generation schiefgegangen ist. Ihr tut dies, bis ihr den ganzen Weg dorthin zurückgegangen seid, wo die Wurzel des Problems liegt. Sobald die Heilung eingetreten ist, sieh und spüre, wie die Gnade sich durch jede Generation ergießt, bis du die Gegenwart für dich, deinen Partner und eure Kinder erreichst. Was kannst du jetzt mit deinem Partner als ein Ergebnis dieser Heilung teilen?

33

Die Selbstkonzepte und die Schattenfigur des Rebellen heilen

Deine Schattenfiguren leben auf tiefen und verdrängten Ebenen deines Bewusstseins. Dies sind Orte, an denen du dich verdammt und den Teil, den du verurteilt hast, abgespalten und unterdrückt hast. Verdrängung bedeutet, dass du etwas vergisst und anschließend vergisst, dass du es vergessen hast. Also ist es eigentlich für dich verschwunden. Du neigst dazu, deine Schattenfiguren auf andere Menschen in deinem Umfeld und in der Welt im Allgemeinen zu projizieren. Es ist einfach genug, das, was du an dir nicht magst, auf deinen Partner zu projizieren. Sieh dir an, was du nicht magst und nur schwer hinnehmen kannst, oder was dich an deinem Partner wirklich stört. Wahrscheinlich agierst du genau das Gegenteil aus. Das wird als Kompensation bezeichnet oder in der Psychologie »Reaktionsbildung« genannt. Dies ist eine Rolle, die das Richtige zu tun scheint, in Wirklichkeit jedoch nur eine Abwehr gegen die Überzeugung ist, dass du wie dein Partner bist. Schatten können in Beziehungen zu einem beliebigen Zeitpunkt nach der Flitterwochenphase auftauchen. Sie zeigen einen solchen Ort des Selbsthasses und es liegt in unserem besten Interesse und in dem unseres Partners und unserer Beziehung, sie zu heilen. Sie sind einfach nicht die Wahrheit.

Einige häufige Schattenfiguren, die jeder im Unbewussten vergraben hat, sind: Versager, Waisenkind, Dieb, Mörder, Betrüger und schließlich der Rebell. Es gibt viele weitere Schattenfiguren, von denen du glaubst, dass du es hassen würdest, so zu sein, die du aber tatsächlich in deinem Innern vergraben hast. Was ist die Eigenschaft, die du an deinem Partner verurteilst? Wenn du es wüsstest: Wie viele Schattenfiguren hast du? Wenn du die Schwere deiner Kompensation in emotionalem Gewicht aufwiegen könntest: Wie viel würde sie wiegen? Du könntest dein Höheres Selbst bitten, diese Teile deines Bewusstseins zu integrieren und dir neuen Frieden und neue Ganzheit zu bringen. Wo du dunkle Selbstkonzepte und Kompensationen hast, hast du einen Konflikt – zwei Teile deines Bewusstseins marschieren in entgegengesetzte Richtungen. Wenn sie integriert sind, schmilzt das Negative weg und es entsteht eine neue Ganzheit. Sobald du dies mit dir selbst getan hast, teilst du den Frieden und die Ganzheit mit deinem Partner. Teil diesen Frieden jedes Mal, wenn du an deinen Partner denkst.

Ich habe festgestellt, dass die Schattenfigur des Rebellen am tiefsten liegt und am stärksten vergraben ist. Es ist unser Kampf mit Gott, der Wunsch, wegen der »Leckerbissen« in dieser Welt zu bleiben. Wir wollen nicht erkennen, dass das, was wir im Außen suchen, zu Schmerzen und Beschwerden führt. Das baut unser Ego auf, was das Gegenteil davon ist, wie Gott uns als Licht, Liebe, Geist, Unschuld und uneingeschränkte Liebe erschaffen hat. Das Ego dagegen besteht aus Angst, Schuld, Schwäche, Bedürftigkeit, Widerstand, Herzensbruch und zerbrochenen Träumen. Die Schattenfigur des Rebellen ist die tiefste und versteckteste der Schattenfiguren. Wenn wir sie nicht hätten, wären wir nicht auf die Erde gekommen, auf den Rebellenplaneten, den Planeten zum Nachsitzen.

Manchmal treten Schattenfiguren und andere negative Selbstkonzepte in Schichten auf. Wenn wir also neue Stufen des Wachstums erreichen, treffen wir manchmal erneut auf die alten Schatten, während wir uns entwickeln. Die Schattenfigur des Rebellen erzeugt Aufschub und negative Erfahrungen in unserem Leben, einschließlich derjenigen, einen Problempartner zu haben. All dies soll zeigen, dass Gott keine gute Arbeit leistet und seinen Thron räumen sollte, weil der in Wirklichkeit uns gehört.

Du kannst dein Höheres Selbst bitten, deine negativen Erfahrungen, die schlechten Gewohnheiten, die schlechte Einstellung und die schlechten Charakterzüge deines Partners zu integrieren. Denk daran, dass alles, was du wahrnimmst, das ist, was du zu sein glaubst. Also vergib deinem Partner, der Situation und dir selbst. Auf diese Weise wird eine Veränderung zum Besseren eintreten. Denk daran: Was du zu wollen scheinst, jedoch nicht hast, kann mit dem integriert werden, was du hast und was gerade in deinem Leben vor sich geht. Wenn zwei Seiten deines Bewusstseins versuchen, ihre Bedürfnisse zu erfüllen, befinden sie sich im Konflikt. Wenn sie jedoch integriert sind, werden sie ganz, und das führt zu Zuversicht und neuem Erfolg.

Alles, was zwischen dir und dem Himmel steht, wird zwischen dir und deinem Partner hochkommen. All deine Schmerzen, dein Groll, deine Angst, deine Schuld, deine Idole, deine Anhaftungen, dein Angriff und dein Selbstangriff werden zwischen dir und deinem Partner hochkommen, während du deinen Weg zurück zu Gott und zum Einssein gehst. Angesichts dessen, was sich in deinem Unterbewusstsein und deinem Unbewussten befindet, ist das eine ganze Menge. Lass dich von nichts aufhalten. Heile dich selbst und deinen Partner als dich selbst. Worum du auf dieser Ebene gekämpft hast, sind »billige

Glasperlen« und Ego-Abwehr. Stattdessen könntest du im Paradies sein.

Wenn du in deinem Partner einen Schatten entdeckt hast, behandle ihn als deinen Schatten. Hast du ihn ausagiert, kompensiert oder beides getan? Hat dein Partner ihn für dich ausagiert? Statt ihn anzugreifen und zu verurteilen, könntest du ihm und dir vergeben.

Ein anderer Weg sieht so aus: Integriere deinen Schatten und deine negativen Selbstkonzepte zusammen mit allen Rollen oder Kompensationen, die du benutzt hast, um sie verstecken, mit deinem Höheren Selbst. Du könntest dies auch mit den Selbstkonzepten deines Partners tun. Dies wird euch mehr Ganzheit sowie eine »Schutzimpfung« gegen diese bestimmte Art der Negativität schenken.

34

Geheime Absprachen

Nach ungefähr fünf Jahren Arbeit im Unterbewusstsein fing ich an, mit Paaren zu arbeiten. Ich erkannte sehr bald, dass alles, was in der Beziehung passierte, tatsächlich auf geheimen Absprachen beruhte. Dein Partner könnte nicht tun, was er tut, oder sogar handeln, wie er handelt, ohne dass da eine gewisse geheime Absprache mit dir vorhanden wäre. Als ich zum Beispiel mit Paaren im Rahmen der Eheberatung gearbeitet habe, schien sich immer ein Partner zu beschweren, dass er nicht genügend Sex bekommen würde. Ich arbeitete dann mit diesem Partner, um herauszufinden, warum er nicht wirklich Sex in der Weise haben wollte, wie er glaubte. Ich hatte bereits festgestellt, dass dies zu den dramatischsten Veränderungen führte. Der Partner, der sich beschwerte, hatte in Wirklichkeit ein gespaltenes Bewusstsein. Wenn dies bei dir der Fall ist, bis du dir nur deines bewussten Verstands und nicht des versteckten Teils bewusst. Bedürftigkeit in einem beliebigen Bereich wird deinen Partner natürlich von dir wegtreiben, weil sie eine Form des Nehmens ist und sehr abstoßend sein kann.

Wie unser Partner ist, wie er sich verhält und wie die Beziehung ist, dient uns für einen bestimmten Zweck. Wie die Dinge sind, ermöglicht uns, etwas zu tun, was wir tun wollen, oder etwas nicht zu tun, was wir nicht tun wollen. Wir haben einen geheimen Gewinn oder Nutzen davon, was mit unserem Partner und in unserer Beziehung passiert. Wie er ist und was er tut, verschafft uns eine Ausrede. Die häufigsten Ausreden, die ich über die Jahre gehört habe, lauten: Ich habe recht. Ich kann unabhängig sein und die Dinge tun, wie ich will. Ich kann der Beste und der Überlegene sein und den Konkurrenzkampf gewinnen. Ich kann vor meiner Lebensaufgabe davonlaufen. Ich kann mich verstecken. Ich kann verurteilen, mich beschweren und ihn beschuldigen, um meine Schuld zu verstecken. Ich muss den nächsten Schritt in Richtung Intimität oder Erfolg nicht tun. Ich kann meine Beziehung, meinen Partner oder mich selbst kontrollieren. Ich kann mich für Unrecht bestrafen, das ich glaube, begangen zu haben. Ich kann mich trennen oder brauche mich nicht vollständig zu geben. Ich kann mich an meinem Partner, meinen Eltern, Männern, Frauen oder Gott rächen.

Alle oder auch nur einige dieser Dynamiken können in unserer Beziehung ablaufen. Ganz gleich, was vor sich geht, es dient uns in gewisser Weise. Ganz gleich, welche Dynamik abläuft, ist sie mehr wert, als dein Glücklichsein oder deine liebevolle Beziehung? Wir müssen unsere geheimen Absprachen verborgen halten, denn *sobald wir erkennen, dass es unsere Entscheidung ist, dass unser Partner so ist, wie er ist*, erkennen wir, dass es einen besseren Weg geben muss. Anstatt uns dafür zu entscheiden, unser Ego aufzubauen, was all diese versteckten Dynamiken tun, können wir uns entscheiden, unsere Beziehung aufzubauen und unserem Partner zu helfen.

Jetzt ist der Zeitpunkt gekommen, die Verantwortung für deine Beziehung zu übernehmen und diese Dynamiken an den Himmel zu übergeben, damit er alles, was negativ oder unwahr ist, auflöst.

35

Den Autoritätskonflikt heilen

Alle von uns haben einen Autoritätskonflikt, denn wenn das nicht so wäre, befänden wir uns im Himmel. Eine der Wurzeln aller Probleme ist der Autoritätskonflikt, und wenn wir keinen Autoritätskonflikt hätten, wären alle unsere Probleme verschwunden. Wir kämpfen mit anderen, weil wir recht haben und die Dinge auf unsere Weise tun wollen. Und jeder Kampf, den wir mit jemand anderem führen, spiegelt unseren Kampf mit Gott. Wenn wir nicht mit Gott darum kämpfen würden, zu versuchen, in dieser Welt zu bleiben und etwas von ihr zu bekommen, würden wir von der göttlichen Liebe vollständig in die unvergleichliche Freude getragen werden, die Einssein und Himmel ist.

Dein Autoritätskonflikt mit allen fließt in deinen Autoritätskonflikt mit deinem Partner ein. Dies könnte sich als Angriff, Selbstangriff, Kontrolle oder Rückzug zeigen. Dies kann alle möglichen Missverständnisse mit deinem Partner erzeugen. Es sorgt dafür, dass du weiter kämpfst, anstatt Brücken zu bauen. Du hältst dich weiter an kleinen Sünden auf.

Frag dich, welcher Prozentsatz deines Autoritätskonflikts dich von deinem Partner getrennt hält. Frag dich, wie viele du von den Schwierigkeiten, die du mit deinem Partner hast, dazu benutzt, den Himmel abzuwehren, anstatt glücklich zu sein. Ein Weg zur Heilung eines Autoritätskonflikts ist die

Hingabe. Das ist weder Aufopferung noch Aufgeben. Es ist kein Kompromiss, sondern Lösung. Hingabe deinem Partner gegenüber bedeutet, dass du willens bist, den Kampf aufzugeben, aufhörst, dich ständig durchsetzen zu wollen, und bereit bist, die Unterschiede zwischen euch aufzugeben. Du verbindest dich mit deinem Partner in seiner Position. Das bedeutet nicht notwendigerweise, dass du ihm zustimmst, weil das, was er sagt, vielleicht verrückt ist. Aber während du dich mit ihm in seiner Position verbindest, bleibt ihr nicht dort, sondern begebt euch in eine neue, höhere Position, die das Beste von euren beiden Positionen enthält. Hingabe ist ein weibliches Prinzip, das sich machtvoll dabei erweist, eine wahrere Position zu finden. Dies ist eine Position, die besser und höher als eure beiden Positionen zuvor ist.

Die nächste Ebene der Hingabe besteht darin, dich zu entscheiden, dass du den Weg des Himmels einschlagen mögest. Dich dem Willen des Himmels als dem einen Weg zu widmen, bedeutet, alle Zweifel und Konflikte loszulassen, denn dann gäbe es keinen anderen Gedanken oder Weg als einen, zu dem du geführt wirst. Der Wille des Himmels für uns ist, dass alle unsere Lektionen mit Anmut und Leichtigkeit geschehen, und dass wir glücklich, gesund, erfolgreich und voller Liebe sind. Es ist das Aufgeben des eigenen Willens, das uns erlaubt, von Gott berührt zu werden. Dies ermöglicht dem Himmel, die Welt durch seine Heiligen zu betreten. Warum würdest du dagegen kämpfen, wenn du dich nicht auf die Seite deines Egos stellen wolltest, um zu versuchen, etwas zu bekommen? Du benutzt Schmerz und Probleme in dem Versuch, etwas zu »kaufen«, das du einfach empfangen könntest. Du brauchst dich nicht darüber zu beschweren, was dir nicht gegeben wird, wenn das Geschenk in dir liegt und dort schon immer gewesen ist.

Beim letzten Versuch benutzt du dein Unglücklichsein mit deinem Partner als Beschwerde und für den Kampf gegen den Himmel. Du hast Angst, die Kontrolle zu verlieren, sogar dabei, das Glücklichsein, den Erfolg und die Liebe zu haben, die der Himmel dir durch deine Geschenke und seine Gnade schenken will. Übergib dein Ego-Bewusstsein jeden Morgen beim Aufwachen oder jeden Abend vor dem Schlafengehen dem Himmel.

Von Gott berührt zu sein bringt Schönheit, Gnade, Intelligenz und Gaben. Es verleiht dir einen Glanz, der deinen Partner und alle anderen segnet.

36

Hingabe

Hingabe macht dem Ego Angst, weil sie nach Verlieren aussieht. Das Ego will Kontrolle und Besonderheit nicht aufgeben, es will die Dinge auf seine Weise tun und recht haben. Wir möchten, dass sich der andere ändert, um uns zu gefallen. Wir wollen, dass er unsere Bedürfnisse erfüllt. Wir wollen den Wettbewerb gewinnen, aber all dies führt nur zu Kämpfen, Unreife, Selbstsüchtigkeit, Besonderheit und schließlich zu Rückzug und Enttäuschung.

Mit Hingabe setzen *wir* uns ein, und als ein Ergebnis sind wir diejenigen, die das Risiko eingehen, sich mit unserem Partner zu verbinden. Wir gewinnen und unser Partner gewinnt ebenso. Hingabe verlangt eine Menge emotionalen Mut. Deshalb müssen Männer diesbezüglich meist erst auf den Geschmack kommen. Sobald sie jedoch erkannt haben, wie wirksam Hingabe ist, und die Ergebnisse sehen, die paradoxerweise eintreten, werden sie viel motivierter.

Die nächste Übung ist eine einfache Form der Hingabe. Stell dir vor, dass sich dein Partner auf der anderen Seite eines Abgrunds befindet und dass da ein Seil ist, an dem du dich über den Abgrund zu deinem Partner schwingen kannst. Mach dir keine Sorgen darum, ob du deinem Partner zustimmst. Darum geht es bei der Hingabe nicht. Es geht darum, dich mit deinem Partner zu verbinden, während er eine gegensätzliche Ansicht auslebt. Manchmal ist dein Partner nicht nur unvernünftig, sondern verhält sich vielleicht sogar neurotisch oder wahnsinnig. Diese Übung hilft dir in solchen Momenten. Stell dir einfach vor, wie du dich an dem Seil über den Abgrund schwingst, deinen Partner umarmst und dich mit ihm verbindest, wenn du die andere Seite erreichst. Was dann natürlich passiert, ist, dass du dich ihm in dem gleichen Ausmaß hingibst, in dem er sich dir hingibt. Dies bedeutet, dass das Verbinden zu Integration führt. Wenn dein Weg also der beste Weg ist, wird euer Zusammensein diese Form annehmen, aber auch seine Energie enthalten. Wenn sein Weg der beste Weg ist, wird die Antwort die Form annehmen, die er vorschlägt, jedoch auch deine Energie und deine Beiträge enthalten, sodass du ebenfalls zufrieden sein wirst. In einigen Fällen nimmt sie eine völlig neue Form an, die das Beste von beiden Wegen darstellt.

Hingabe ist eine ausgezeichnete Methode, um Kämpfe, Differenzen und Polaritäten zu heilen. Anstatt festzustecken, während jeder von euch mehr von der verborgenen, verdrängten Seite des Bewusstsein des anderen auslebt, bringst du sie in Ganzheit, Frieden und Zuversicht zusammen. Du bewegst dich vorwärts, anstatt im Konflikt stecken zu bleiben, wie es der Wunsch deines Egos ist. Es gibt einen besseren Weg, den der Hingabe, wenn du bereit bist, das Risiko einzugehen.

37

Das Kernproblem aus vergangenen Leben heilen

In vielen Fällen, in denen ein Paar Dramen in seinem Leben erfährt, ist ein gewisses Karma aus »vergangenen Leben« daran beteiligt. Und wenn sie es nicht zusammen haben, läuft das Seelenmuster mit anderen Menschen ab. Der Schlüssel liegt darin, es zu ändern. Wenn ihr tatsächlich zu anderen Zeiten und an anderen Orten gemeinsam gelebt habt, dann kann das Drama, das mit deinem Partner auftritt, ziemlich heftig sein. Es gibt einen Weg, um die Vergangenheit zu transformieren, damit du dich nur um die Gegenwart kümmern musst. Wenn du ins Hier und Jetzt kommen würdest, würdest du keine Probleme mit deinem Partner finden können, denn alle deine Probleme und Verstimmungen stammen aus deiner Vergangenheit. Im Hier und Jetzt gibt es nur Frieden und Unschuld und keine Probleme.

Dies ist eine Forschungsreise in das Unterbewusstsein. Ob du glaubst, dass es in »anderen Leben« passiert ist, ist unwesentlich, denn unser Bewusstsein erzeugt Geschichten, um zu uns von unseren Wünschen und unserer sich entfaltenden Reise zu sprechen. Spiel einfach mit der Metapher, wenn du nicht an »andere Leben« glaubst.

Frag dich zuerst: Wenn du es wüsstest, ob du bedeutende

Leben mit deinem Partner zusammen verbracht hast, wie viele waren es? Wenn ihr mehr als drei gemeinsame Leben gehabt habt, frag, wie viele von diesen Leben geheilt werden müssen, um das Muster in ein glückliches Muster zu verwandeln. Stell eine Liste mit diesen Informationen zusammen. Die Zahl Drei ist signifikant für die Transformation. Wenn du darum bittest, die drei wichtigsten Leben zu verwandeln, damit sich das Muster mit deinem Partner ändert, wird dies helfen, einen Heilungskurs einzuschlagen und einen Neuanfang in eurer Beziehung einzuleiten.

Frag dich, welches Leben am wichtigsten für die Entstehung des gegenwärtigen Musters zwischen dir und deinem Partner war. Es war das Leben, das du in dem Land gelebt hast, das jetzt ... heißt.

Wenn du wüsstest, ob du ein Mann oder eine Frau warst, warst du vermutlich ein(e) ...

Wenn du es wüsstest und dein Partner auch in diesem Leben war, war er ein Mann oder eine Frau? Und welche Beziehung hatte er zu dir?

Was passierte in dem damaligen Leben, das dich jetzt noch negativ beeinflusst?

Wenn du es wüsstest: Was war die Lektion, die du in dem damaligen Leben lernen wolltest?

Geh in die Zeit zurück, als du in dem Leben noch ein Kind warst. Frag dich, welches Seelengeschenk du mitbrachtest, um dir dabei zu helfen, diese Lektion zu lernen. Dann frag, welche Gabe der Himmel für dich bereithielt, um diese Lektion zu lernen. Was wolltest du in dem Leben als deine Aufgabe beitragen? Was war in dem Leben deine Bestimmung, entweder auf menschlicher oder auf spiritueller Ebene, um dich selbst als Licht, Liebe und Geist zu erkennen?

Öffne jetzt dein Seelengeschenk und nimm die Gabe des

Himmels für dich an. Nimm deine Lebensaufgabe und deine Bestimmung von der Zeit an, als du in dem damaligen Leben ein kleines Kind warst, und teil diese Geschenke mit allen und allem, was du siehst.

Wie entwickelt sich dieses Leben jetzt?

Stell dir vor, dass du den Erfolg, das Glück und die Liebe dieses Lebens durch alle deine Lebenszeiten zurückschickst, und wenn sich das vollständig anfühlt, schickst du sie von dem damaligen Leben vorwärts in das gegenwärtige Leben bis zum jetzigen Augenblick.

Frag dich jetzt, wie viele Leben du (falls überhaupt) jetzt noch heilen musst, um deine Beziehung mit deinem Partner zu transformieren. Wenn es weitere Leben gibt, frag dich, in welchem Land du gelebt hast, als du das Schlimmste dieser Leben hattest. Frag anschließend, ob du ein Mann oder eine Frau warst. Frag dann, ob du jemanden in diesem Leben kanntest, den du jetzt kennst, und wie die Beziehung dieses Menschen zu dir war. Was geschah in dem damaligen Leben, das das jetzige Problem in diesem Leben verursacht hat?

Welche Lektion wolltest du lernen? Geh zu der Zeit zurück, als du in dem damaligen Leben ein kleines Kind warst, und lade die Liebe ein, die immer kommt, wenn du nach ihr rufst. Lade die göttliche Liebe und die göttliche Gegenwart ein. Von der Zeit an, als du ein kleines Kind warst, gehst du durch dieses Leben und bringst die Liebe, die göttliche Liebe und die göttliche Gegenwart zu allem und allen, mit denen du in Kontakt kommst. Wie entwickelt sich dieses Leben jetzt? Schick die Schönheit, Heilung und das Glück dieses Lebens jetzt zurück durch alle deine Leben und anschließend vorwärts durch alle deine Leben bis in das jetzige und bis zum jetzigen Augenblick.

Wie fühlt sich das an?

Wenn du es wüsstest: Wie viele Leben (falls überhaupt) stehen dir und deinem Partner jetzt noch im Weg?

Wenn es weitere Leben gibt, wiederhole eine der Heilungsübungen. Diese Leben sind Metaphern für unbewusste Muster, die deinem Partner und dir im Weg gestanden haben. Aber diese Muster können weichen, wenn du sie in Liebe, Geschenke und Zuversicht verwandeln kannst. Lass dich von den Himmelsgeschenken des Friedens und des Glücks segnen. Je mehr du sie empfängst, desto mehr wachsen diese Geschenke und desto mehr gibt es zu empfangen.

38

Familienrollen heilen

Jede Falle, die uns zurückhält, enthält ein Element von Familienrollen. Sie bestehen aus dem Helden, dem Aufopfernden, dem Märtyrer, dem Sündenbock (oder Bösewicht), dem Charmeur (Clown oder Maskottchen) und dem verlorenen Kind (Waisenkind oder unsichtbares Kind). All diese Rollen kompensieren Schuld und die beiden letzten kompensieren außerdem Gefühle der Unzulänglichkeit. Diese dunklen Emotionen sind entstanden, als wir die Verbundenheit zerbrochen haben. All die Male, bei denen wir zum Opfer gemacht wurden, verbergen dies und lassen es so aussehen, als ob es uns jemand anderes angetan hätte. Da unsere Familienmuster die Muster unserer Beziehung mit unserem Partner und unserer jetzigen Familie prägen, haben diese Rollen einen großen Anteil an jedem Problem, das sich in unserem Leben zeigt, und insbesondere bei Problemen zwischen uns und unserem Partner.

Wenn wir unsere Beziehung mit unserem Partner ändern wollen, müssen wir uns unbedingt hinsichtlich der Familienrollen ändern. Rollen erzeugen Leblosigkeit, denn auch wenn wir vielleicht eine Menge Dinge tun, geben wir uns nicht selbst und empfangen daher nicht. Dies führt dazu, dass wir ausbrennen. Aufopferung konkurriert, ist überlegen und hat Angst vor Erfolg, Intimität und Veränderung. Sie stellt einen

Versuch dar, den gegenwärtigen Zustand zu erhalten, während sie so aussieht, als ob sie hart arbeitet. Rollen sind Formen des Rückzugs und sollen unser Schwelgen ausgleichen. Stattdessen leiten sie einen Teufelskreis aus Schwelgen und Aufopferung ein.

Wir haben jede einzelne Familienrolle gespielt. Auch wenn wir Favoriten haben, mit denen wir uns mehr als mit anderen Rollen identifizieren, verbirgt sich hinter der Rolle, mit der wir uns am wenigsten identifizieren, als verborgenes Muster eine große Macht. Diese Familienrollen tauchen auf, um unsere Schuld zu mindern. Wir haben ganze Geschichten von unserem Leben in diesen Rollen gelebt, die unser Versagen und unsere Schuld verbergen, unsere Familie zu retten. Unsere Familie zu retten, das sieht beinahe unmöglich aus, aber das ist es nicht. Wenn du alles sehen könntest, was du in deinem unterbewussten Verstand vergraben hast, würdest du erkennen, dass die Geschichte, die du dein ganzes Leben lang dir selbst und anderen erzählt hast, eine Lüge war, an die du geglaubt hast. Diese Verleugnung dissoziiert dich von der Wahrheit, von deinem Herzen, deiner Lebensaufgabe und von deinem Partner.

Die Rollen einer Person sind wie eine Rüstung. Es sieht so aus, als ob du einen guten Charakter hättest, aber du erschöpfst dich und brennst aus. Die Rüstung soll der Abwehr dienen, hindert jedoch deine Fähigkeit zu empfangen. Metaphorisch ausgedrückt hat der Durchschnittsmensch ungefähr dreihundert Rollen. Daher ist es eine große Aufgabe, die Mehrzahl dieser Rollen zu überwinden, um Partnerschaft, Leichtigkeit und einen gesunden Lebensfluss zu erreichen. Je mehr Rollen du hast, desto schwieriger ist dein Leben und desto mehr glaubst du, alles selbst machen zu müssen.

Rollen sind an deiner Unabhängigkeit interessiert, was ebenfalls eine Rolle ist, und wie alle anderen Rollen ist sie stark dissoziiert. Unabhängigkeit ist ein wichtiger Aspekt bei den schmerzhaften Situationen, in denen Rollen entstanden sind. Sie entwickelten sich mit dem versteckten Wunsch, unabhängig zu sein und die Dinge auf deine Weise zu tun, und sie verstärken weiterhin dieses gespaltene Bewusstsein. Der bewusste Verstand wünscht sich Liebe, Frieden, Glück, Gesundheit und Fülle, während die verborgene Seite Kontrolle haben will. Du hast eine ganze Schicht von Spaltungen. Darüber liegen Rollen und darunter befinden sich schmerzhafte Emotionen. Rollen halten dich in einem gespaltenen Bewusstsein und sorgen dafür, dass du zu allem, einschließlich deinem Partner, ambivalent bleibst. Ein gespaltenes Bewusstsein macht es beinahe unmöglich vorwärtszugehen, weil ein gespaltenes Bewusstsein Angst erzeugt.

Eine Rolle sorgt dafür, dass du dich wie ein guter, netter, normaler, lebloser Mensch verhältst. Schon bevor du erwachsen wurdest, hast du so viel an Authentizität verloren. Rollen sind Bandagen, die du über die Schmerzen, die Angst und die Schuld wickelst. Du urteilst und entwickelst Groll, um zu verstecken, was wirklich in deinem Erleben als Opfer der Familie vor sich ging. Du warst in Wirklichkeit derjenige, der verlassen hat, der zurückgewiesen hat und der sich und andere weggeworfen hat, als du jemanden oder etwas zu verlieren schienst. Unterbewusst diente dies alles dazu, deine Unabhängigkeit zu schaffen und die Selbstkonzepte zu entwickeln, die dein Ego geprägt haben. Diese Selbstkonzepte sind wie riesige Kondome, die jeden echten Kontakt mit deinem Partner verhindern. Einige von euch haben so viele dieser lebensgroßen Kondome, dass ihr wie hinter einer Gummiwand lebt, was es äußerst schwer macht, authentisch zu sein oder den »Saft« und die Freude des Kontakts zu erfahren. Unter den Rollen, dem Schmerz, den Beschwerden und den Selbstkonzepten liegt deine Investition in die Welt und in Idole, mit der du versuchst, etwas außerhalb von dir zu bekommen. Du hast versteckt, dass deine Opfersituationen das Ergebnis deiner schlechten Einstellung und deiner Sturheit waren.

Das Ausmaß, in dem du deine Familienrollen und Rollen im Allgemeinen aufgibst, entspricht dem Ausmaß, in dem dein Partner dies auch tut. Wenn du vorwärts und über die Fusion, die Koabhängigkeit, die geheime Verurteilung und den Groll sowie die Unfähigkeit hinausgehst, zu empfangen, dein Herz zu erfahren oder dich selbst ganz zu geben, wirst du dich für Verbundenheit und authentische Beziehungen öffnen. Dein Ego will die Familienrollen und redet dir ein, dass verbindliches Engagement Aufopferung und den Verlust der Freiheit bedeutet. Es will den Weg nicht, der dich über deine Rollen hinausbringt, ohne dass du das Unterbewusstsein umzugraben brauchst. Wenn du dich daran erinnern würdest, dich vollständig zu geben, würdest du beginnen, dein gespaltenes Bewusstsein sowie deine Konflikte und deinen Mangel an Zuversicht zu integrieren. Jedes Mal, wenn du das tätest, würde es nicht nur dir, sondern im gleichen Ausmaß auch deinem Partner dabei helfen vorwärtszuschreiten. Unter den Rollen befinden sich deine Geschenke, deine Lebensaufgabe und deine Bestimmung sowie deine Fähigkeit, dich in intimere Partnerschaft mit deinem Partner zu begeben.

Es ist einfach, eine Rolle in wahres Geben zu verwandeln, wenn du dich selbst bei Aufopferung oder in einer Rolle ertappst. Entscheide dich einfach dafür, es zu einem Akt des wahren Gebens zu machen. Dies ändert alles, erzeugt Leichtigkeit, Fluss, die Fähigkeit, dein Herz zu fühlen, authentisch zu sein und mit deinem Partner eine süße Zärtlichkeit zu genießen.

Denk über die Rollen nach, die du und alle deine Familienmitglieder gespielt haben, als du herangewachsen bist, sowie über die Rollen, die du und dein Partner jetzt spielen. Jedes Mal, wenn du in Rollen gefangen bist, achte auf die Besonderheit und die Aufmerksamkeit, die du für deine Mühe als Ergebnis deiner Rollen erhältst. Entscheide dich für die Wahrheit und den nächsten Schritt. Wähle deine Geschenke und empfange die Hilfe des Himmels bei allem, insbesondere wenn es um deine Familie geht.

Rollen sind Lügen, die verstecken, wo wir arglistig gehandelt haben. Es sind nicht unsere Eltern, es ist unsere Unabhängigkeit. Für diese Unabhängigkeit haben wir den Preis bezahlt, ein Opfer zu sein und in der Aufopferung gefangen zu werden. Dies hält uns davon ab, die Liebe in uns und die Liebe, die wir sind, zu fühlen. Rollen scheinen nur positiv zu sein. Sie verbergen viel Negativität, Schuld und Selbstangriff. Nur die Intimität der Partnerschaft führt zum Erfolg – anders als das Verstecken, das bei all unseren Rollen geschieht.

Engagiere dich jeden Tag verbindlich dafür vorwärtszuschreiten, deine Gaben und deine Lebensaufgabe anzunehmen und der zu sein, der du sein wolltest. Dies bringt dich über das Verstecken und die Lügen hinaus und lässt zu, was wahre Freude und echte Erfüllung bringt. Rollen sind eine Todesfalle, die transzendiert werden können, sobald du erkennst, was sie sind und wie das Ego sie benutzt, um dich in der Falle zu halten.

39

Wenn dein Partner sich nicht ändert

Wenn dein Partner in seiner Art festgefahren zu sein scheint, gibt es eine Reihe von Bereichen, die du bearbeiten könntest, um die Situation zu ändern. Dazu gehören zwei entscheidende Fragen: Was habe *ich* davon? Und: Wozu benutze ich das? Wenn dein Partner in einem Verhalten feststeckt, frag dich, wo du das Gleiche tust. Es ist vielleicht nicht so offensichtlich, zum Beispiel könnte es sein, dass er eine Affäre hat und du nicht. Aber wenn er dir untreu ist, bist du ihm untreu gewesen. Du hast deinen Glauben woanders investiert. Die Macht deines Bewusstseins geht zu etwas oder jemand anderem. Das ist genauso ausschweifend wie das Verhalten deines Partners. Indem du deinen Glauben nicht in ihn investierst, versagt er, weil du ihn im Stich lässt.

Die Situation, in der sich ein Partner nicht ändern will, zeigt, dass du in Bezug auf eine Reihe von Dingen recht hast. In welcher Hinsicht hast du recht? Erkenne ebenfalls, dass das, was geschehen ist, durch deine Glaubenssätze passiert ist. Wenn du es nicht glauben würdest, könntest du es nicht sehen. Möchtest du recht haben oder glücklich sein? Deine Glaubenssätze setzen dich immer ins Recht, auch wenn dein bewusster Verstand das Ergebnis nicht mag.

Bei einem chronischen Problem versteckst du im Wesentlichen eine gewisse Arglist. Typischerweise kompensierst du dies stark und daher ist es nicht leicht zugänglich. Aber dein Partner ist dein Spiegel und zeigt dir, was du versteckst. Wähle eine Zahl zwischen Eins und Sieben. Die Zahl, die du wählst, steht für eine unterbewusste Frage und ist die Antwort auf ein unbewusstes Muster, dass die Situation blockiert.

Wenn du die *Zahl Eins* gewählt hast, dann hast du ein chronisches Problem mit Ruin, Zerstörung, Elend, Entfremdung, vollkommener Einsamkeit oder katastrophaler Krankheit. Dies ist ein Versuch, mit deinem Schmerz etwas zu kaufen. »Ich werde dies aushalten, wenn ich dafür im Gegenzug dieses und jenes bekomme. Es zeigt, dass Gott seine Arbeit schlecht macht und ich seinen Job haben sollte.«

Wenn du die *Zahl Zwei* gewählt hast, ist dein Problem ein Wutanfall, weil du nicht bekommst, was du willst.

Wenn du die *Zahl Drei* gewählt hast, sind dein Problem und dein Verhalten eine »Masche«[16], das heißt eine »Nummer«, die du aufführst. Du hast deinen Wutanfall zu einer Kunstform gemacht. Es ist etwas, das du tust, das für alle um dich herum und dich selbst schmerzhaft ist. Du hast so viele Schmerzen, dass du blind dafür bist, was du anderen antust. Typischerweise fühlst du dich in deinem schmerzhaft offensichtlichen und selbstvergessenen Verhalten rechtschaffen und gerechtfertigt. Du benutzt deine Masche, um dich und andere zu geißeln. Wenn du bezüglich deiner emotionalen Unreife und deinem Wunsch, zu gewinnen oder andere zu kontrollieren, konfrontiert wirst, ziehst du dich typischerweise in Gefühle des Verletztseins, der Ablehnung und des Unverstandenseins zurück.

Wenn du die *Zahl Vier* gewählt hast, spiegelt dies deine Arglist und deine schlechte Einstellung wider, durch die du dich vom Licht abwendest. Dazu gehören Willkürlichkeit, Negativität, starker Widerstand, Trotz, Perversität, Verstocktheit, Sturheit, Unzugänglichkeit, Unnachgiebigkeit, der Anstifter des Problems in Kombination mit deiner Masche, Folter und Selbstfolter und schließlich Unverbesserlichkeit. Dieser Bereich des Bewusstseins wird normalerweise stark kompensiert, und niemand würde vermuten, dass du in dir eine solche Dunkelheit verborgen hast.

Wenn du die *Zahl Fünf* gewählt hast, zeigt das, dass du bezüglich einer beliebigen der anderen Zahlen Angst vor Veränderung hast.

Wenn du die *Zahl Sechs* gewählt hast, betrifft es den Teufelskreis von Idolen – Schmerz – Groll – Ego. Idole sind der Versuch, etwas außerhalb von dir zu bekommen, um dich glücklich zu machen oder dir Sicherheit zu geben. Dies resultiert in Schmerz, Enttäuschung, Desillusionierung und zerbrochenen Träumen. Dies wiederum führt zu Beschwerden und zur Trennung, der Notwendigkeit, etwas Besonderes zu sein, und zu Selbstkonzepten, die deine Identität formen.

Wenn du die *Zahl Sieben* gewählt hast, hast du den Rebellen, den ultimativen Autoritätskonflikt und den Kampf mit Gott. Du leidest, um zu beweisen, dass Gott ein schlechter Gott ist und vom Thron gestoßen werden sollte, der rechtmäßig dir gehört.

Jede andere Zahl weist auf das astrale oder tiefe dunkle Unbewusste hin, in dem wir »Teufelspakte« abgeschlossen haben. Alle Elemente der Zahlen von Eins bis Sieben sind Teile dieses Kampfes mit Gott.

Einigen Leuten fallen Zahlen ein, die nicht vorgeschlagen wurden. Wenn es eine andere Zahl war wie zum Beispiel Zehn oder Hundert, weist das auf deine Stürze aus der Gnade und aus dem Höheren Bewusstsein bis ganz zurück zu dem »Fall« hin, bei dem du in den Traum aus Zeit und Dualität gefallen bist.

Das chronische Problem oder die Unfähigkeit deines Partners, sich zu ändern, spiegelt dir, wo du auf den tiefsten Ebenen feststeckst. Du kannst ihn dafür segnen, dass er dir dies
zeigt, sodass es jedes Mal, wenn du an ihn, das Problem oder
dich selbst denkst, geheilt werden kann. Oder du kannst diese Worte der Macht aus *Ein Kurs in Wundern (Übungsbuch,*
Seite 192, Überschrift Ü-I.107*)* verwenden, die eine Schicht
nach der anderen von diesem Problem auf unbewusster Ebene
entfernen werden, während du sie mit fester Heilungsabsicht
wiederholst: »Die Wahrheit wird alle Irrtümer in meinem
Geist berichtigen.«

Diese Übungen können dir Wege zeigen, wie du dich und
deinen Partner dort befreien kannst, wo ihr feststeckt.

40

Welchen Zweck hat
deine Beziehung?

Der Zweck deiner Beziehung ist Freude und Glücklich-sein. Und diese können nur aus Liebe entstehen. Du hast dein Ego, das Gegenteil von Liebe. Es ist das Prinzip der Trennung, das auf Angst, Schuld, Konkurrenz und dem Autoritätskonflikt aufbaut. Um also noch größere Liebe zu erfahren, musst du die Wände deines Egos loslassen, die aus deinen Selbstkonzepten bestehen. Diese wiederum kamen durch Urteilen, Trennung und Leid zustande. Diese Selbstkonzepte existieren immer noch in dir wie Schalen, die Teile deines Bewusstseins abschotten und von Emotionen der Ungerechtigkeit, der Bedürftigkeit, des Widerstands und des Schmerzes unterstützt werden. In der Einsamkeit und der Leere der Trennung und der Bedürftigkeit gibt uns das Ego Idole, nach denen wir streben sollen, um glücklich zu werden. Dies führt dazu, dass wir unseren Partner als Erfüller unserer Bedürfnisse zu einem Objekt machen, ihn danach messen, was uns sein Körper geben kann: Romantik, Sex, Geld, Besonderheit, Sicherheit und so weiter. Idole sind die falschen Götter, die uns zu Schmerz und Desillusionierung führen. Sie sorgen dafür, dass wir eine Einstellung des Bekommens und Nehmens wählen, die zu Kämpfen, Rückzug und Leblosigkeit führt. Dies sind einige der Hindernisse, die wir überwinden müssen, um in unserer Beziehung weiterzuwachsen.

Unser Ego möchte unsere Beziehung zu einem Denkmal für sich selbst anstatt zu einem ständig wachsenden Vehikel der Liebe machen. Je mehr ihr zusammenwachst, desto mehr Liebe ist da. Dies öffnet die Partnerschaft dem Himmel, und so strömt Gnade zu euch, um eure Beziehung leicht zu machen und die Wunder zu bringen, die ihr für die anstehenden Herausforderungen benötigt. Das Ego will Besonderheit, seinen Widersacher der Liebe. Besonderheit sorgt dafür, dass sich »alles um mich« dreht. Das Ego will die Aufmerksamkeit. Es will dominieren, bläst sich auf, will überlegen sein, gewinnen, recht haben. Aber es kann sich auch auf die entgegengesetzte Weise aufbauschen, indem es unterwürfig, in sich zusammengefallen und unterlegen ist, sich versteckt, verliert, unrecht hat oder sich schlecht verhält. Verlieren und Aufopferung streben nach der moralisch überlegenen Position. Wenn es einen Weg gibt, mit dem das Ego anders sein und sich trennen kann, wird es dies sogar auf Kosten von dir, deinem Partner und deiner Beziehung tun. Wenn die Liebe wächst, schenkt sie dir den Brennstoff und den Anreiz, deine Lebensaufgabe zu erfüllen. Sie unterstützt dich dabei, dich der Führung zu öffnen, die dich wissen lässt, zu was du berufen bist, und dich der Gnade zu öffnen, mit der du deine Aufgabe erfüllen kannst. Liebe unterstützt deine Größe. Je mehr Ganzheit und Frieden du erreichst, desto mehr Liebe teilst du nicht nur mit deinem Partner, sondern mit der Welt. Dies ermächtigt dich, deine Bestimmung in der Welt und deine spirituelle Bestimmung als ein Kind Gottes anzunehmen. Deine Beziehung soll als Treppe zum Himmel auf Erden und dann zum Himmel selbst dienen. Dies kann nur durch Heilung geschehen. Die Liebe in deiner Beziehung hilft dir, dich deinen

Ängsten zu stellen und alten Schmerz sowie alte Angst aufzugeben, die dafür sorgen, dass du in Kompensationen und harter Arbeit lebst, die kein Empfangen erlauben. Mit Liebe kommt eine größere Wahrheit in deine Beziehung und du siehst mit neuen Augen. Ungerechtigkeit und Opfersituationen verschwinden aus deinem Leben, ebenso wie die Lebensgeschichte, die du als Ausrede dafür geschrieben hast, dich zu verstecken.

Eine Beziehung kommt, um uns zu helfen, unser Gleichgewicht jenseits von Abhängigkeit und Unabhängigkeit zu finden, bis wir wechselseitige Bezogenheit und Partnerschaft erreichen. Sie soll uns helfen, die Verrücktheit der Konkurrenz zu erkennen und zu verstehen, dass Ebenbürtigkeit die einzige Antwort ist, die der Wahrheit dient. Mit dem Gleichgewicht, das aus der Ebenbürtigkeit kommt, gibt es Gegenseitigkeit, Geben und Empfangen. Dies sind Aspekte der Liebe. Anstelle von Tun, Beschäftigtsein, harter Arbeit, Habgier, Faulheit, Konkurrenz und Unabhängigkeit mit ihrer Dissoziation und ihren Kompensationen gibt es einen Fluss, der aus dem Gleichgewicht von Leichtigkeit und Sich-selbst-vollständig-Geben entsteht. Mit der Liebe unseres Partners können wir uns unserem vergrabenem Schmerz stellen, unsere Abwehr aufgeben, die nur zu mehr Schmerz führt, unsere Schuld loslassen und uns entscheiden, uns auf den Himmel und das Licht in uns und in anderen zuzubewegen. Dies geschieht anstelle unserer versteckten schlechten Einstellungen und unseres Trotzes. Das Geben und Empfangen des Männlichen und Weiblichen hilft uns, alle Gegensätze, die großen Spaltungen in unserem Bewusstsein mit Leichtigkeit zu überwinden. Diese stammen aus großen Traumata und schaffen Polarität und Zwiespalt. Aller Schmerz der Vergangenheit wird zwischen dir und deinem Partner hochkommen. Während du ihn heilst, werdet ihr mehr zusammenwachsen. Wenn du nicht weiter heilst und dich nicht auf deinen Partner zubewegst, wirst du früher oder später abdriften und vom Erdrutsch der Probleme zu Fall gebracht werden. Die Leblosigkeit in deiner Beziehung spiegelt nur deine Rollen und Kompensationen, die du heilen wolltest, damit du an Kreativität, Effektivität und Freude mit deinem Partner gewinnst. Wenn du weitermachst, wirst du ermächtigt werden, die Wunder zu finden, die dein spirituelles Erbe sind. Deine Beziehung wird zu einem strahlenden Licht der Hoffnung für andere werden, dass wahre und glückliche Beziehungen möglich sind.

41

Deine Beschwerden

Deine Beschwerden haben dich glauben gemacht, dass bestimmte Aspekte deines Partners dir Schwierigkeiten bereiten, obwohl es immer deine eigenen Irrtümer sind, die zu Albträumen führen. Beschwerden übernehmen keine Verantwortung und sie erkennen nicht an, dass es einen bestimmten Zweck für dich erfüllt, wie dein Partner ist. Beschwerden sind in Wahrheit eine Kompensation für das, was wirklich abläuft. Deine Beschwerden greifen dich an und zeugen von deiner Schwäche. Ganz gleich, ob sie ausgesprochen werden oder nicht: Beschwerden machen deinen Partner dafür verantwortlich, dir nicht so zu helfen, wie du es brauchst. Beschwerden verbergen jedoch, dass du deinem Partner nicht so beistehst, wie du es auf Seelenebene versprochen hast.

Du bist derjenige, der die Geschenke in sich trägt, die deinem Partner helfen und gleichzeitig das Bedürfnis erfüllen würden, das zu der Beschwerde geführt hat. Deine Beschwerde zeigt, dass du die Situation aus der falschen Sicht betrachtest. Dein Partner ist nicht derjenige, der das Problem hat. Als ich erkannte, dass ich es war, der das Geschenk der Mutterliebe hatte, und dass ich sie meiner Mutter vorenthalten hatte, änderte sich mein ganzes Leben. Ich begann, dieses Geschenk bewusst zu geben und energetisch mit meiner Mutter zu teilen. Ich hörte auf, sie für etwas ins Unrecht zu setzen, dass ich ihr so geschickt vorenthalten hatte, dass ich dafür blind geworden war. Von diesem Tag an fühlte ich mich nicht mehr länger bedürftig oder benachteiligt im Hinblick auf meine Mutter, sondern teilte mein Geschenk der Mutterliebe mit ihr. So konnte ich dieses Ahnenmuster heilen. Ich konnte nun auch in meinen Seminaren das Geschenk der Vaterliebe und der Mutterliebe geben. Und meine Beziehung zu meiner Mutter wurde glücklicher und herzlicher.

Untersuche deine Beziehung zu deinem Partner auf die Beschwerden hin, die du über ihn hast. Erinnere dich daran, dass Probleme eine Form der Beschwerde sind. Du kannst dich fragen, was dir deiner Ansicht nach vorenthalten wird und worum sich die Beschwerde dreht. Als Nächstes überlegst du mithilfe deiner Intuition, welches Geschenk du hast, von dem du geglaubt hast, es zu brauchen. Dein Partner (oder, was das betrifft, alle anderen Menschen) ist nicht auf die Erde gekommen, um deine Bedürfnisse zu erfüllen. Dir wird nichts vorenthalten, es sei denn, du entscheidest, dass es so ist. Deine Geschenke sind dazu bestimmt, deinen Partner zu befreien und dir gleichzeitig Erfüllung zu bringen. Erfüll dich heute und mach deinen Partner glücklich, indem du die Tür in deinem Bewusstsein öffnest und die Geschenke, die du brauchst, hervorholst. Diese Geschenke werden auch ihm helfen.

42

Introjektionen heilen

Es gibt zwei Arten von Introjektion. Die erste Art geschieht, wenn du jemanden, der dir wichtig ist, in Schmerzen siehst und als Folge davon so viele seiner Schmerzen aufsaugst, wie du nur kannst. Dies bringt dich in eine Fusion und Koabhängigkeit mit dieser Person. Mir wurde diese Dynamik zuerst bewusst, als ich mit Freunden zusammen war, die Schmerzen hatten. Nach einer kurzen Zeit in ihrer Gesellschaft erlebte ich ihre Emotionen und sie erfreuten sich meines vorherigen Wohlbefindens. Dies kam mir eigenartig vor. Ich behielt es in Erinnerung, bis ich später bei der Arbeit mit einem Klienten die Eingabe hatte, ihn zu fragen, ob er mit den Menschen in seinem Umfeld das Gleiche tat. Und das machte er auf die dramatischste Weise.

Die zweite Form der Introjektion ist in der Psychiatrie bekannt und tritt auf, wenn jemand alle Glaubenssätze, Werte und das Weltbild der Menschen um sich herum introjiziert. Dies beinhaltet die Persönlichkeiten von Mutter, Vater, Geschwistern, die Familie, die Lehrer, die örtliche Religion, die ethnische Abstammung und das Land. Diese Glaubenssätze werden immer zu Überzeugungen über uns selbst oder Selbstkonzepten und sie färben und bestimmen, wie wir die Welt sehen. Sie stehen zwischen uns und der Liebe, zwischen uns und dem Erwachen.

Lass uns mit der ersten Art der Introjektion beginnen. Und lass dich nicht täuschen, wenn an der Oberfläche scheinbar keine Introjektion zu sehen ist. Sie kann sich unter Rollen verstecken, insbesondere den drei klassischen Rollen von Opfer, Aufopferung und Unabhängigkeit. Es ist wahrscheinlich, dass Menschen, die sich in ihrem Leben viel aufgeopfert haben, diese Form der Introjektion haben.

Wähle ein Maß dafür, wie viel du introjiziert hast. Sind es Pfunde, Kilogramm oder Tonnen? Frag dich, wie viele Pfunde Schmerz und Emotion du vom Elend deiner Mutter geschluckt hast. Wie hat diese zusätzliche Last dein Leben beeinträchtigt? Stell dir vor, du würdest mit dem Elend deiner Mutter so und so viel wiegen. Wie würdest du dich am Ende des Tages fühlen? Stell dir jetzt vor, wie dein Leben *ohne* den Schmerz wäre, den du von deiner Mutter geschluckt hast? Wenn du den Schmerz anderer Menschen schluckst, versuchst du, Gottes Arbeit zu tun. In dem Ausmaß deiner heilenden Geschenke hättest du einiges von diesem Karma erfolgreich verbrennen können, aber sogar, wenn du in der Lage wärst, dies in gewissem Umfang zu tun, gibt es einen viel einfacheren Weg. Meister, die sich mit dem Verbrennen von Karma auskennen, nehmen typischerweise nichts davon auf sich, sondern verbrennen es, bevor es persönlich wird. Du kannst alles, was du von deiner Mutter aufgesaugt hast, an Gott zurückgeben, damit er es für dich auflöst, weil er weiß, dass es eine Illusion ist und es mit dem Licht auflösen kann.

Frag als Nächstes, wie viel Schmerz du von deinem Vater aufgesaugt hast. Welche Wirkung hatte dies auf dein Leben und die Person, die du sein solltest? Wie wäre dein Leben ohne diese Last gewesen? Ist es das, was du willst? Wenn du möchtest, kannst du es der Quelle aller Heilung übergeben.

Als Nächstes machst du die gleiche Übung mit deinen Geschwistern, Freunden, Menschen, mit denen du Mitgefühl hattest, Expartnern, deinem Partner, deinen Kindern, Enkeln und allen anderen, von denen du vielleicht etwas introjiziert hast.

Am Ende addierst du alles auf, was du getragen hast, was dein Leben schwer und anstrengend gemacht und dein wahres Ich getrübt hat. Gib das ganze Elend an den Himmel zurück.

Wenn das Loslassen vollständig ist, fragst du dich, wie viele Introjektionsmechanismen du zum Aufsaugen persönlicher Schmerzen hast. Diese Mechanismen waren das, was du erschaffen hast, als du die Geduld mit Gott und den Glauben an Gott verloren und entschieden hast, es selbst zu machen. Ist es das, was du willst? Kannst du die Wirkung sehen, die dies auf dein Leben gehabt hat? Wenn du Gott Gott sein lässt, dann kannst du du sein. Jetzt ist der Zeitpunkt gekommen, ihm seinen Job zurückzugeben, damit du deine wahre Funktion wieder annehmen kannst und sie nicht durch Aufopferung, Fusion und Koabhängigkeit vermeidest.

Lass uns jetzt die zweite Art der Introjektion in deinem Leben angehen. Frag dich, welchen Prozentsatz der Persönlichkeit deiner Mutter du übernommen hast. Welche Wirkung hat das auf dein Leben gehabt? Stell dir vor, du hättest das nicht getan. Welche Wirkung hätte das auf dein Leben gehabt? Ist es das, was du willst, oder würdest du dich dazu entscheiden, die Persönlichkeit deiner Mutter loszulassen?

Indem du beide Arten der Introjektion loslässt, erlaubst du mehr Liebe und Verbundenheit und damit mehr Leichtigkeit, Intimität und Erfolg. Welchen Prozentsatz hast du von der Persönlichkeit deines Vaters übernommen? Welche Wirkung hat dies auf dein Leben gehabt? Durch die Introjektion seiner

Glaubenssätze, seiner Werte und seiner Persönlichkeit kannst du nicht dein authentisches Selbst sein oder ausdrücken. Ist es das, was du willst, oder wirst du es loslassen? Tu dies mit deinen Geschwistern, Lehrern, Freunden, Expartnern und deinem Partner, bis du erneut deine Freiheit zurückgewonnen hast. Dann tu es mit deiner Familie im Allgemeinen, deiner ethnischen Abstammung, deiner Religion und deinem Land. All dies waren Fallen, die dich davon abhielten, authentisch zu sein, deine Lebensaufgabe zu erfüllen und deine Bestimmung anzunehmen.

Auf zwischenmenschlicher Ebene ist dir das Wohlbefinden und die Entwicklung deines Partners anvertraut worden. Auf innerpsychischer oder auf der Bewusstseinsebene repräsentiert er den größten Teil von dir, den du als getrennt von dir betrachtest. Aber wenn du diesen Teil von dir integrieren würdest, könntest du den größten Sprung nach vorn machen. Wenn du diese Aspekte von dir selbst geheilt hast, gibt es dir die Erlaubnis, beide Ebenen der Introjektion für deinen Partner zu heilen und zu helfen, ihn auf die gleiche Weise zu befreien, wie du dich selbst befreit hast. Dies kann viel mehr Verbundenheit und Intimität in eure Beziehung bringen und außerdem viel mehr Erfolg für jeden der Partner und für euch als Paar. Die Heilung der Introjektion heilt einen sehr großen Teil der Leblosigkeit und der Aufopferung in einer Beziehung.

43

Distanz heilen

Dies ist eine wichtige Übung, um die Trennung zwischen dir und deinem Partner zu überwinden. Sie entfernt eine Schicht von chronischen Problemen, beendet geringfügige Probleme, und, was am wichtigsten ist, sie beendet die Trennung, die sich an der Wurzel aller Probleme befindet.

Frag dich, wie viele Schritte du von deinem Partner entfernt bist. Wenn die Antwort, die dir in den Sinn kommt, eine unglaubliche Zahl wie Hunderte, Tausende oder Zehntausende von Schritten ist oder wenn es sogar viele Kilometer sind, dann verwende dies als dein Maß. Zum Beispiel würde jeder Schritt in der nachfolgenden Übung dann für hundert Schritte oder eine Meile stehen.

Frag dich, was dich von deinem Partner zurückhält. Ganz gleich, was es ist: Möchtest du darin feststecken, wie die Dinge sind, oder möchtest du einen Schritt nach vorn machen? Oder zehntausend Schritte? Frag dann, wie es sich anfühlt.

Frag erneut, was dich von deinem Partner zurückhält. Möchtest du darin feststecken, wie die Dinge sind, oder einen Schritt nach vorn machen? Tu dies, bis du deinen Partner umarmen kannst. Es gibt nur einen Ort, der noch näher ist. Er ist dort, wo du dich von Licht zu Licht mit ihm verbindest. Frag also ein letztes Mal, was dich von deinem Partner zurückhält.

Möchtest du darin feststecken oder dich mit deinem Partner von Licht zu Licht verbinden?

Wenn du viele Meilen oder Tausende von Schritten überwinden musstest, frag dich erneut, ob es etwas gibt, was zwischen dir und deinem Partner steht, und beginne von Neuem. Du wiederholst dies, bis du nur noch einen Schritt von ihm entfernt bist, und dann machst du es ein letztes Mal.

Du kannst dies jede Woche wiederholen, um zu verhindern, dass sich Dinge zwischen euch ansammeln. Dies ist eine wichtige, jedoch einfache Übung, um zu verhindern, dass Hass entsteht. Sie ist ebenfalls wirksam, um Schichten chronischer Probleme abzutragen, bis das Problem vollkommen verschwindet. Es ist eine einfache Entscheidung. Möchtest du feststecken oder deinem Partner einen Schritt näherkommen?

44

Hingabe lernen

Hingabe in Beziehungen bedeutet nicht Aufgeben oder Verlieren. Es bedeutet, deine Position loszulassen, dich über den Abgrund der Trennung und des Widerstands zu schwingen und dich dort mit deinem Partner zu verbinden, wo er eine Position eingenommen hat, die deiner entgegengesetzt ist. Indem du dich mit ihm verbindest, verbindet er sich mit dir. Es ist kein Wettkampf, den du verlierst. Es geht über Gewinnen und Verlieren und sogar darüber hinaus, wer recht hat. Hingabe ist weder Kompromiss noch Aufopferung. In dem Ausmaß, in dem du dich mit einem anderen Menschen verbindest, verbindet sich die Person mit dir. Dann geschieht Folgendes: Wenn die Form der Antwort deines Partners am besten ist, wird das Ergebnis diese Form annehmen, jedoch auch deine Energie enthalten. Wenn deine Antwort am besten ist, wird deine Antwort zusammen mit seiner Energie die Form sein, die das Ergebnis annimmt. Dies garantiert, dass es auf keiner Seite Aufopferung geben wird. Wenn keine Form am besten ist, wird das Ergebnis eine dritte Form annehmen, die beide Energien enthält und die bestmögliche Lösung darstellt. Als Folge wird der Widerstand von euch beiden verschwunden sein. Dies wird zu einem gemeinsamen Fluss führen, bis ihr miteinander an den nächsten Widerstand geratet.

Um dich hinzugeben, stellst du dir einfach vor, dass du deine Position aufgibst und die Trennung überwindest, um dich mit dem anderen in seiner Position zu verbinden. Hingabe bedeutet nicht notwendigerweise, dem anderen zuzustimmen. Vielleicht ist das, was er sagt, ein wenig verrückt. Hingabe bedeutet, *dich mit ihm als Mensch zu verbinden*. In dem Ausmaß, wie du dich dem anderen hingibst, wird er sich dir hingeben. Wenn du einen Kompromiss eingehst oder nur die Hälfte der Distanz überbrückst, befindest du dich in Aufopferung, und ihr beide werdet das Gefühl haben, verloren zu haben. Hingabe ist alles oder nichts, und es ist tatsächlich ein einfacher Weg, um vorwärtszugehen, wenn du den Mut hast, das Risiko für eine größere Partnerschaft einzugehen.

Als Nächstes fragst du dich, wem du dich im Leben am meisten widersetzt. Ganz gleich, wer es ist, frag dich, zu welchem Prozentsatz du dich dieser Person widersetzt. In dem Ausmaß, in dem du dich einer beliebigen Person widersetzt, wirst du dich allen widersetzen, einschließlich deinem Partner. Nehmen wir einmal an, die Person, der du dich am meisten widersetzt, ist deine Mutter oder dein Vater. Auf unterbewusster Ebene wirst du dich auch deinem Partner widersetzen, und auf unbewusster oder Seelenebene wirst du dich auch ebenso sehr der Liebe des Himmels und Gottes widersetzen. Erkenne, dass du diese Person als Ausrede benutzt hast, *nicht* vorwärtszugehen. Dein Widerstand hat deine Angst vor Veränderung und deine Angst vor dem nächsten Schritt verborgen.

Fühle, wie deine Zuversicht zu dir zurückkehrt, während du dich über diesen Widerstand mit dieser Person hinausbegibst, dich ihr hingibst und dich mit ihr verbindest. Der Ort, an dem du diesen Widerstand hast, ist ein Ort, an dem du dich von deinem Partner getrennt und dich um die Liebe und den Erfolg betrogen hast, der aus der Verbindung kommt. Anschließend gibst du dich deinem Partner und dem Himmel im gleichen Ausmaß hin.

45

Dein Erfolg
in der Beziehung

Frag dich, wie erfolgreich du in der Beziehung mit deinem Partner bist. Nehmen wir einmal an, die Beziehung ist zu 60 Prozent erfolgreich und zu 40 Prozent nicht erfolgreich. Dann machst du nur langsame Fortschritte, denn nachdem du die 40 von den 60 Prozent abgezogen hast, bleiben dir nur 20 Prozent, um vorwärtszugehen. Außerdem führt die Spaltung von 60 zu 40 Prozent zu Angst. Es könnte eine Spaltung von 99 zu 1 Prozent sein und es würde immer noch Angst geben. Die 60 Prozent repräsentieren positive Glaubenssysteme oder die Geschenke, die sich jenseits von Glaubenssystemen befinden, und die 40 Prozent repräsentieren negative Glaubenssysteme. Beide Aspekte dieser Spaltung wollen, dass es nach ihnen geht, damit ihre Bedürfnisse erfüllt werden. Außerdem wollen sie beweisen, dass sie recht haben, und als Folge davon wollen sie gewinnen. Dieser Konflikt wird auf deine Beziehung projiziert. Daher entsteht ein Machtkampf oder eine Unterströmung des Konflikts.

Frag dich, was deine negativen Glaubenssysteme dir zu tun erlauben (in diesem Fall die 40 Prozent). Vertrau dem, was dir deine Intuition in den ersten paar Sekunden eingibt. Deine Intuition wird dir alles sagen, was du ihr zu sagen erlaubst.

Wenn dein Bündnis mit dem Ego jedoch zu stark ist, wirst du viel nachdenken, aber dir werden nicht viele der entscheidenden Dinge einfallen, vielleicht kommt dir sogar gar nichts in den Sinn. Es ist wichtig zu erkennen, dass dein Ego keinen Frieden und keine Liebe will. Es will Trennung. Es ist das Prinzip der Trennung und es wird alles benutzen, was es kann, um dich zu trennen anstatt zu heilen. Die Ganzheit der Heilung wird dein ganzes Leben aufbauen. Dein Ego will die Beziehung, um zu beweisen, wie besonders es ist, und um deinen Partner als Geisel für deine Bedürfnisse zu nehmen. Es will beweisen, dass du die oder der Beste und deinem Partner überlegen bist. Diese Dinge werden deine Beziehung zerstören. Vielleicht möchtest du dich jetzt entscheiden, ob du deine Beziehung als Unterstützung für dein Ego oder als Tor zum Himmel benutzen willst. Also, was soll deine Beziehung sein, ein Denkmal für dein Ego oder ein Denkmal der Liebe? Deine Kämpfe, deine Leblosigkeit und deine Verzweiflung zeigen, dass du sie zu einem Denkmal für dein Ego gemacht hast. Ist es das, was du willst, oder willst du eine sich immer weiter entfaltende Beziehung?

Frag dich, aus wie vielen zentralen Ereignissen deine negativen Glaubenssysteme bestehen. Stell dir die folgenden Fragen und schreib die Antworten auf. Wie alt warst du, als diese negativen Ereignisse passiert sind, bei denen du diese negativen Glaubenssätze geschaffen hast? Diese Ereignisse wurden für das Ego anstatt zur Heilung benutzt. Damit wurden eine dunkle Lektion und ein selbstzerstörerisches Muster begründet. Ist es das, was du willst? Du kannst deine Loyalität jetzt von deinem Ego auf dein Höheres Selbst übertragen, auf dein kreatives Bewusstsein, dass mit der Führung und der Gnade des Himmels verbunden ist. Schreib also das Alter auf, in dem die einzelnen negativen Ereignisse geschehen sind. Frag dich mithilfe deiner Intuition, wer an diesen Ereignissen beteiligt war, und schreib es daneben. Jedes dieser Ereignisse ist zur Trennung benutzt worden.

Bring jetzt die Liebe in das erste Ereignis. Lass die dunkle Lektion und die Glaubenssysteme los, die aus diesem Ereignis entstanden sind. Bitte dann den Himmel, dir die positive Lektion zu bringen. Es ist eine Lektion, die mehr Liebe und mehr Erfolg verströmen und deinem Leben mehr Fülle geben wird. Lade die göttliche Liebe und die göttliche Gegenwart in diese erste Szene ein und teil die Lektion und die Liebe mit allen Anwesenden. Wenn du das abgeschlossen hast, schickst du die Liebe und die positive Lektion den ganzen Weg bis zu deinem jetzigen Lebensmoment weiter. Teile diese Energie mit deinem Partner. Schick diese Lektionen und die Liebe den ganzen Weg zurück durch dein Leben, damit sie allen zurück in der Vergangenheit und auch vorwärts in der Zukunft helfen. Schick sie durch deine Empfängnis zu deinen Vorfahren, durch deine vergangenen Leben, durch das kollektive und in das astrale und dunkle Unbewusste.

Dann entspann dich und geh zum nächsten Ereignis, mit dem du die gleiche Übung wiederholst, bis du die positive Lektion und die Liebe erhalten hast. Anschließend teilst du diese Lektion mit allen Personen, die an dem Ereignis beteiligt waren. Lass die dunklen Lektionen los, bring die Liebe und bitte um die positive Lektion. Anschließend teilst du das mit allen in der Szene und bringst es wirklich durch dein Leben bis zur Gegenwart und den ganzen Weg zurück bis ins Astrale.

Wenn es irgendwie schwierig erscheint, gehst du zu dem Monat in der Schwangerschaft zurück, der dem Alter entspricht. Zum Beispiel ist das bei einem Alter von fünf Jahren der fünfte Monat im Mutterleib. Frag, welches Problem es dort gab und mit wem. Du hast alle Emotionen, die die Hauptfiguren in diesem Ereignis gefühlt haben, als deine eigenen angenommen. Sie sind so sehr Teil deines Egos und deiner Glaubenssysteme, dass sie dich programmieren. Du könntest hinsichtlich dieser Ereignisse fragen, wie sie dein Leben beeinträchtigt haben. Lass die dunkle Lektion des Egos fallen und bitte um die Wahrheit. Jetzt kannst du die Liebe, die göttliche Liebe und die göttliche Gegenwart in jede dieser Szenen einladen, bis sie voller Licht und Freude sind. Teile diese Wahrheit, diese Liebe, diese göttliche Liebe und diese göttliche Gegenwart mit allen Personen, die damals an dem Ereignis beteiligt waren. Anschließend bringst du diesen Ort der Heilung und Ganzheit durch dein Leben bis in die Gegenwart und zurück zu deiner Empfängnis und darüber hinaus zu deinen Vorfahren, vergangenen Leben und zum Astralen. Genieß das Gefühl der Freiheit, das aus dem Teilen deiner wahren Lektion und der Heilung entsteht.

46

Die eine Schlüsselperson

Mit den Jahren habe ich Folgendes festgestellt: Auch wenn wir viele Schichten komplizierter Probleme haben, gibt es einen gemeinsamen roten Faden. Wenn wir ihn entwirren, kann das gesamte Problem aufgelöst werden. Wir befinden uns alle auf verschiedenen Ebenen von Beziehungen, aber sogar wenn unsere Beziehung wirklich gut ist, kann sie noch besser werden. Es gibt eine wichtige Person. Wenn du ihr vergibst, würde dies deine ganze Beziehung auf eine neue Stufe bringen. Benutze deine Intuition, um beim ersten Mal die entscheidende Antwort zu erhalten. Frage dich, wer diese Person ist. Diese Vergebung ist einfach das, was du brauchst, um jetzt einen Unterschied in deiner Beziehung mit deinem Partner zu machen. Wer ist diese Person, der du auf einer gewissen Ebene die Schuld an deiner jetzigen Situation mit deinem Partner gegeben hast?

Es ist wichtig, dich an die Dynamik der Vergebung zu erinnern. Wenn du das Unterbewusstsein befragst, zeigt es, dass wir niemals einen anderen Menschen für etwas anschuldigen, was er getan hat. Wir geben ihm für Fehler die Schuld, von denen wir glauben, sie selbst gemacht zu haben. Wir haben diese Person zum Sündenbock gemacht. Sie brauchte Hilfe, und auf der Seelenebene haben wir versprochen, ihr zu helfen. Dann aber haben wir sie als unsere beste Ausrede benutzt, uns abzutrennen und unabhängig zu werden, anstatt die Lektion zu lernen, die der Himmel für uns vorbereitet hat. Dazu gehört, ein Seelengeschenk anzunehmen, das wir nur für diese Gelegenheit mitgebracht haben, um dieser Person zu helfen und uns unser eigenes Strahlen zu erlauben. Stattdessen sind wir vor unserer Aufgabe und dieser Lektion der Liebe weggelaufen und haben das, was passiert ist, als eine Ausrede benutzt, um uns zu verstecken und die Dinge auf unsere Weise tun zu können.

Vergebung heilt all dies, sie befreit uns und den anderen Menschen und erlaubt uns, unser Seelengeschenk anzunehmen und die Liebe des Himmels willkommen zu heißen. Vergib also dieser Person. Wenn du noch mehr Motivation brauchst, frag dich, wofür du diese negative Situation und die Unversöhnlichkeit jetzt benutzt. Vergebung bringt Frieden, Freiheit und Glück.

Hier ist eine Übung, die ich hilfreich finde, um Vergebung zu erzeugen und neue Ebenen zu eröffnen: Stell dir vor, dass du in dem Alter bist, als du begonnen hast, dieser Person die Schuld zu geben. Stell dir vor, in Gottes Armen wie ein Baby gehalten zu werden. Genieß dies eine Zeit lang. Dann lädst du die Person, gegen die du Groll verspürst, ein, zusammen mit dir ein zweites kleines Baby in Gottes Armen zu sein. Genieß den Trost und den Frieden, der zu dir kommt, indem du das heilige Versprechen, das du gegeben hast, erfüllst, die Person zu retten. Nach einer Weile lädst du deinen Partner als ein Baby in Gottes Arme ein, sodass auch ihr beide zusammen gehalten werdet.

47

Bereiche, in denen
dein Partner sich nicht ändert

Vor einigen Jahren bekam ich von meiner Frau eine Lektion. In unseren mehr als drei gemeinsamen Jahrzehnten hatte ich eine Reihe Lektionen erhalten. Ihre Anleitung und ihre Vorschläge waren meist hilfreich, aber ein paar Mal redete sie mir wirklich stark ins Gewissen. Ich hörte ihr dabei zu, aber es dauerte ein paar Tage, bis ich es integriert hatte, und was noch wichtiger war, bis ich meine ursprüngliche Nähe zu ihr wiedergewonnen hatte. Als die eine Sache also akut wurde, hatte ich eine intuitive Eingebung. Ich unterbrach ihre Rede darüber, wie ich mich ändern müsste, und sagte: »Weißt du … du versuchst mit solcher Vehemenz, mich dazu zu drängen, dass ich mich ändere. Das weist darauf hin, dass du willst, dass ich mich dort ändere, wo du Angst hast, es selbst zu tun. Wenn du dich geändert hättest, würdest du mich dazu einladen, anstatt es zu fordern.« Dies war ungewöhnlich, denn normalerweise widersprach ich während meiner »Unterweisung« nicht. Meine Frau hielt inne, erwägte, was ich gesagt hatte, erkannte die Wahrheit darin und entließ mich aus der Verantwortung, wofür ich ihr dankbar war.

Denk in den nächsten Tagen darüber nach, wo du vielleicht versuchst, deinen Partner dazu zu bringen, sich zu ändern,

179

und überlege, welche Orte du damit verbirgst, an denen du Angst hast, dich zu ändern. Wo sich dein Partner stur verhält, ist ein Ort, an dem er in Wirklichkeit Angst hat, sich zu ändern. Der nächste Aspekt besteht darin, zu untersuchen, was es ist, das dein Partner in seiner Angst vor Veränderung für dich spiegelt. Denn jeder Ort, an dem er sich weigert, sich zu ändern, spiegelt einen ähnlichen, jedoch versteckteren Ort, an dem du Angst hast, dich zu ändern. Du trägst sozusagen das bessere Make-up an diesem Ort und kompensierst das, worin du feststeckst, vermutlich gut. Normalerweise wird dies von Rollen verdeckt, die alle die richtigen Dinge zu tun scheinen. Du hast nicht einfach nur einen enttäuschenden Partner erwischt. Sein widerspenstiges oder verstocktes Verhalten zeigt dir ähnliche, jedoch gut versteckte Muster in dir. Indem du das erkennst, erhältst du eine großartige Gelegenheit. Deine fortwährende Schuldzuweisung oder dein Verurteilen deines Partners ist ein sicheres Zeichen dafür, dass du Angst davor hast vorwärtszuschreiten. Wenn du jedoch diese Gelegenheit nutzt und den Himmel um Hilfe bittest, kannst du Teile von dir entdecken, die typischerweise im Unbewussten vergraben liegen und die dich zurückgehalten und gefangen haben. Wenn du diese Orte in dir entdeckst, wiederholst du einfach diese Worte aus *Ein Kurs in Wundern (Übungsbuch,* Seite 369, Lektion 193, Ü-I.193.13:3*)*: »Ich will vergeben, und dieses wird verschwinden.« Wenn du hinsichtlich der allgemeinen Situation mit deinem Partner vollständige Verantwortung dafür übernimmst, wie er ist, wie du bist und wie ihr gemeinsam in Beziehung seid, kannst du sie schnell an den Himmel übergeben, um das Problem auflösen zu lassen.

Es ist außerdem wichtig, dir anzusehen, warum du willst, dass dein Partner so ist, wie er ist. Das hat versteckte Gewinne. Jede Beziehung ist eine geheime Absprache, aber wenn ein

Partner einen Schritt nach vorn macht und dabei nicht in Konkurrenz geht, erhalten beide Partner den Nutzen dieses Schritts. Das ist die Bedeutung von Partnerschaft. Jeder Partner kann für beide erfolgreich sein.

Über die Jahre habe ich Hunderten von Partnern zugehört, die sich beschwerten, dass sie die ganze Arbeit machen mussten und dass ihr Partner nicht erkannte oder schätzte, was sie für ihn taten. Dennoch waren sie, wie ich ihnen erklärte, blind dafür, dass ihr Partner einen gleichen, jedoch entgegengesetzten Beitrag leistete, für den sie keine Wertschätzung oder Dankbarkeit zeigten. Sobald ich ihnen dies spiegelte, erkannten sie, was ihr Partner beigetragen hatte, und es machte einen riesigen Unterschied für sie.

- Wenn dein Partner in gewisser Weise feststeckt, was erlaubt das dir zu tun?
- Was ist es, das du nicht tun musst, weil er so ist?
- Was versuchst du über dich, das Leben, Männer, Frauen, Beziehungen und so weiter zu beweisen?
- Du versuchst immer zu beweisen, dass deine Überzeugungen die Wahrheit sind. Aber alle Glaubenssätze, die du über jemanden oder etwas hast, sind Überzeugungen über dich selbst. Womit hast du recht, indem du so einen Partner hast?
- Es gibt ein verstecktes Bedürfnis, das davon gespiegelt wird, dass dein Partner sich so verhält. Was ist es?
- Was versuchst du zu bekommen, indem er so ist?
- Von wem versuchst du es zu bekommen?
- Es gibt einen weiteren versteckten Aspekt, der darin besteht, dass du versuchst, jemanden zu besiegen, indem dein Partner so ist, wie er ist. Wer wäre das?
- Was ist es, um das du kämpfst?

- Mit welchem Schwelgen kannst du weitermachen, wenn er so ist?
- Auf einer anderen Ebene benutzt du deinen Partner, um nicht vorwärtsgehen zu müssen. Wovor hast du Angst?
- Wovor versteckst du dich?
- Ist es wichtiger, deine Besonderheit zu unterstützen als Erfolg in deiner Beziehung zu haben?
- Ist es das, was du willst?
- Frag dich hinsichtlich deines Partners: Was will ich?

Frag dies fünfzig Mal und untersuche nach jedem Mal, wie dein Partner, du und deine Beziehung aussehen und wie es sich anfühlt. Wie der alte Spruch sagt, im Unterbewusstsein »entsprechen die Ergebnisse der Absicht«. In deinem tieferen, versteckteren Bewusstsein hast du so viele verschiedene Ziele gewollt, dass es beinahe unmöglich ist, das zu haben, was du in deinem bewussten Verstand haben willst. Zu fragen, was du willst, vereinheitlicht dein Bewusstsein. Die Macht deines bewussten Geistes liegt in deiner Fähigkeit zur Entscheidung. Viele Entscheidungen, die in die gleiche Richtung getroffen werden, werden zu einer Einstellung und es ist die tief im Unbewussten verborgene versteckte schlechte Einstellung, die du adressierst, damit sie geheilt werden kann.

Ist es das, was du willst?

Was willst du?

48

Der Schmerz der Muster

W o wir Muster von Herzensbruch und Niederlage in uns tragen, gibt es auch Muster der Kränkung. Dies hat mit dem Ego und unserem Bedürfnis nach Besonderheit zu tun. Dieses Bedürfnis führt dazu, dass wir uns abtrennen und unabhängig werden, und wo das passiert ist, haben wir die Verbundenheit zerbrochen und einander die Schuld dafür in die Schuhe geschoben. Dennoch wurden wir bedürftig, als wir die Verbundenheit aufgaben, und hatten sogar ein noch größeres Bedürfnis nach Aufmerksamkeit, Sympathie und Besonderheit. Daher haben wir nicht nur einen Teufelskreis in unserem Bedürfnis nach Besonderheit und Trennung geschaffen, sondern auch ein selbstzerstörerisches, schmerzhaftes Muster des Herzensbruchs begründet.

Besonderheit ist gefälschte Liebe. Sie zerstört Beziehungen, weil wir unseren Partner als Geisel für unsere Besonderheit nehmen und umgekehrt. Was unser Partner ausagiert, haben wir natürlich in uns selbst verurteilt und unter den Teppich gekehrt, als wenn es nicht da wäre. Dein Partner zeigt dir, was du versteckt hast und was jetzt vergeben werden kann, um euch beide zu befreien. Denk darüber nach, wie sehr deine Besonderheit ein Faktor in deiner Beziehung ist. Welchen Prozentsatz macht sie aus? Und wie hoch ist der Prozentsatz für deinen Partner? Addiere beide Zahlen auf. Welche Zahl ergibt das? So viel Bedürfnis nach Besonderheit hast du in Wirklichkeit.

Schreib die fünf wichtigsten Bereiche aus der Vergangenheit auf, an denen du unter einem Schmerz gelitten hast. Denk über diese fünf Bereiche aus der Sicht der neuen Wahrnehmung nach, dass sie für Besonderheit und Trennung benutzt werden. In der Tat hat der Schmerz das Bedürfnis nach Besonderheit vergrößert und ein dunkles Rollenbild der Konkurrenz und der Kompensation mit einem versteckten Herzensbruch und mit Niederlagen begründet. Lass für jedes dieser leidvollen Ereignisse die Überzeugungen der dunklen Lektion los, bring die Liebe hinein und lade die göttliche Liebe ein. Bitte jetzt um die Lektion, die der Himmel für dich beabsichtigt hat. Entspann dich und warte darauf. Wenn die Lektion des Himmels gelernt worden ist, bringst du die Liebe und die Seelenlektion, die keinen Schmerz enthält, bis in die Gegenwart und teilst sie mit deinem Partner. Als Nächstes schickst du sie durch dein Leben, durch deine Geburt und den Mutterleib zurück zur Empfängnis, anschließend zu deinen Vorfahren und dann weiter durch deine vergangenen Leben bis zum kollektiven und schließlich bis zum astralen oder dunklen Unbewussten.

Als Nächstes schreibst du die fünf schlimmsten Traumata deines Partners auf. Denk über dein und sein Bedürfnis nach Besonderheit und Trennung in derartigen Ereignissen nach. Wiederhole die Übung, die du für dich gemacht hast, für deinen Partner. Dies ist Teil der Teamarbeit auf zwischenmenschlicher Ebene und Teil des Spiegels deines Bewusstseins auf einer unbewussten, innerpsychischen Ebene. Bring die Energie der geheilten Lektion für deinen Partner den ganzen Weg bis in die Gegenwart und den ganzen Weg zurück durch die Empfängnis bis zu seinen Vorfahren, vergangenen Leben und zum kollektiven Unbewussten. Schließlich bringst du dieses heilende Licht bis in das astrale Unbewusste. Dies sollte euch beiden sehr viel helfen.

Sei dir bewusst, wenn deine Besonderheit in Zukunft bedroht wird: Wenn du das bemerkst, lässt du sie im Austausch gegen Liebe los und bittest stattdessen um die Lektion des Himmels. Jegliche Verstimmung zeigt, wo sich deine Besonderheit gekränkt gefühlt hat. Wenn das Besonders-sein-Wollen deines Partners einsetzt, erkenne es als dein eigenes verkleidetes Bedürfnis und entscheide dich, weder dich noch ihn dafür zu verdammen. Bring stattdessen deine Liebe und die Liebe des Himmels in die Situation.

49

Deine versteckte
schlechte Einstellung

Als ich tiefer und tiefer in das Unbewusste vordrang, entdeckte ich einen überraschenden Bereich. Es ist ein Ort, an dem das Bewusstsein und die Welt zusammenkommen. Es ist ein Ort der Macht, an dem du anerkennst, dass die Welt dein Bewusstsein spiegelt. Es ist ein Ort voller seltener und machtvoller Seelengeschenke. Es ist ein Ort, an dem du viel offener für Liebe, Führung und die Liebe Gottes bist. Auf der anderen Seite ist es ein Ort großen Widerstands, an dem das Ego auf sein Fundament aus Angriff und Selbstangriff aufbaut. Wenn du wieder zu diesem Scheideweg zurückkehrst, findest du dort immer noch die Auswirkungen alter, schlechter Entscheidungen, die mit aktuellen Problemen verknüpft sind. In den ersten Schichten dieses Teils unseres Geistes sind die Symptome chronische Probleme, Elend, Verwüstung, Ruin, äußerste Einsamkeit und Entfremdung. Wenn du tiefer gehst, stellst du fest, dass das ganze Leiden einen Wutanfall darüber verbirgt, etwas nicht zu bekommen, das du haben wolltest. Geh noch tiefer und du findest dort eine »Masche«. Du benutzt diese Masche gegen dich selbst und andere in einem Wutanfall des höchsten Grades. Aber du steckst selbst in so viel Schmerz, dass du blind dafür bist, wie du andere angreifst. Du ziehst deine »Nummer« ab. Es ist dein »Tanz«. Anderen um dich herum ist völlig klar, dass Peter einen typischen »Peter« abzieht oder Susanne eine »Susanne«. Jeder in deinem Umfeld spürt die Wirkung dieser Verschmutzung. Wenn du die Decke von der nächsten Schicht wegziehst, findest du deinen Widerstand, deine Sturheit, deine Negativität, deine schlechte Einstellung, deinen Eigensinn, deine Perversität, deine Verstocktheit, deine Aufsässigkeit, deine Unzugänglichkeit und deine Unverbesserlichkeit. Diese Schicht zeigt, wo du dich vom Licht abgewendet hast. Ich habe mit Menschen gearbeitet, die an der Oberfläche ziemlich positiv waren, aber als wir in ihre chronischen Probleme eingetaucht sind, öffneten sich Schichten des Widerstands gegen die Heilung, die recht überraschend waren, wenn man bedenkt, dass sie so sehr litten. Dennoch ist dies nicht die tiefste Schicht. Denn unter dieser Schicht liegt die Angst vor Veränderung, die Teil der Sturheit ist und diese nährt. Die nächste Schicht darunter ist dein Anhaften an der Welt und deine Identität in der Welt. Es gibt einen Teufelskreis, der deine Idole enthält. Das sind die Dinge, die du zu Göttern gemacht hast, von denen du glaubst, sie würden dich sicher und glücklich machen. Aber der Schmerz, die zerbrochenen Träume und die Desillusionierung, die von Idolen herrühren, führen zu Groll gegen diejenigen, die gegen dich zu arbeiten schienen und dich von dem, was du wolltest und deiner Meinung nach verdientest, abgehalten haben. Und all das führt zu der Trennung und den Selbstkonzepten, aus denen dein Ego besteht. Dieser Teufelskreis flechtet sich selbst vorwärts und rückwärts, aber immer abwärts. Dies ist, wofür die Welt deiner Ansicht nach da ist: damit du bekommst, wovon du glaubst, dass es dich glücklich machen wird. Darunter befindet sich eine weitere Schicht, die deine Angst vor Gottes Liebe ist, und dein Autoritätskonflikt mit Gott, der dir alles gibt. Aber du hast Angst, die Identität, die du aufgebaut hast, zu verlieren, wenn dies eintreten würde. Sie benutzt deine chronischen Probleme und dein Leiden als Beweis dafür, dass Gott als Gott schlechte Arbeit macht und den himmlischen Thron aufgeben sollte, damit dein Ego seinen Platz einnehmen kann.

Die nächste Schicht ist die Stufe zwischen Einheit und den höheren Stadien der Vereinigung und jeder von uns muss sie bearbeiten. Da jeder durch dieses Stadium hinabgestiegen ist, muss auch jeder wieder durch es aufsteigen. Es ist die tiefste Schicht des Unbewussten, bevor wir Körper angenommen haben. Es ist ein Bereich des dunklen Übernatürlichen, der von Dämonen, Teufeln und dunklen Göttern heimgesucht wird, die alle Metaphern für unser uraltes Ego sind, das sich vom Licht abgewendet hat. Bevor wir Gott und Einssein erreichen, muss dieser Bereich ebenso neutral für uns werden wie der Rest. Durch die Heilung dieses Stadiums werden wir zu einem Heiler und einem Erlöser. Hier heilen wir alles, was von unseren Ego-Verträgen und unseren Pakten mit dem Teufel (uraltes Ego) übrig geblieben ist. Hier reinigen wir uns davon, ein Kanal für astrale Angriffe zu sein, und wir reinigen auch andere von allen astralen Einflüssen. Dies ist leicht, wenn wir uns daran erinnern, wer immer mit uns geht, und dass Wunder und die göttliche Gegenwart in ihrer Macht mit uns sind, sobald wir uns erinnern.

Ein leichter Weg zur Heilung der Fallen der Einheits- und astralen Stadien besteht darin, darum zu bitten, dass deine versteckte schlechte Einstellung und all ihre Kompensationen zu reinem Licht zusammengeschmolzen und in Ganzheit und Licht verbunden werden. Du kannst dies für deinen Partner tun, weil er eine Spiegelung deines eigenen Bewusstseins ist, und wenn du es für die Selbste in dir tust, die er spiegelt, tust du es auch für ihn. Alles, was sich vom Licht abgewendet hat, wirft Schatten. Dennoch sind diese Schatten Illusionen, die die Dunkelheit ausmachen. Das Astrale ist ein Ort der Dunkelheit, der durch fortwährende Stürze nach dem Fall entstanden ist. Während du dich jedem dieser Stürze jetzt näherst, stellst du fest, dass er wie eine Hölle, eine Grube der Depression und eine Folter ist, die Selbstfolter. Diese dunklen Nächte der Seele sind Orte der Wiedergeburt, wenn sie korrekt wahrgenommen werden, und wenn sie als solche erkannt werden, beschleunigt dies die Passage durch den Schmerz und die Dunkelheit zu einer neuen Ebene der Wiederherstellung und Neugeburt. Seltene Geschenke und uralte Mächte werden als Folge davon wiederhergestellt.

Während du höhere Bewusstseinsebenen auf dem Weg zum Transzendieren des Bewusstseins erreichst, das immer ein Subjekt (du) und ein Objekt (alles andere) hat, tust du dies im Austausch für das Gewahrsein, das im Himmel folgen wird. Auf dem Weg zu diesem Gewahrsein lebst du mehr und mehr aus der Gnade und weniger durch dein eigenes Tun. Du folgst der Führung anstelle deiner eigenen Pläne. Du lässt die Gnade alles durch dich vollbringen. Auf diese Weise kannst du Gnade einladen, sowohl das Astrale als auch das, was du benutzt hast, um dich zu verstecken und für das Astrale zu kompensieren, zu integrieren. Bitte die göttliche Liebe, diese Spaltungen in reines Licht zu schmelzen, damit sie mit dem Licht deines Geistes vereint werden können. Sobald dies erreicht ist und du den Frieden und die Möglichkeiten dieser neuen Wiederherstellung spürst, führst du mit der Hilfe des Himmels die gleiche Übung für deinen Partner durch.

Zum Schluss spürst und genießt du einfach den Frieden und die Offenheit, die dir helfen, dich mit deinem Partner und der Welt zu verbinden.

50

Ho'oponopono

Dies ist eine machtvolle Heilmethode aus Hawaii, bei der sich die Familienmitglieder versammeln und der Familienälteste oder Kahuna, ein hawaiianischer Schamane, alle auffordert, ihren Schmerz und ihren Groll mitzuteilen, bis eine Auflösung erreicht wird. Dies würde dann typischerweise einen Menschen in der Familie heilen, der krank oder verletzt war, oder es würde ermöglichen, dass ein großes Problem gelöst wird.

Dr. Hew Lynn hat eine modernere Version davon erarbeitet, die er mit großer Wirkung in der psychiatrischen Klinik auf Hawaii anwendete. Später griff sein Personal dies auf, und die Mehrheit der verrücktesten Patienten begann, sich auf vernünftige Weise zu verhalten. Andere erholten sich vollständig mit unerhörter Geschwindigkeit. Er musste seine Patienten noch nicht einmal persönlich treffen, sondern sah sich ihr Foto an und sagte:

Es tut mir leid.
Bitte vergib mir.
Ich danke dir.
Ich liebe dich.

Diese einfache Übung hatte eine große Heilwirkung, während er diese Worte Mal um Mal und Tag für Tag wiederholte. Viele seiner Angestellten übernahmen das gleiche Verfahren und es beschleunigte den Prozess. Es ist eine tiefgründige Methode, und du kannst sie mit einem Foto deines Partners machen oder einfach, indem du an ihn denkst und ihn dir vor deinem inneren Auge vorstellst.

51

Familien- und ödipale Verschwörungen

Die Ödipusverschwörung ist eine der größten Fallen des Egos und betrifft zusammen mit der Familienverschwörung beinahe jeden von uns. Eine Verschwörung wird vom Ego angezettelt, damit etwas so aussieht, als sei es ein unlösbares Problem. Es ist jedoch nicht Gottes Wille, dass wir in irgendeiner Weise in der Falle sitzen. Deshalb kann dies nicht die Wahrheit sein, und es muss viele Wege geben, aus diesen Fallen einzeln und gemeinsam herauszukommen.

Die Familienverschwörung versucht, dich davon abzuhalten, deine Familie zu retten, indem du ihr Erfolg, Liebe, Glück, Fülle und Gesundheit bringst. Deine Familie zu heilen ist sozusagen die Blaupause für deine Lebensaufgabe. Das ist vermutlich auch der Grund, warum so wenige Menschen ihre Lebensaufgabe erfüllen. Deine Familienmuster bestimmen deine Erfolgs- und Beziehungsmuster. Daher hilfst du dir selbst, wenn du deiner Familie hilfst. Dies steht im Konflikt mit dem Bedürfnis deines Egos nach Trennung. Es sucht immer nach jemandem, dem es die Schuld anhängen kann, um eine Ausrede dafür zu haben, sich zu trennen. Wenn du die Verbundenheit zerstörst, sieht es typischerweise so aus, als ob dich jemand zum Opfer gemacht hat. Das ist die Ausrede für dich, um unabhängig zu werden, da du nicht erkennst, dass dies eine Rolle ist, die weder empfangen noch genießen kann.

Neben der Unabhängigkeit ist die andere große Falle ihr Gegenteil: die Aufopferung. Wir versuchen, die Familie zu retten, indem wir uns selbst aufopfern, was beinahe nie funktioniert. Typischerweise beginnen wir mit Aufopferung und Fusion. Wir wissen nicht, wo unsere Grenzen in Bezug auf die Personen sind, für dir wir uns aufopfern. Dies kann zum Ausbrennen oder zu verzweifelten Maßnahmen führen, bei denen wir uns selbst durch Krankheit, Unfälle, sexuellen oder körperlichen Missbrauch martern, oder indem wir in gewisser Weise in dem Versuch, unsere Familie oder eines unserer Familienmitglieder zu retten, zum Opfer werden. Bei der Aufopferung spielen wir Rollen. Das straft das Geben Lügen und macht es uns unmöglich zu empfangen. Opferhaltung, Aufopferung und Unabhängigkeit sind selbst wichtige Rollen, die das Leben schwierig machen. Verbundenheit ist einfach und erfolgreich und erlaubt uns zu empfangen, während wir geben.

Unsere Rollen sehen vielleicht gut aus, sind jedoch Kompensationen, die uns nicht erlauben zu empfangen. Unter der Rolle befinden sich Gefühle der Schuld, des Versagens und der Unwürdigkeit, die aus deinem Versäumnis entstehen, deiner Familie zu helfen oder sie zu retten. Der größte Teil der Familienschuld ist unterbewusst. Dies führt dazu, dass du dich aufopferst oder dich selbst bestrafst, indem du ein Opfer oder ein Märtyrer bist oder indem du dich noch mehr in die Aufopferung begibst. Der Mangel an Verbundenheit in einer Familie wird von den Vorfahren weitergegeben. Diese Trennung führt zu der Angst, dass es nicht genug gibt, und als eine Folge davon fängt die Konkurrenz um Liebe und Aufmerksamkeit an. Wenn es Konkurrenz gibt, werden Liebe und Sex getrennt. Wenn stattdessen Verbundenheit herrscht, ist Sex in der Liebe enthalten und zeigt sich noch nicht einmal als solcher. Mit der Trennung, die bei verlorener Verbundenheit entsteht, musst du jetzt mit sexuellen Gefühlen gegenüber Eltern und Geschwistern umgehen. Diese Gefühle werden manchmal ausagiert und führen dann zu sexuellem Missbrauch, Inzest oder sexuellen Fantasien. All dies kann Schuldgefühle und Selbstbestrafung verursachen. Meistens werden diese sexuellen Gefühle und Fantasien unterdrückt, weil wir nicht wissen, was wir damit anfangen sollen. Religiöse Kritik oder Kritik seitens der Familie können die Schuld vergrößern. So viele Familienprobleme sind unterbewusst und werden mit den Familienrollen Held, Aufopferung/Märtyrer, Sündenbock/Bösewicht, Charmeur/Maskottchen/Unterhalter und schließlich verlorenes Kind/Waisenkind überdeckt. Alle von ihnen kompensieren Schuld und die letzten beiden Rollen außerdem starke Gefühle der Unzulänglichkeit. Je mehr die Familie in Schwierigkeiten ist, desto mehr greift sie auf Rollen zurück, die nicht wirklich funktionieren, da sie unsere Fähigkeit zu empfangen abbrechen, ganz gleich, wie viel wir auch tun. Als Kinder scheinen uns unsere Rollen einen guten Charakter oder auch einen schlechten Charakter zu geben, falls die Familie einen Sündenbock braucht. Während wir aufwachsen, spielen wir alle diese Rollen, auch wenn es einige gibt, die wahrscheinlich unsere Lieblingsrollen sind. Unsere Rollen führen zu Leblosigkeit, weil es keine authentische Bezogenheit oder Partnerschaft gibt.

Die ödipale Verschwörung ist eine Quelle der Schuld. Sie beruht auf versteckter Konkurrenz und auf der Ablehnung unserer Lebensaufgabe. Wenn wir den Konkurrenzkampf gewinnen, sind wir ödipale Gewinner und kommen Mama oder Papa näher, als sie einander nahe sind. Im Leben bekommen wir dann typischerweise, was wir wollen, oder haben in der Weise Erfolg, wie wir es uns wünschen. Wir erlauben uns jedoch nicht, den abschließenden Erfolg zu haben oder diesen Erfolg wirklich zu fühlen oder zu genießen. Der Grund dafür ist, dass das Ego die falsche Assoziation geschaffen hat, dass Erfolg bedeuten würde, Sex mit Mama oder Papa zu haben. Oder es redet uns ein, dass wir ein Elternteil gestohlen oder sogar ermordet hätten, um das andere zu bekommen, oder dass Erfolg dem Töten des gleichgeschlechtlichen Elternteils entsprechen würde.

Das Ego gibt uns falsche Überzeugungen, Fantasien und falsche Assoziationen ein wie zum Beispiel, dass wir ein *Versager* sind, weil wir mit unserer Familie nicht erfolgreich waren, oder das *Waisenkind*, das sich seiner Eltern beraubt fühlen musste, anstatt seine Bedürfnisse erfüllt zu bekommen, oder der *Dieb*, der die Familie zu Fall gebracht hat, weil er ein Elternteil gestohlen hat. Außerdem ist da die Überzeugung, dass wir der *Mörder* sind, weil wir geglaubt haben, das Elternteil des gleichen Geschlechts umgebracht zu haben oder uns gewünscht haben, dies zu tun, und dass wir der *Verräter* sind, weil wir ein Elternteil oder beide Elternteile verraten haben. Natürlich spalten wir diese Teile von uns ab und verdrängen sie, sodass wir den Schatten des *Verräters* sowie des *Versagers*, des *Waisenkinds*, des *Diebs* und des *Mörders* haben. Wenn wir den Konkurrenzkampf darum verlieren, Mama oder Papa näher zu sein, sind wir ödipale Verlierer und haben nicht viel Erfolg im Leben, auch wenn wir uns für all die Schuld bestrafen. Unsere Schatten müssen wieder in Frieden, Ganzheit und Zuversicht integriert werden.

Die Ödipusverschwörung führt zu Dreiecken und Affären, Mangel an Beziehungen, Leblosigkeit, Abstoßung und großen Machtkämpfen in Beziehungen, um die Distanz zu halten. Während meiner Zeit als Eheberater schätzte ich, dass 85 Prozent aller gescheiterten Beziehungen das Ergebnis der ödipalen Verschwörung waren. Dass die Ödipusverschwörung und die Familienverschwörung im Unterbewusstsein und im Unbewussten versteckt sind, verschafft uns einen Nachteil dabei, sie zu erkennen und zu transformieren. Die sexuelle Energie, die wir unterdrücken, wird zu unerledigten Angelegenheiten, die uns belasten. Alle unerledigten Angelegenheiten kommen zur Auflösung in unserer gegenwärtigen Beziehung so hoch, als wenn die Gefühle aus der Beziehung stammen würden. Stell dir vor, dass du unterbewusst das Gesicht deiner Mutter oder deines Vaters oder eines deiner Geschwister auf deinen Partner projizierst. Wie würdest du dich dann fühlen, wenn du Sex mit einem Partner hättest? Dies ist eines der Symptome, die von unerledigten Angelegenheiten der Ödipusverschwörung verursacht werden.

Außerdem gibt es falsche Assoziationen, die vom Ego gemacht werden, wie zum Beispiel diese: Wenn wir mehr Erfolg haben als unser Vater oder unsere Mutter, bedeutet das, dass wir sie umbringen. Die Konkurrenz und die Angst unter diesen Verschwörungen verbergen die Angst vor Erfolg, Intimität und unserer Lebensaufgabe. Das Ego versucht sein Bestes, diese zu sabotieren, da sie das Ego bedrohen oder einen Teil davon hinwegschmelzen würden. Diese Verschwörungen sorgen gemeinsam dafür, dass wir abgelenkt werden, am falschen Ort suchen und Angst vor Erfolg, Intimität und Sexualität haben. Alle Verschwörungen sollen uns von unserer Lebensaufgabe abhalten, die einer der wichtigsten Aspekte der Erfüllung ist. Die Familien- und Ödipusverschwörungen sind eine Art Doppelschlag des Egos, um uns von Partnerschaft und Glücklichsein abzuhalten, während sie gleichzeitig verstecken, was wirklich abläuft.

Da Verbundenheit der Schlüssel zur Heilung ist, wollen wir zu den drei größten Ereignissen zurückkehren, bei denen deine Familie die Verbundenheit verloren hat. Stell dir vor, dass du und deine Familie zu winzigen kleinen Kindern werden, die in Gottes Armen liegen, bis alles, was übrig ist, Trost, Zuspruch, Frieden und Verbundenheit ist. Dann gehst du zum Monat der Ursache im Mutterleib. Wenn der Verlust der Verbundenheit zum Beispiel passierte, als du vier Jahre alt warst, suchst du eine weitere Ursache im Alter von vier Monaten im Mutterleib. Wenn es geschah, als du dreizehn Jahre alt warst, dann führt dich die Quersumme der Dreizehn (1+3) zu einem Alter von vier Jahren und zum vierten Monat im Mutterleib. Verwende wieder und wieder das Bild, dass ihr Babys oder kleine Kinder in Gottes Armen seid. Wenn du dies für dich selbst einschließlich der Traumata während der Schwangerschaft getan hast, wählst du die drei schlimmsten Ereignisse mit einem Verlust der Verbundenheit für deinen Partner aus und machst die gleiche Heilungsübung für ihn.

52

Sich Erfolg erarbeiten
oder sich verbinden?

Männer erarbeiten sich gern den Erfolg in der Welt und Frauen verbinden sich gern. Natürlich gibt es so viele Ausnahmen von dieser Regel, dass wir jeden Menschen einzeln untersuchen müssen. Wenn eine Person eine hohe Yang-Energie hat, ist es leicht für sie, ihre eigenen Gefühle zu ignorieren, während sie ihre Arbeit erledigt. Wenn es sich um eine Person mit hoher Yin-Energie handelt, sind Gefühle alles. Ein Mensch mit hoher Yang-Energie, der sich dessen nicht bewusst ist, kann rücksichtslos sein und sich selbst und andere zu Objekten machen. Unbewusste Menschen mit hoher Yin-Energie dagegen können schwelgen, sich gehen lassen und faul sein. Bewusste Yang-Menschen sind Menschen mit einem starken Sinn dafür, ihre Aufgabe in der Welt zu leben. Eine bewusste Yin-Person dagegen hat vielleicht psychische Begabungen oder ist ein Mystiker. Das Gleichgewicht deines Yin und Yang ermöglicht ein Gleichgewicht in deiner Beziehung. In einer Beziehung neigen Menschen dazu, sich bezüglich des anderen ins Gleichgewicht zu bewegen. Wenn dies vor der Partnerschaftsphase geschieht, führt es normalerweise zu Koabhängigkeit. Wenn es anschließend passiert, läuft es auf eine Weise ab, bei der jeder aufgerufen ist zu geben, weil beide Menschen in sich selbst ein Gleichgewicht gefunden haben. Der Fortschritt erfolgt, weil sogar noch mehr Verbundenheit, Gleichgewicht und Ebenbürtigkeit von Yin und Yang in der Beziehung vorhanden sind.

Während höhere Stadien der Vision erreicht werden, kann es sein, dass der Mann oder der männlichere Partner Angst davor hat, wesentliche Yang-Anteile von sich aufzugeben. Dies ist nicht wahr. Es scheint nur so. Dennoch müssen sich beide, um mehr zu empfangen, mehr hingeben. Sobald die höchsten Regionen der Vision erreicht sind und wir über die großen Kriege von Männern und Frauen hinausgegangen sind, gibt es eine Integration, die über eine solche Dualität hinausreicht und mehr Ganzheit bringt. Dies führt zum Stadium der Meisterschaft, in der die Form des Lebens immer femininer wird. Wir hören auf unsere Eingebungen dazu, ob wir irgendetwas tun sollen. Es ist mehr von der femininen Form vorhanden und das Maskuline ist darin enthalten. Wenn wir von der Führung angeleitet werden, verlassen wir uns mehr und mehr auf Gnade, um irgendetwas zu erreichen. Es gibt eine starke Verbindung zum Himmel und das Engagement, bei der Heilung des kollektiven Bewusstseins der Menschheit zu helfen. Unsere Bezogenheit wächst und unser Bedürfnis, uns selbst einen Namen zu machen, vergeht. Es ist eine Sache für einen Menschen, dieses Stadium der Meisterschaft zu erreichen. Und es braucht noch viel mehr Erfolg für ein Paar, um diesen Punkt zu erreichen, an dem beide Menschen und die Beziehung die Meisterschaft erlangt haben.

Also wollen wir damit anfangen zu fragen, wie sehr du dir deinen Erfolg in der Welt erarbeiten und dir einen Namen machen willst. Frag, wie viel mehr du deinen Erfolg in der Welt erarbeiten willst. Frag anschließend, wie viel du wirklich daran interessiert bist, mit Menschen in Verbindung zu gehen, nicht nur mit deiner Familie und wenigen engen Freunden. Wenn du mindestens 50 Prozent beim Erarbeiten des Erfolgs in der Welt und 50 Prozent beim Verbinden hast, dann ist ein Teil deines Bewusstseins in Partnerschaft. Wenn ein Teil unter 50 Prozent liegt, bist du normalerweise in Unabhängigkeit gefangen oder bewegst dich in deinem Leben nicht viel vorwärts. Wenn du 50 Prozent oder mehr in jeder Spalte von Yin und Yang hast, hast du die Partnerschaftsphase mit deinem Partner erreicht. Wenn du stark in der Welt engagiert bist und das nicht so sehr willst, dann integriere, wie viel du in der Welt bist damit, wie sehr du dort sein möchtest, um eine neue Ganzheit für dich zu schaffen. Je mehr Integration hier erfolgt, desto mehr wird dein Partner eingeladen, im Gleichgewicht voranzugehen. Wie viel Verbindung hast du mit deinem Partner, deinen Kindern, Eltern, Freunden, Kollegen, Bekannten und so weiter? Wie viel Verbindung wünschst du dir? Wenn sich diese beiden Zahlen unterscheiden, dann verschmelze sie, damit du einen höheren Zustand der Ganzheit, Zufriedenheit und Erfüllung erreichen kannst. Mütter haben normalerweise einen höheren Grad der Verbindung aufgrund des Erziehens, der Verbundenheit und der Fürsorge für ihre Kinder. Das sorgt dafür, dass die Beziehung funktioniert.

Lass mich meine Verallgemeinerungen fortsetzen, wobei mir bewusst ist, dass, wie Oscar Wilde es ausgedrückt hat, »jede Verallgemeinerung unwahr ist, einschließlich dieser«. Männer fühlen sich allgemein getrieben, Helden zu sein und ihren Erfolg in der Welt als einen Weg zu erarbeiten, um ihre Liebe zu zeigen, während sie »die Brötchen verdienen«. Das ist es, was sie als Helden tun. Für Frauen dreht sich alles um Liebe. Wenn die Energie, die der Mann in die Welt gibt, zu groß ist, und sein Beitrag zu Hause bezüglich der Verbindung zu klein ist, dann wird es definitiv Schwierigkeiten in der Beziehung geben: Streit oder Leblosigkeit. Bei zu wenig Verbindung gibt es Vernachlässigung. Bei zu wenig Erarbeiten des Erfolgs gibt es keine wirkliche Vorwärtsbewegung, um die höheren Zustände zu erreichen oder die eigene Situation zu verbessern.

Sobald du die Phase der Meisterschaft erreicht hast, dreht sich alles um Verbindung, Verbindung mit anderen, dir selbst und dem Himmel, insbesondere jedoch mit deinem Partner. Es gibt Ausnahmen, bei denen du dazu angeleitet wirst, in der Welt ziemlich aktiv zu sein, jedoch immer noch aufgerufen bist, ein Gleichgewicht bezüglich deiner Verbindungen zu halten. Der Himmel zeigt dir dann einen Weg, dein heiliges Versprechen in der Welt einzulösen und trotzdem die ganze Liebesverbindung für deinen Partner und deine Familie zu haben.

Und so änderst du dein Muster und das Muster deines Partners, wenn ihr aus dem Gleichgewicht geraten seid. Sieh dir deinen Partner und dein Muster in Bezug auf das Erarbeiten des Erfolgs in der Welt und das Verbinden an. Dann frag dich: Was will ich?

Wenn du antwortest, siehst du dir erneut das Muster an, um festzustellen, ob es schlechter oder besser geworden oder gleich geblieben ist. Frag dich erneut: Was will ich? Sieh dir wieder das Gleichgewicht aus »Erfolg in der Welt Erarbeiten« und Verbinden an. Ist es gleich geblieben oder besser oder schlechter geworden? Frag dich erneut: Was will ich? Du kannst dies so lange tun, bis du 100 Prozent in jeder Kategorie erreicht hast, und dann wird es integriert und zu einer Kategorie werden.

Tu dies wieder und wieder, bis ein perfektes Gleichgewicht erreicht ist. Wenn es nach sechs Integrationen das Gleiche bleibt, hast du aus irgendeinem Grund Angst davor, dass es sich ändert. Sag dir: »Es muss einen besseren Weg geben.« Jedes Mal, wenn du das sagst, schaust du dir erneut an, wie das Gleichgewicht aussieht. Benutz eine dieser beiden Zeilen mit Worten der Macht: »Was will ich?« oder »Es muss einen besseren Weg geben.« Bis wir das Einssein erreichen, gibt es immer einen besseren Weg. Und dich selbst zu fragen, was du willst, und deinen bewussten Verstand zur Entscheidung zu benutzen, integriere all die versteckten unterbewussten Pläne in eine noch wahrere Entscheidung. Wenn du dich die ersten paar Male schlechter fühlst, frag oder verkünde diese Worte. Es hat unbewusste Muster gegeben, die damit verknüpft waren, wie die Dinge waren, und dies zu öffnen, hilft dir wirklich bei der Heilung. Deine Worte der Macht werden dich Schicht um Schicht nach oben bringen, während du fragst und klarstellst, was du willst. Du kannst diese Schichten eine nach der anderen entfernen, um einen besseren Weg zu finden. Überprüfe dieses Gleichgewicht jeden Tag, bis deine Veränderung zu einem besseren Weg solide geworden ist.

53

Geiz

Der einzige Weg, deinem Partner zu helfen, besteht darin, dass du ihm gibst. Dabei ist es ausschlaggebend, darauf hinzuweisen, dass das, was in Aufopferung gegeben wird, kein Geben ist. Wenn du dich in Koabhängigkeit befindest, ist er vielleicht die scheinbare Problemperson. Du hast jedoch heimlich Angst davor, dass es ihm besser gehen könnte, weil deine Angst und deine Schwächen offenbart würden, wenn er sich ändern würde. Du versuchst also, ihm zu helfen, und hältst ihn im Geheimen zurück. Der Schlüssel liegt wieder darin, dass du dich änderst. Eine wichtige Frage, die ich aus *Ein Kurs in Wundern* bezüglich eines Problems gelernt habe, besteht darin, mir die Frage zu stellen: »Will ich das Problem oder die Lösung haben?« Jeden Tag spiegelt das Leben auf unbewusster Ebene einen Traum, den wir haben. Und wie Buddha gesagt hat: »Es ist alles ein Traum und ich bin der Träumer.« Dein Partner ist dein Traum und alle Träume haben Wunscherfüllung als ihre zentrale Dynamik. Daher gibt es dieses Element in unserem Wachtraum: Unser versteckter Wunsch ist, dass die Dinge so sind, wie sie sind. Wir könnten glückliche Träume träumen und es ist viel einfacher, aus glücklichen Träumen zu erwachen.

Eines der wichtigsten Elemente oder geheimen Gewinne bezüglich unseres Partners, wenn er sich wie das südliche

Ende eines nach Norden laufenden Maultiers verhält, ist, dass er uns unsere Überlegenheit zeigt. Anstatt Gewinnen-Gewinnen zu spielen, demonstrieren wir, dass wir der bessere Mensch sind. Auch wenn er ein Star zu sein scheint und wir uns in einer geringeren Position zu befinden scheinen, beweisen wir unsere moralische Überlegenheit. Unser Ego konkurriert. Es will Trennung, damit es seine Identität vorzeigen und beweisen kann, dass es am besten ist. Dennoch ist Überlegenheit nicht nur eine Dynamik, sondern ein Teufelskreis, der Unterlegenheit kompensiert. Und so drehen wir uns immer weiter im Kreis. Wenn wir zu sehr über unseren Partner triumphieren, wird er zu einem Versager und wir beschweren uns bei anderen oder in Gedanken über ihn. Beschwerden zeigen wiederum einen Ort, an dem wir nicht geben. Sogar wenn es scheint, dass es unmöglich ist, unserem Partner zu helfen, soll uns das dabei helfen, auf Seelenebene zu seltenen und beeindruckenden Seelengeschenken zu erwachen. Damit dies geschehen kann, müssen wir zu strahlen bereit sein. So könnten wir nicht zulassen, dass die Schüchternheit, die Befangenheit oder der Selbstangriff des Egos uns diesmal aufhalten. Wir würden uns diesmal nicht vom Neid anderer aufhalten lassen. Stattdessen könnten wir uns dazu entscheiden, unser Licht strahlen zu lassen, ihn zu ermächtigen und ihm die Erlaubnis zu geben, die gleichen Geschenke zu erhalten. In jeder Phase kann es frustrierend scheinen, die Geschenke zu finden, die du in deinem Innern hast und die deinem Partner helfen würden. Aber diese Frustration ist nur deine eigene Angst davor, zu glänzen und deine Unabhängigkeit zu verlieren. Wenn du dich bis zu dem Punkt frustriert gefühlt hast, an dem du keinen Fortschritt machst, könntest du deine Frustration mit der Angst, dem Bedürfnis und der Unabhängigkeit integrieren, die die Frustration kompensiert. Oder du fühlst dich vielleicht schuldig, dass du das Geschenk in dir nicht finden konntest. Integriere die Schuld mit der versteckten Angst und dem Widerstand, den sie kompensiert. Oder du könntest einfach deinen Partner, dich und die Situation beständig segnen, lieben und allen vergeben. Willst du das Problem oder die Lösung haben?

Du könntest dankbar für das Problem deines Partners sein. Er zeigt dir, wo du dich mit ihm nicht verbindest und nicht großzügig bist. Diese Großzügigkeit ist nicht ermüdend, da dies Aufopferung, Rollenverhalten und den versteckten Wunsch aufzeigen würde, dass es deinem Partner nicht besser gehen soll, damit deine Schwächen nicht offenbart werden.

Es ist wichtig, die ganze Zeit an diese entscheidende Lektion zu denken: Du bist für das verantwortlich, was du fühlst. Niemand bringt dich dazu, zu fühlen, was du fühlst. Du kannst deine Emotionen benutzen, um das zu finden, was in dir nicht geheilt ist, oder du kannst sie dazu benutzen, dass dein Ego alles rechtfertigt, was du willst. Ohne Verantwortlichkeit für deine Emotionen und deine Situation wirst du in einem Kampf enden. Du wirst versuchen, deinem Partner die Schuld zu geben und ihn dazu zu bringen, deine Bedürfnisse zu erfüllen, während du im Geheimen ein vollständig anderes Skript schreibst, in dem du leidest, aber getrennt bleiben kannst.

Du könntest dir dein Leben mit neuen Augen anschauen. An jedem Ort in deinem Leben, an dem du gelitten hast, hast du dich über etwas oder jemanden beschwert. Und an jeder Stelle, an der du dich beschwert oder einen Wutanfall gehabt hast, warst du derjenige, der geizig war. Wie lautet deine Beschwerde? Was gibt dir dein Partner nicht? Wie lautet deine Beschwerde in Bezug auf deine Eltern? Was haben sie dir nicht gegeben? In all diesen Bereichen warst du geizig. An all den Punkten, wo sie dich im Stich gelassen oder im Allgemeinen versagt haben, warst in der Tat du es, der sie im Stich gelassen hast. Du könntest all das jetzt ändern. Du könntest diese Situationen und selbstzerstörerischen Muster ändern. Du könntest diese vergangene und gegenwärtige Geschichte neu schreiben. Du könntest diese Seelengeschenke in dir mithilfe deiner Intuition finden, indem du einfach rätst. Oder du kannst mit deinem Verstand herausfinden, welches Geschenk notwendig wäre, um diese Person oder Situation zu heilen. Das wäre das Geschenk, das du zu geben gekommen bist. Es können sogar Wunder geschehen, wenn du die Liebe und den Glauben daran beisteuerst. Der Himmel erledigt den Rest in seiner eigenen Zeit. Auch nur eine Situation aus der Vergangenheit wiederherzustellen wäre hilfreich. Es würde am meisten helfen, eine Situation mit deinem Partner zu transformieren. Der Himmel ist auf deiner Seite, wenn es um Heilen und Helfen geht. Mit der Hilfe des Himmels ist nichts unmöglich. Wie es in *Ein Kurs in Wundern (Übungsbuch,* Seite 134, Überschrift Ü-I.76) heißt: »Ich unterstehe keinen Gesetzen außer den Gesetzen Gottes.«

Jede Situation des Unglücklichseins aus der Vergangenheit ist eine Goldmine, um dein Leben jetzt zu transformieren und damit du natürlicherweise von deinem Wesen her großzügiger wirst. Je mehr du gibst, desto natürlicher verbindest du dich und desto mehr beginnt dein Geist, aus dir hervorzustrahlen.

Frag dich angesichts der Probleme deines Partners, wie großzügig du bist. Ist es das, was du willst? Was willst du? Jedes Mal, wenn du dich entscheidest, großzügiger zu sein, kann diese Zahl größer werden. Was willst du? Du kannst es den ganzen Weg bis zu 100 Prozent schaffen. Du kannst in diese vergangenen Situationen zurückgehen. Frag dich angesichts der Menge des Schmerzes und der Probleme in diesen Situationen, wie großzügig du warst? Ist es das, was du wirklich willst? Du könntest dein Geben in dieser Situation auf 100 Prozent erhöhen. Dies würde deine Geschichte und dein Lebensmuster ändern. Alternativ könntest du als Akt der Großzügigkeit das Geschenk entdecken. Empfange das Geschenk des Himmels für alle in dieser Situation und teil es mit ihnen. Empfange das Geschenk deiner Lebensaufgabe und deiner Bestimmung und teil diese Geschenke in diesen vergangenen Situationen.

54

Die Lektion lernen

Jedes Problem spiegelt einen Ort, an dem es eine Lektion gibt. Wenn wir das Problem lösen, haben wir die Lektion gelernt. Die Orte in unserem Leben, an denen wir gelitten haben, waren Orte, an denen wir eine dunkle Lektion gelernt haben. Das begründet dann dunkle Glaubenssysteme, die unsere Erfahrung einfärben und selbstzerstörerische Probleme und Muster schaffen. Wenn wir bestimmte Lektionen mit unserem Vater nicht gelernt haben, werden sie anschließend zu einem Problem für uns mit unserem Ehemann sowie mit Geld und mit Erfolg. Wenn wir als Junge ein Problem mit unserer Mutter haben, wird es zu einem Problem mit unseren Freundinnen und dann mit unserer Frau werden. Als Mädchen wird ein Problem mit unserer Mutter zu einem Problem mit Frauen und mit uns selbst als Frau. Wir haben dann keine Selbstliebe und fühlen uns nicht liebenswürdig. Dies blockiert unsere Beziehungen und unsere Fähigkeit zu empfangen.

Der Weg zur Transformation dieser Muster besteht darin, zur Ursprungssituation zurückzugehen und die dunkle Lektion loszulassen, die das Ego benutzt hat, um sich aufzubauen. Bring selbst Liebe in die Situation. Liebe kommt immer, wenn sie eingeladen wird. Entspann dich dann und bitte darum, dass die Lektion des Himmels zu dir kommt. Du wirst dies an dem Frieden erkennen, den du spürst. Wenn die wahre Lektion kommt, wird es ein völlig neues Erleben der Situation geben. Lade die Liebe des Himmels und die göttliche Gegenwart in die Situation ein, um alle zu befreien. Bring dann das Licht der neuen Wahrnehmung den ganzen Weg bis in die Gegenwart. Dabei werden alle negativen Glaubenssysteme aufgelöst. Tu dies jetzt mit allen dunklen Lektionen mit deinem Partner. Dann geh zurück und lerne die Lektion mit allen Situationen, die dir mit vergangenen Partnern in den Sinn kommen, sowie mit vergangenen Situationen mit deinen Eltern, in denen dunkle schmerzhafte Lektionen begonnen haben.

55

Weit zurückreichende Muster

Kürzlich arbeitete ich mit einer wohlhabenden Frau, die gerade eine Beziehung mit einem Mann beginnen wollte, von dem sie glaubte, dass er die Liebe ihres Lebens war. Sie war mit ihrem Freund zu mir gekommen, weil er eine Sitzung mit mir hatte, um eine schmerzhafte und verstrickte Beziehung aufzulösen, in der viele Familienprobleme enthalten waren. Sie wollte diese Sitzung miterleben. Als sie die Tiefe der Arbeit und das, was damit möglich war, erkannte, wollte sie selbst einige Sitzungen nehmen. Ihre früheren Ehen waren voller Schmerz, Kälte, Affären und von dem Gefühl geprägt gewesen, dass sie nur für ihr Geld geliebt wurde. Diese neue Beziehung war ihr so wichtig, dass sie bereit war, Zeit und Geld zu investieren, um ihre Muster aufzulösen. Sie war eine neue, jedoch bereitwillige Klientin. Deshalb ging ich etwas langsamer vor und erklärte ihr einige Zusammenhänge. Zuerst behandelten wir die Orte in ihrem Leben, an denen sie, wie sie es beschrieb, »um einige Kleidergrößen geschrumpft war«. Wir stellten fehlende Aspekte ihres Selbstbewusstseins wieder her und heilten ihre Gefühle der Unzulänglichkeit, die sie kompensierte. Deshalb konnte sie den Erfolg, der aus wahrem Geben *und* Empfangen entsteht, nicht so richtig genießen.

Als dies abgeschlossen war, sprach ich sie auf eine einfache harmlose Situation vom Vortag an. Sie hatte sich verletzt und wütend aufgrund einer Vereinbarung gefühlt, die ihr Freund mit ihr treffen wollte, um die Beziehung fortsetzen zu können. Wir verfolgten den Schmerz vom Vortag bis zu einer Situation zurück, in der sie und ihr zweiter Mann vor der Scheidung standen. Er hatte ebenfalls auf einer Vereinbarung bestanden, wenn sie ihre Stiefkinder sehen wollte, die zu ihren »wahren« Kindern geworden waren. Dies brachte sie zu einer Szene mit ihrem ersten Mann zurück, der bei ihrer Scheidung eine Vereinbarung aufgesetzt hatte, die es ihm leicht machen sollte, die Scheidung zu einer sich lange hinziehenden Angelegenheit zu machen. An diesem Punkt verfolgten wir den Faden weiter zurück durch ihr Leben. Das Ereignis davor fand statt, als sie siebzehn war. Ihr damaliger Freund, in den sie zutiefst verliebt war, war ihr untreu. Dies zerstörte ihren Traum und sie hatte sich in ihrem ganzen Leben nie wirklich von diesem ersten Herzensbruch erholt. Das führte dazu, dass sie ihre Energie bis zu ihrer ersten Heirat Ende zwanzig auf Erfolg und Geschäft konzentrierte. Wir verfolgten das Ereignis im Alter von siebzehn Jahren zurück in die Zeit, als sie acht Jahre war und ihre Eltern sich scheiden ließen. Sie hatte nicht geglaubt, dass sie davon stark beeinträchtigt worden war. Als sie jedoch in ihrem Bewusstsein zu dieser Zeit zurückging, erkannte sie, dass es eine Ursache für ihre späteren Herzensbrüche war, und Tränen flossen über ihr Gesicht.

Als sie sich ausgeweint und Kummer losgelassen hatte, den sie seit ihrer Kindheit mit sich getragen hatte, gingen wir noch tiefer. Mithilfe ihrer Intuition gingen wir zum achten Monat im Mutterleib zurück, als ihre Eltern sich stritten und ihre Mutter das Gefühl hatte, ihre Chance zu verlieren, in ihrem Beruf als Krankenschwester erfolgreich zu sein. Dies führte dazu, dass ihre Mutter sich sehr mit ihrem Vater stritt und in Gefühlen der Aufopferung, des Verlusts und des Herzensbruchs stecken blieb. Dies wurde von meiner Klientin, die ein acht Monate alter Embryo im Mutterleib war, so interpretiert, als ob ihre Mutter sie nicht wollte. Wenn du das Gefühl hast, dass deine eigene Mutter dich nicht will, dann gibt es eine tief verwurzelte unterbewusste Überzeugung, dass dich niemand wirklich lieben oder dich wollen kann. Als ich sie bat, sich ihre Mutter als zuversichtlich, einfallsreich und geliebt vorzustellen, und sie fragte, wie sich ihre Mutter dann damit fühlte, ein Baby zu erwarten, rief meine Klientin aus: »Meine Mutter liebt mich. Sie hat sich einfach selbst so schlecht gefühlt.« Ich fragte sie, ob sie die Emotion ihrer Mutter fehlinterpretiert und ihre Mutter daraufhin abgelehnt hatte. Das war der wahre Grund für ihre Gefühle der Ablehnung und des Ungewolltseins. Sie erkannte, dass es ihr Fehler gewesen war, aber sie wunderte sich, wie sie als ein ungeborenes Kind einen derartigen Fehler machen konnte.

Ich erzählte ihr eine Geschichte aus den 1970er-Jahren, bei der ein junger Seemann, mit dem ich arbeitete, in seinem Bewusstsein zurückgegangen und ein Herzensbruchmuster geheilt hatte, das mit seiner Empfängnis begann. Seine Mutter hatte sich bei seiner Empfängnis zurückgewiesen gefühlt, und er hatte diese Emotion so übernommen, als wenn er zurückgewiesen worden wäre. Am Tag nach seiner Heilung fand er zum ersten Mal eine junge Frau als Freundin. Ich erzählte meiner Klientin, dass ich Tausende von Menschen therapeutisch in den Mutterleib zurückgeführt hatte und dass sie anschließend bemerkenswerte Veränderungen in ihrem Leben beobachteten und neue Ebenen von Erfolg und Beziehung erreichten.

Ich lud die Frau ein, Liebe in die Situation mit ihrer Mutter während des achten Schwangerschaftsmonats zu bringen, um die dunklen Lektionen und die Überzeugungen, die sie angenommen hatte, loszulassen und stattdessen die Liebe des

Himmels einzuladen. Als sie dies tat, bekam sie zu den vergangenen Ereignissen ein vollständig anderes Gefühl. Sie erkannte, dass ihre Mutter das gleiche Muster getragen hatte, sich ungeliebt und ungewollt zu fühlen. Ich fragte sie, ob sie sehen konnte, wie sehr ihre Mutter sie trotz der Ereignisse im Mutterleib liebte und wie sehr sie von ihrem Beruf als Krankenschwester abhängig gewesen war, um sich geliebt zu fühlen und Selbstwert zu haben. Ich wies sie darauf hin, dass sie zu dieser Zeit eine Tür zur Liebe ihrer Mutter geschlossen hatte und seit dem Ereignis im Mutterleib nie mehr vollständig an die Liebe ihrer Mutter geglaubt hatte. Ich erklärte ihr, dass diese Liebe aber nicht verloren war, sondern hinter der Tür, die sie geschlossen hatte, auf sie wartete. Ich lud sie ein, die Tür zu öffnen, die all diese Liebe zurückhielt, und sich davon umgeben und erfüllen zu lassen.

An diesem Punkt weinte meine Klientin vor Freude. Ich wies darauf hin, dass alle Emotionen tatsächlich einen Ort zeigen, an dem wir einen Fehler gemacht haben, und dass Fehler korrigiert werden können. Gefühle wie Liebe und Freude zeigen uns dagegen, wo wir erfolgreich waren. Ich lud sie anschließend ein, das Gefühl von Liebe und Geliebtwerden zu ihren Eltern zu bringen und ihnen an diesem Ort Frieden zu bringen, damit sie die Türen zur Liebe ihrer eigenen Eltern öffnen konnten, die sie verschlossen hatten. Dann leitete ich sie an, diesen von Freude erfüllten Erfolg zu sich selbst im Alter von acht Jahren zu bringen und in die Erfahrung der Scheidung ihrer Eltern die Liebe, die göttliche Liebe und die göttliche Gegenwart einzuladen. Dies verwandelte die Situation in eine Situation aus Liebe und Verbundenheit. Anschließend brachten wir diese geheilte Situation mit ihrer Liebe zu ihr im Alter von siebzehn Jahren, als sie ihren verheerenden Herzensbruch erlebte. Ich wies sie darauf hin, dass sie sich in einer äußerst abhängigen Position befunden hatte. Ihr Freund von damals war in einer sehr unabhängigen Position gewesen. Ein neues Verständnis wuchs in ihrem Bewusstsein, und sie erkannte, dass sie später die unabhängige Position übernommen und seitdem alle auf ihren Schultern getragen hatte. Jetzt fühlte sie sich wieder für Liebe verfügbar und offen.

Wir gingen dann zu der Situation mit ihren Ehemännern und brachten dort die göttliche Liebe und die göttliche Gegenwart hinein. Dies erlaubte ihr zu erkennen, wie abhängig und verängstigt ihre Männer waren, als sie aus Unsicherheit finanzielle Vereinbarungen verlangten. Als dies abgeschlossen war, konnte sie mit neuem Verständnis und größerer Liebe die Liebe in ihre gegenwärtige Beziehung bringen, aber auch die göttliche Liebe und die göttliche Gegenwart einladen und mit ihrem Partner teilen. Sie war so überrascht, dass sich Emotionen, die sie ihr ganzes Leben in sich getragen hatte, so einfach auflösen konnten. Sie war erstaunt, wie liebenswürdig und unwiderstehlich sie sich fühlte.

Diese ganze Situation hängt von einigen Prinzipien ab:

1. Die Emotionen, die wir haben, kommen aus uns.
2. Aller Schmerz kommt aus der Vergangenheit.
3. Aller Schmerz ist ein Fehler, eine Illusion, die korrigiert werden kann. Alles kann sich zum Besseren ändern.
4. Der Himmel versucht, alle unsere Anstrengungen zum Voranschreiten mit Liebe, Wahrheit und Wundern zu unterstützen.
5. Unsere Traumata und zerbrochenen Träume werden von uns zur Trennung benutzt. Dies führt zu Rollen und zu Mustern der dissoziierten Unabhängigkeit, der Aufopferung und der Fusion sowie zu Schmerz und einer Opferhaltung.

6. Mithilfe unserer Intuition können wir Szenen, in denen wir verwundet worden sind, um diesen Schmerz für bestimmte Ego-Zwecke zu benutzen, wiederherstellen und korrigieren, um unsere Zuversicht und unseren Erfolg wiederzugewinnen.

7. Wir können die kleinste Verstimmung nehmen und das Muster den ganzen Weg bis in den Mutterleib und sogar bis ins Unbewusste zurückverfolgen.

Tu dies jetzt. Nimm ein Ereignis, bei dem du dich mit deinem Partner schlecht gefühlt hast, und verfolge es den ganzen Weg zurück. Du kannst dies sogar bis ins Astrale und in vergangene Leben tun und Licht und Liebe in das Kollektive und das Astrale bringen.

56

Eine Lüge leben

Loyalitäten ergeben sich durch Verbundenheit auf natürliche Weise. Wenn jedoch eine Loyalität ohne Verbundenheit besteht, wird sie zur Aufopferung, also zu einer Rolle, die nicht authentisch ist. Diese Loyalitäten sammeln sich und belasten dich immer mehr. Sie erschweren es dir vorwärtszugehen und blockieren gleichzeitig den Kanal des Empfangens. Sobald dies zur Gewohnheit geworden ist, und das ist bei den meisten Menschen so, bilden diese Loyalitäten eine Wand der Leblosigkeit zwischen dir und deinem Partner. Sie lässt dich vor echter Partnerschaft zurückweichen, weil du fürchtest, nur eine weitere Last auf dich nehmen zu müssen. Als Folge hältst du dich auf Distanz, aber je weiter entfernt du jemanden von dir hältst, desto weniger Bezogenheit, Verständnis und Anziehungskraft hast du für diese Person. Du hältst dich an ihr fest, bist jedoch nicht mit ihr verbunden. Also lebst du eine Lüge. Jetzt kann du dies durch Bewusstheit und Entscheidung ändern. Wir wollen zuerst deine Bewusstheit einsetzen, um den Prozentsatz herauszufinden, zu dem du diese unwahren Loyalitäten wie Lasten getragen hast. Addiere die Antworten auf. Sogar wenn einige dieser Menschen ihre Körper verlassen haben, trägst du diese Last vielleicht immer noch mit dir.

- Welchen Prozentsatz unwahrer Loyalitäten trägst du mit deinem Partner?
- Mit deiner Mutter?
- Deinem Vater?
- Welche Wirkung hatte dies auf deine Gesundheit, deinen Erfolg und deine Intimität?
- Welchen Prozentsatz unwahrer Loyalitäten trägst du mit deinen Geschwistern?
- Deinen Freunden?
- Deinen vergangenen Partnern?
- Wie hat dies deine Beziehungen im Allgemeinen beeinträchtigt?
- Und die wahre Liebe?
- Dein Glücklichsein?
- Welchen Prozentsatz unwahrer Loyalitäten trägst du mit Geschäftspartnern?
- Arbeitskollegen?
- Deinem Unternehmen?
- Welche Wirkung hat das auf dein Geld gehabt?
- Deine Lebenskraft?
- Deine Freizeit?
- Wie viel unwahre Loyalität trägst du für deine Kinder?
- Deine Vergangenheit?
- Deine Arbeit?
- Deine Familie?
- Wie hat dies deine Freizeit beeinflusst?
- Deine Fähigkeit zu spielen?
- Deine Kreativität?
- Deine Selbstliebe?

Addiere die Zahlen auf. Dies alles blockiert deine Fähigkeit, zu geben und zu empfangen. Diese unwahren Loyalitäten machen dich geizig, unfähig zu empfangen und ängstlich, dich selbst zu geben. Sie lassen dich eine Lüge leben, weil du stattdessen eine wahre und einfache Verbundenheit haben könntest, die Fluss, Nähe und Erfolg bringt. Unwahre Loyalitäten aufrechtzuerhalten, bedeutet, Aufopferung und eine versteckte, dissoziierte Trennung zu fördern. Ist es das, was du willst? Was willst du? Jedes Mal, wenn du dich entscheidest, was du willst, überprüfe, wie sich das anfühlt. Dann finde heraus, ob die Summe deiner Loyalitäten immer noch so groß ist. Typischerweise fällt die Zahl jedes Mal, wenn du sagst, was du willst. Du wirst dich also, außer du öffnest plötzlich einen Speicher voller Emotionen, weiter in die Richtung der Wahrheit begeben und deine unwahren Loyalitäten loslassen, bis du Null erreichst. Frag dich dann, wie viel unwahre Loyalitäten und wie viel Aufopferung du hast, und erfreu dich daran, wie sich das anfühlt!

57

Die fünf wichtigsten Prinzipien

I n einer Heilungskrise oder in einem alten, schmerzhaften Konflikt gibt es fünf wichtige Prinzipien, die du dir zu Hilfe nehmen kannst: Wahrheit, Vergebung, Übertragung heilen, Projektion heilen und Gnade. Sogar wenn du die größten Probleme in deiner Beziehung geheilt hast, wirst du wieder anderen Schwierigkeiten gegenüberstehen, weil, wie ich bereits erwähnt habe, alles zwischen dir und dem Himmel auch zwischen dir und deinem Partner hochkommen wird. Da gibt es eine Menge Trennung zu überbrücken. Du wirst große Durchbrüche erleben und auch Tiefpunkte haben.

Wenn ein großes Problem dich als einzelne Person oder euch als Paar betrifft, könntest du dir vorstellen, dass es wie eine Geburt ist. Du könntest es als ein Baby betrachten, das aus dir herauskommt, oder als ein großes Problem, das von innen geboren wird. Sobald es vollkommen draußen ist, gibt es ein neues Plateau, auf dem du aufbauen kannst. Wir sind so oft aus dem Zustand des Einsseins gestürzt (oder haben uns das vorgestellt) und bei jedem dieser großen Stürze sind wir in eine dunkle Nacht der Seele gefallen. Auf dem Weg zurück ins Einssein und vor dem nächsten großen Durchbruch mit deinem Partner wirst du dich diesen vielen dunklen Nächten stellen müssen. Todessehnsucht, Depression und Selbstabwertung werden kommen.

Du könntest dich einfach immer wieder für die *Wahrheit* entscheiden und darum bitten. Dies ist, was *Ein Kurs in Wundern* über die Wahrheit sagt:

»Alles, wonach ich vorher suchte, habe ich nicht gebraucht und nicht einmal gewollt. Mein einziges Bedürfnis habe ich nicht wahrgenommen. Jetzt aber sehe ich, dass ich nur die Wahrheit brauche. Darin sind alle Bedürfnisse befriedigt, endet alle Sehnsucht, sind alle Hoffnungen endlich erfüllt und Träume sind vergangen. Jetzt habe ich alles, was ich brauchen könnte. Jetzt habe ich alles, was ich wollen könnte. Und endlich bin ich jetzt in Frieden.« *(Übungsbuch,* Seite 421, Lektion 251, Ü-II.251.1:3-9)*

Abgesehen davon, ständig um die Wahrheit zu bitten, wenn ich einem Problem gegenüberstehe, benutze ich diese Worte aus *Ein Kurs in Wundern (Übungsbuch,* Seite 192, Überschrift Ü-I.107)*, um Schicht für Schicht die Illusion zu entfernen: »Die Wahrheit wird alle Irrtümer in meinem Geist berichtigen.« Was schmerzhaft und konfliktbehaftet ist, kann nicht die Wahrheit sein. Wünsch dir die Wahrheit von ganzem Herzen.

Das zweite große Prinzip ist *Vergebung. Ein Kurs in Wundern* sagt über Vergebung: »Die Vergebung nimmt wahr, dass das, wovon du dachtest, dein Bruder habe es dir angetan, nicht geschehen ist. Sie verzeiht keine Sünden und macht sie nicht wirklich. Sie sieht, dass es keine Sünde gab. Und in dieser Sicht sind alle deine Sünden dir vergeben. Was ist Sünde außer einer falschen Idee über Gottes Sohn? Die Vergebung sieht einfach ihre Falschheit und lässt sie deshalb los. Was dann frei ist, ihren Platz einzunehmen, das ist der Wille Gottes.« *(Übungsbuch,* Seite 402, Ü-II.1:1-7)*

Wenn du wirklich vergibst, weißt du, dass diese Worte wahr sind. Vergebung durchschneidet Illusionen und versetzt die

Welt wieder in Frieden. Vergebung entfernt die versteckte Schuld, die im Innern lauert. Du siehst, was außen ist, durch die Augen dieser neu gefundenen Unschuld. Und du siehst und nimmst das, was im Inneren ist, jetzt auch im Äußeren wahr. Alle Schuld auf der anderen Seite sieht sich selbst als bestrafungswürdig an. Vergebung entfernt dieses Urteil und die vergrabene Schuld und bringt größere Wahrheit. Eine meiner Lieblingsübungen zur Vergebung, die ich aus *Ein Kurs in Wundern (Übungsbuch,* Seite 250, Lektion 134, Ü-I.134.15:3*)* gelernt habe, besteht darin, die Person anzusehen, die einen Fehler zu machen scheint, und dann zu fragen: »Würde ich mich dafür verurteilen, das getan zu haben?« Wenn du es dir selbst nicht vorwirfst, dann seid ihr beide frei. Wenn du es dir vorwerfen würdest, erkenne, dass du es auch allen anderen vorwerfen wirst, die du liebst, weil Angriff nicht unterscheidet. Wirf es dir selbst vor, und du wirst dich und alle bestrafen, die du liebst. Oder du wählst die Wahrheit der Vergebung. Du entscheidest.

Dann gibt es das *Heilen der Übertragung,* was die Heilung eines Musters aus der Vergangenheit ist. Alle Heilung ist die Transformation der Vergangenheit in der Gegenwart. *Aller Schmerz und alle Verstimmungen stammen aus vergangenem Schmerz und vergangener Verstimmung.* Wenn du also eine negative Situation mit deinem Partner erlebst, stell dir vor, dass er zweihundert Schritte von dir entfernt steht. Dann frag deinen Partner: »Was brauchst du von mir, das ich dir nicht gegeben habe?« Lass das, was als Antwort kommt, energetisch in deinen Partner einfließen. Wie viele Schritte darf er näher kommen? Lass ihn diese Schritte machen. Dann frag ihn: »Was hast du von mir gebraucht, das ich dir nicht genug gegeben habe?« Lass die Antwort wieder energetisch in deinen Partner einfließen. Wie viele Schritte kann er jetzt näher kommen? Frag dann erneut: »Was brauchst du von mir, das ich dir nicht genug gegeben habe?« Lass das in ihn einfließen. Wie viele Schritte kann er jetzt näher kommen? Frag immer wieder, was er braucht, wovon du ihm nie genug gegeben hast. Setz diese Übung so lange fort, bis er direkt vor dir steht und dich umarmen kann.

Der zweite Teil der Übung beginnt wie der erste. Frag ihn im Abstand von zweihundert Schritten: »Was hast du von mir gebraucht, das ich dir nicht genug gegeben habe?« Teil das mit ihm. Wie viele Schritte darf er näher kommen? Stell dir dann vor, dass dein Partner dort steht, es aber in Wirklichkeit ein Kostüm ist, das wie dein Partner aussieht. Nimm ihm die Maske ab. Wer verbirgt sich dahinter? Frag diese Person: »Was hast du von mir gebraucht, das ich dir nicht gegeben habe?« Teile das mit der Person. Wie viele Schritte darf sie näher kommen? Nimm ihr erneut die Maske ab. Wer verbirgt sich dahinter? Frag diese Person: »Was hast du von mir gebraucht, das ich dir nicht gegeben habe?« Gib ihr diese Qualität. Wie viele Schritte darf sie näher kommen? Setz diese Übung fort, bis alle diese Personen dich umarmen können. In meiner Erfahrung kommen dabei auch Schattenfiguren wie Monster, dunkle Wolken oder Dämonen vor. Es sind auch schon Teufel oder man selbst oder göttliche Wesen aufgetreten. Dies sind alles Figuren, die häufig erscheinen, also lass dich davon nicht überraschen. Gib ihnen, was sie brauchen.

Dann gibt es das *Heilen der Projektion*. Projektion bedeutet, dass alles, was wir sehen, aus unseren Selbstkonzepten stammt. Dies sind Glaubenssätze über uns selbst. Und alle Glaubenssätze über uns selbst entstammen *unseren* Glaubenssystemen. Wir sehen die Welt dann durch diese Selbstkonzepte. Unsere Wahrnehmung entsteht durch das, was wir nach außen projizieren. Auch wenn du diese Übung vielleicht bereits gemacht hast, ist es wichtig, sie häufig zu wiederholen. Du fängst an, indem du deine fünf größten Beschwerden über deinen Partner aufschreibst. Dann erkennst du an, dass diese Eigenschaften Projektion sind, und nimmst sie zurück. Als Nächstes untersuchst du diese Eigenschaften und den Stil, mit dem du mit ihnen umgehst. Der erste Stil besteht darin zu erkennen, dass genau die Eigenschaft, die du an deinem Partner verurteilt hast, etwas ist, was du auch machst. Der zweite Stil trifft zu, wenn es so scheint, als ob du so etwas niemals tun würdest. Bei diesem zweiten Stil hast du eine Rolle oder Kompensation über deinen Glaubenssatz gestülpt, über das, was du von dir glaubst und in deinem Partner siehst. Du hast den Glaubenssatz abgespalten, verdrängt und anschließend auf deinen Partner projiziert. Du hast einen Ort der Aufopferung in dieser Kompensation gefunden. Du tust das Richtige, aber es gibt kein Empfangen für das, was du gibst. Im Innern glaubst du, dass du selbst so wie dein Partner bist. Der dritte Stil ist eine Mischung aus Stil 1 und Stil 2.

Der nächste Schritt ist zu erkennen, dass du dich, ganz gleich welchen Stil du verfolgst, selbst in deinem Inneren für diese Überzeugungen und Verhaltensweisen gefoltert hast. Du hast jetzt die Wahl. Möchtest du dich weiter foltern oder willst du dich aus der Folterkammer begeben, um stattdessen deinem Partner zu helfen? Wenn du dich für das Helfen entscheidest, stellst du dir vor, wie du diese Folter und diese Selbstkonzepte loslässt und stattdessen zu deinem Partner gehst und ihm hilfst, während du ihn dabei umarmst. Tu dies mit allen diesen Eigenschaften. Dies hilft, die Trennung zu beenden, und schafft Integration.

Das letzte große Heilungsprinzip sind *Gnade und Wunder*. Du kannst immer um ein Wunder bitten. Es gibt eine Übung, die sehr hilfreich für Wunder ist. Zuerst musst du die volle

Verantwortung für deine Situation übernehmen. Dann übergibst du sie schnell zur Auflösung an den Heiligen Geist. Dies ermöglicht dem Himmel, dir zu helfen, und erlaubt dir, Gottes Kind zu sein und zu empfangen, was du brauchst, um dir und deinem Partner zu helfen. Erinnere dich daran, dass dies dein Traum ist und dass du einen Film des Lebens anschaust, der aus deinen Überzeugungen über dich selbst gemacht wurde. Mit Gnade kannst du ihn in einen wahrhaftigeren Film transformieren. Du findest deinen Weg zurück jenseits aller Glaubenssätze und zurück zu dem Geist, als den Gott dich geschaffen hat.

»Was leidet, ist nicht Teil von mir. Was sich grämt, das bin nicht ich. Was Schmerz erleidet, ist nur eine Illusion in meinem Geist. Was stirbt, hat nie in Wirklichkeit gelebt und nur die Wahrheit über mich verspottet. Jetzt erkenne ich Selbstkonzepte, Täuschungen und Lügen über Gottes heiligen Sohn nicht als mein eigen an. Jetzt bin ich bereit, ihn wieder so zu akzeptieren, wie Gott ihn schuf und wie er ist.« *(Ein Kurs in Wundern, Übungsbuch,* Seite 418, Lektion 248, Ü-II.248.1:3-8*)*

58

Zur Hölle und zurück

Vor ungefähr fünf Jahren kamen zwei Klienten mit zu mir, die an Krebs erkrankt waren. Da ich nur jeweils eine Stunde Zeit mit ihnen zur Verfügung hatte, wurde ich angeleitet, eine machtvolle Heilungsübung mit ihnen durchzuführen. Später hörte ich, dass die Sitzung eine starke heilende Wirkung gehabt und zur vollständigen Genesung geführt hatte. Von Zeit zu Zeit werde ich angeleitet, diese Übung bei jemandem anzuwenden, der das Gefühl hat, dass die Falle aus dem Unbewussten kommt.

Wir leben in einer Todeswelt, in der die kollektive Überzeugung herrscht, dass wir Körper sind und dass wir alle sterben werden. Es gibt himmlische Welten, in denen die Wesen, wenn sie einen Körper haben, wissen, dass dies nicht ihre Identität, sondern nur ihr Vehikel ist. Dann gibt es Höllenwelten, in denen die Bewohner nur wünschen, dass sie sterben könnten, um ihren Qualen ein Ende zu setzen.

In unserem Bewusstsein haben wir eine Aufzeichnung davon, wie unsere Seelen auf einer viel höheren Bewusstseinsebene gewirkt haben und dem Gewahrsein von sich selbst als Geist viel näher waren. Dann sind wir gestürzt und gestürzt. Die gute Nachricht ist, dass wir uns alle auf unserem Weg zurück zum Einssein befinden und in der richtigen Richtung unterwegs sind. Als wir auf höheren Bewusstseinsebenen waren, war es natürlich für uns, Rettungsaktionen in die Höllenwelten zu unternehmen. Das ist es, was wir jetzt tun werden. Als unser Bewusstsein sank, haben wir diese Rettungsaktionen vergessen und sogar die Öffnung in unserem Bewusstsein zu den Höllenwelten. Und auch wenn wir die Höllenwelten vergessen haben, haben sie uns nicht vergessen. Manchmal hat es eine Art Säurerückfluss und sogar Angriffe von unten gegeben. Ich habe festgestellt, dass diese Arbeit vollkommen sicher ist, wenn wir dabei um spirituelle Hilfe bitten. Ich schlage vor, dass du Erzengel Michael, ein Engelsgeschwader und alle anderen anrufst, denen du dich nahefühlst. Die Hilfe vom Geist wird kommen, wenn du darum bittest. Wenn Hilfe da ist, stellst du dir vor, dass du mit deinen himmlischen Helfern eine große Höhle in deinem Bewusstsein betrittst. Fass eine starke Heilungsabsicht. Während du in die große Höhle gehst, siehst du schließlich eine riesige runde Öffnung im Boden. Wenn du dorthin kommst, ergreifst du die Hand eines deiner Helfer. Schweb immer weiter hinunter, bis du nach einer Minute zu einem großen Raum kommst, der den Tunnel umgibt. Du wirst eine offene Tresortür im Boden sehen. Merk dir diesen Ort und schweb dann durch die Tresortür weiter nach unten. Nach einer weiteren Minute wirst du die Öffnung erreichen und du wirst die Höllenwelten unter dir sehen. Folge deiner Führung und beobachte einfach. Schon bald werden Wesen, die eine bestimmte Bewusstseinsebene erreicht haben, von dem Licht angezogen werden, das von deiner Gruppe ausgeht. Dies sind die Seelen, die dieses Mal gerettet werden können. Lass die Engel sie aufsammeln und mach dich dann auf den Rückweg zum Tor zu dem Tunnel nach oben. Wenn du dort ankommst, schweb im Tunnel nach oben, bis du zu der Tresortür kommst. Jetzt frag deine göttliche Hilfe (die beste Methode, eine Entscheidung zu treffen), ob es besser wäre, die Tresortür bis zu einem späteren Zeitpunkt vollständig zu verschließen oder einen Teil deines Bewusstseins und einige Engel hier zu lassen, wo du die Liebe, die göttliche Liebe und die göttliche Gegenwart nach unten in die Höllenwelten leiten, Hoffnung bringen und das Licht mehren kannst. Die Seelen, die du mitgebracht hast, können den Engeln übergeben werden.

Wenn du diesen Prozess mit geschlossenen Augen vollendet hast, machst du die gleiche Übung für deinen Partner. Geh mit ihm in seinem Bewusstsein, wenn er dafür offen ist, oder tu es für ihn, wenn es notwendig ist. Du kannst es für ihn auf der Seelenebene erledigen, weil er eine Erweiterung und Spiegelung deines eigenen Bewusstseins ist. Ruf Erzengel Michael, ein Engelsgeschwader und alle anderen zu Hilfe, denen du im himmlischen Team nahestehst, und geh wieder zu dem Tunnel, diesmal im Bewusstsein deines Partners. Befrei ihn von allen dunklen Einflüssen, die aus den Höllenwelten aufgestiegen sind. Wir haben versprochen, unseren Partner zu retten, und dies gehört dazu. Die Engel werden sich um alle Seelen, die ihr rettet, im nächsten Schritt ihrer Entwicklung kümmern. Verschließ seine Tresortür oder lass sie offen, während Engel Liebe und Licht in die Höllenwelt leiten. Mach es ganz so, wie dir die Inspiration rät. Dank dem Himmel, dass du Wege erlernt hast, mit denen du deinem Partner helfen kannst.

59

Ego-Verträge und Pakte
mit dem Teufel

Ego-Verträge und Pakte mit dem Teufel werden in Zeiten
der Schwäche oder unter traumatischen Umständen abgeschlossen. Anstatt den Himmel um Hilfe zu bitten, wenden
wir uns dem Ego oder dem Teufel zu, einer Metapher für unser uraltes Ego. Die Verträge, die wir mit dem Ego abschlie-
ßen, sind Bündnisse, die wir eingehen, um Trost, Zuspruch in
unserer Einsamkeit oder die Macht zu erhalten, zu beherrschen, uns selbst zu schützen oder unseren Willen durchzusetzen. Wir schließen diese Verträge ab, wenn traumatische Ereignisse eintreten. Wir versuchen dabei, etwas zu bekommen,
das uns einen Vorteil geben oder uns unverwundbar machen
wird. Diese Verträge geben uns Persönlichkeiten und Selbstkonzepte und diese Glaubenssätze trennen uns von anderen,
spalten jedoch auch unser Bewusstsein und entfernen uns
noch weiter vom Himmel.

Auf der anderen Seite werden Pakte mit dem Teufel auf unbewussten Ebenen abgeschlossen. Der Teufel ist eine andere
Bezeichnung für das uralte, niemals verkörperte Ego, die Illusion, die ewig nach Trennung, Herrschaft und Besonderheit
strebt. Eine Sache, die Pakte mit dem Ego und Pakte mit dem
Teufel gemeinsam haben, besteht darin, dass sie für ihre fort-

während Existenz von ihrer Geheimhaltung abhängig sind. Sobald wir erkennen, dass wir diese Verträge und Pakte haben und dass das Ego und das uralte Ego ihren Teil der Abmachung niemals eingehalten haben, sind wir bereit, sie als unwahr loszulassen. Eines der Symptome dieser Verträge ist die Menge an Toxizität in einem Trauma. Unser uraltes Ego hat uns versprochen, uns damit zu helfen, dies jedoch nie eingelöst. Ganz gleich, wie häufig etwas geheilt wird, es tritt immer wieder auf.

Geh in deinem Leben zurück und finde fünf Ereignisse, die dir immer noch starken Stress verursachen. Ruf einen deiner himmlischen Freunde herbei, um dir zu helfen. Frag dich, wie viele *Ego-Verträge* du abgeschlossen hast und wie viele Ego-Persönlichkeiten aus jedem Ereignis entstanden sind. Woraus bestehen diese Persönlichkeiten? Ergreif dann das Schwert der Wahrheit und benutze es, um die Ego-Verträge einzuschmelzen. Als Nächstes ergreifst du das Schwert der Wahrheit und schmilzt all die Ego-Persönlichkeiten hinweg, die dich einschließen und dich von dir selbst, anderen, dem Leben und der Gnade trennen.

Wenn dies abgeschlossen ist, benutzt du das Schwert der Wahrheit, um die *Pakte mit dem Teufel* hinwegzuschmelzen und mit ihnen auch die Teufelspersönlichkeiten, die du erschaffen hast. Sie tragen ebenfalls keine Wahrheit in sich und wurden nur eingesetzt, um Illusionen zu erzeugen. Ich habe festgestellt, dass andere Teufel sich an Verträge mit dem Teufel anhängen und die Menschen quälen, die diese Verträge geschlossen haben. Dies lässt die Teufel als gute Teufel erscheinen, sodass sie nicht in die niedrigen Regionen zurückgeschickt werden. Insgeheim hoffen und beten diese Teufel jedoch, dass dir diese Situation bewusst wird, damit sie erlöst werden können. Hier und jetzt besteht die Chance, um die sie gebeten haben. Bitte deinen göttlichen Freund und ein Engelsgeschwader, die Teufel dem Licht zurückzugeben. Wenn dies abgeschlossen ist, gehst du zu deinem nächsten Trauma und wiederholst die gleiche Übung, indem du mit dem Schwert der Wahrheit die Pakte und Teufelspersönlichkeiten auflöst, die du erschaffen hast.

Wenn du alle deine Traumata bearbeitet hast, begibst du dich an die fünf wichtigsten Traumata deines Partners. Wahrscheinlich hast du die Geschichten deines Partners über diese Erlebnisse oft genug gehört. Jetzt kannst du sie auf unterbewussten und unbewussten Ebenen für ihn auflösen, indem du das Schwert der Wahrheit und deine Freunde im Himmel zu Hilfe nimmst. Wenn all dies entfernt worden ist, lädst du die Lektion des Himmels zusammen mit der göttlichen Liebe und der göttlichen Gegenwart in jede der Situationen deines Partners und in deine Situation ein.

60

Die Ursache deiner Scheidung

Die Ursache deiner Scheidung liegt bereits in dir. Sie ist bereits passiert. Sie geschah, bevor du diese Beziehung begonnen hast. Sie geschah, bevor du überhaupt damit angefangen hast, auf Partnersuche zu gehen. Es gab ein Ereignis in deiner Kindheit, das dich verletzt hat und von dem du dich nicht erholt hast. Auch wenn es vorüber ist, ist es ein Ereignis, das du immer noch mit dir trägst und lebendig hältst. Du benutzt es aus einem bestimmten Grund, als eine Ausrede, um Kontrolle zu haben oder dich nicht vollkommen zu engagieren. Es ist ein Spiel, das noch nicht beendet worden ist, und eine Lektion, die nicht gelernt wurde. Es handelt sich um eine toxische Wunde, die immer noch blutet. Es ist ein dunkler Ort, der nicht das vollständige Licht der Wahrheit gesehen hat. Es ist etwas, das du nicht überwunden hast.

Planst du, dies jetzt zu überwinden, oder willst du, dass dieser Ort des Versagens und der Schuld weiter in dir gärt und in deiner Beziehung als eine Zeitbombe existiert, die nur darauf wartet, zu explodieren? Ganz gleich, wann es passiert ist, es war ein Ereignis, bei dem du dich davon abgewendet hast, das Vorzeigekind des Himmels für Liebe und Glück zu sein. Diese irrtümliche Entscheidung verfolgt dich jetzt. Anstatt für die Vergangenheit könntest du dich beständig für Folgendes entscheiden: »Mein gegenwärtiges Glück ist alles, was ich sehe.«

(Ein Kurs in Wundern, Übungsbuch, Seite 443, Überschrift Ü-II.290). Dies hilft, Schichten der Illusion für dich zu entfernen. Diese Szene wird typischerweise von einem Kindheitserlebnis gespeist und dieses von einer Szene im Mutterleib. Diese wiederum wird durch Blockaden genährt, die auf die Vorfahren oder die Seelenebene aus anderen Leben zurückzuführen sind. Wenn du dich schon eine Weile mit Heilungsarbeit beschäftigst, hast du bestimmt festgestellt, dass sie sowohl durch das Kollektive als auch das Astrale des uralten Egos beeinflusst wird. Aber die wahre Ursache ist der »Fall«, bei dem wir in den Traum der Trennung gestürzt sind. Die Ereignisse in deinem Leben sind Wiederholungen des uralten Fehlers, der immer noch abläuft, uns gefangen hält und uns »Zeit absitzen« lässt. »Mein gegenwärtiges Glück ist alles, was ich sehe.«

Du könntest dich fragen, wie viele Schleier der Illusion und Trennung dieses Trauma in deinem Leben enthält. Es trägt alte Schuld, die heute nicht wahrer ist als damals, als das Trauma passierte. Du kannst Einssein nicht teilen. Trennung ist keine Realität, sie ist ein Traum. Jede Beziehung, insbesondere deine Beziehung zu deinem Partner, soll dich durch deine Vergebung und Heilung zu einer noch größeren Ganzheit zurückführen. Dies entfernt die Schleier von Illusion und Dualität, wobei dich jeder Schritt aus diesem vergangenen Ereignis und seiner Schuld heraus in die Gegenwart mit ihrem Glücklichsein trägt. »Mein gegenwärtiges Glück ist alles, was ich sehe.« Unsere unbewusste Schuld sorgt dafür, dass die Trennung bleibt. Und das muss nicht sein, weil es nicht die Wahrheit ist. Geh zu jedem der Ereignisse zurück, beginn jedoch mit deinem jetzigen Partner. Lad die Augen Christi (oder von Kuan Yin oder Buddha oder anderer) ein, deine Augen zu sein. Sieh dir deinen Partner durch diese Augen an.

Wie erscheint er dir jetzt? Geh anschließend zu diesen Ereignissen in deinem Leben, in deiner Kindheit zurück und schau dir die Menschen darin mit den Augen Christi an. Diese Erfahrungen durch die Augen der Liebe, des Mitgefühls oder der Barmherzigkeit sehen zu können, bedeutet, die Trennung in das Verständnis zu verwandeln, das uns wieder verbindet. Du kannst deine Intuition benutzen, um zurück zu Blockaden deiner Vorfahren oder in vergangenen Leben zu gehen. Schau dir das Ereignis wiederum durch die Augen Christi an und fühl, wie die göttliche Gegenwart die Situation transformiert. »Mein gegenwärtiges Glück ist alles, was ich sehe.« Schau dir jetzt die kollektive, astrale und ursprüngliche Trennung an. »Mein gegenwärtiges Glück ist alles, was ich sehe.« Schau sie dir mit den Augen Christi an. Lass Liebe dein Leben verwandeln, sodass nicht mehr länger ein Ego-Skript deine Scheidung programmiert, sondern Liebe neue Flitterwochen plant. »Mein gegenwärtiges Glück ist alles, was ich sehe.«

61

Das Schiff[17] der Selbstliebe

Du würdest mehr Liebe von deinem Partner und mehr Liebe vom Leben im Allgemeinen erhalten, wenn du sie zulassen würdest. Wenn es um Liebe geht, willst du in deinem bewussten Verstand alles haben, aber du bekommst vielleicht nur 30 Prozent. Das bedeutet, dass du auf einer tieferen Ebene nur 30 Prozent haben willst und aus irgendeinem Grund 70 Prozent von dir keine Liebe wollen. Irgendwo in deinem Leben ist dir etwas wichtiger geworden als Liebe. Es gab einen Ort in deinem Leben, an dem du aufgehört hast, dich selbst zu lieben. Du hast ein gespaltenes Bewusstsein. Vielleicht wollen die anderen versteckten Teile Rache nehmen oder recht haben. Vielleicht wollen sich Teile von dir verstecken oder haben Angst vor Veränderung, auch wenn die Dinge besser werden würden. Es ist einfach, dein gespaltenes Bewusstsein zu überwinden. Du wirst dann einfach einen neuen Grad an Ganzheit und Zuversicht erreichen. Du wirst eine neue Herzensebene mit der Fähigkeit zum Geben und Empfangen haben. Dennoch wird es weitere Schichten geben, die hochkommen, wenn du ein gespaltenes Bewusstsein darüber behältst, auf der einen Seite liebenswürdig zu sein und Liebe zu empfangen und auf der anderen Seite unabhängig zu sein und deinen Kopf durchzusetzen.

Nehmen wir einmal an, dass du 30 Prozent hast, die Liebe empfangen und sich liebenswert fühlen. Frag dich: Was will ich? Die übliche Antwort ist »100 Prozent« oder »Ich möchte mich vollkommen liebenswert fühlen«. Fühl deine Antwort und prüf dann, wie sich deine Zahl geändert hat. Es könnten jetzt 40, 50 oder 70 Prozent sein. Wie fühlt sich das an und wie sieht es aus? Genieß es einen Augenblick lang. Frag dann wieder: Was will ich? Fühl es ... Wie sieht das aus? Wie lautet die Zahl jetzt? Wiederhole dies, bis das, was du willst, und das, was du hast, das Gleiche sind. Dies wird zu einer neuen Offenheit in Bezug auf Liebe führen. Deine Hauptbeziehung, also deine Beziehung zu dir selbst, wird wachsen. Die Zahl wird nicht gleich bleiben, da weitere Konflikte an die Oberfläche kommen werden, aber wo liegt das Problem, wenn sie so einfach zu transformieren sind? Dein Partner kann dir nur geben, was du zu empfangen bereit bist und wofür du verfügbar bist. Wenn du dich nicht selbst liebst, was kannst du dann deinem Partner geben oder von ihm empfangen? Du verdienst alles, und zwar sowohl alles zu geben als auch alles zu empfangen.

Wenn du diese Übung für dich selbst abgeschlossen hast, bringst du den Teil deines Bewusstseins, der dein Partner ist, in den Vordergrund und wiederholst die Übung, als wenn du dein Partner wärst. Da dein Partner der wichtigste Teil deines tieferen Bewusstseins ist, kannst du an dir selbst arbeiten und ihm ebenfalls helfen. Diese Übung für euch beide zu tun, erlaubt euch, gemeinsame Flitterwochen zu erleben. Dann kommt die nächste Schicht zur Heilung hoch. Vielleicht ist es Selbsthass, Selbstangriff oder einfach nur ein Mangel an Selbstwert. Ganz gleich, was zur Heilung hochkommt, es kann jetzt leicht losgelassen werden, indem du das, was du willst, und das, was du hast, ausgleichst.

Stell dir jetzt vor, dass du dein Schiff der Selbstliebe sehen könntest. Schwimmt es noch oder ist es gesunken? Liegt es hoch im Wasser oder hat es ein Leck? Wenn es nicht hundertprozentig aussieht, schau dir das Datum auf dem Schiff an, insbesondere dann, wenn es gesunken ist.

Wie alt warst du zu diesem Datum? War dies vor deiner Empfängnis, kommt es von deinen Vorfahren, und falls ja, auf welcher Seite der Familie? Vor wie vielen Generationen? Hat es mit einem Mann, einer Frau oder mit beiden begonnen? Was ist damals geschehen? Erkenne, dass dies ein Teil deines Bewusstseins ist, und bitte darum, dass mit der Hilfe des Himmels alle wieder in ihr Zentrum, an einen Ort des Friedens und der Unschuld, zurückgetragen werden. Wie sieht die Szene jetzt aus? Als Nächstes bittest du darum, dass die Menschen und die Szene zu einem zweiten Zentrum zurückgetragen werden, das sowohl höher als auch tiefer ist. Wie fühlen sich die Dinge jetzt an? Bitte darum, dass die Szene und die Menschen darin zu einem dritten Zentrum zurückgetragen werden, das sowohl höher als auch tiefer und voller Frieden, Unschuld und größerem Erfolg ist. Wie sehen die Menschen und die Szene jetzt aus? Bitte darum, dass die Menschen und die Szene zu einem vierten Zentrum zurückgetragen werden, das sowohl höher als auch tiefer ist. Dies ist ein Zentrum von viel größerer Liebe, Frieden und Fülle. Wie sehen die Szene und die Menschen jetzt aus? Bitte den Himmel weiter darum, die Szene zurück in höhere und tiefere Zentren zu bringen, und schau nach jedem Mal nach, wie sich die Menschen und die Szene anfühlen. Du kannst dies so lange tun, bis die gesamte Szene voller Licht und Liebe ist. Anschließend stellst du dir vor, dass dies den ganzen Weg durch deine Familie zu dir und deinen Kindern (falls du Kinder hast) weitergegeben wird.

Falls das Ereignis ein vergangenes Leben war, fragst du, in welchem Land du gelebt hast und ob du ein Mann oder eine

Frau warst. Frag, was damals passiert ist, das deine Selbstliebe blockiert hat. Anschließend wendest du die oben erklärte Zentrierungsübung an, bis die ganze Szene voller Liebe und Licht ist.

Wenn das Schiff der Selbstliebe im Mutterleib oder in der Kindheit gesunken ist, machst du die Zentrierungsübung mit der Macht des Himmels, bis deine Selbstliebe wiederhergestellt ist.

62

Wenn dein Partner
ein echtes Ärgernis ist

Es gibt viele versteckte Gewinne und Ausreden, wenn dein Partner sich wie das südliche Ende eines nach Norden laufenden Maultiers verhält. Wir sind natürlich die schon lange darunter Leidenden, was uns ein wirklich gutes Zeugnis ausstellt. Das kompensiert für die Schuld, die wir in uns tragen und die wir immer durch Aufopferung, harte Arbeit, Geschäftigkeit, Mangel, schmerzhafte Ereignisse und gute Taten zu kompensieren versucht haben. Wir könnten stattdessen die Schuld als eine Illusion aufgeben. Wir könnten uns und unserem Partner vergeben, um für andere und uns selbst reinen Tisch zu machen.

Wenn dein Partner etwas auslebt, kannst du deine versteckten Selbstkonzepte und Schatten auf ihn projizieren. Du kannst der oder die »Gute« sein und der andere ist natürlich das Gegenteil. Du gewinnst die Konkurrenz, die besteht, seit du beim Heranwachsen die Verbundenheit in deiner Familie verloren hast. Ich habe diese Konkurrenz in Beziehungen bis zu dem Punkt beobachtet, an dem ein Ehemann, der immer Kasinos besucht und getrunken hat, das Unternehmen seiner Frau ausraubte und mit einer anderen Frau davonlief. Als ich bis zu dem unterbewussten Muster gelangt war, drehte sich alles um die Konkurrenz und die Kompensation von alten Gefühlen des Versagens. Als die Ehefrau das verstanden hatte, half es ihr, zu vergeben und sich um ihr eigenes Leben zu kümmern. Ich hatte ihr gezeigt, dass Beschwerden einfach nur eine Hintertür dazu waren, an ihrem Exmann festzuhalten. Sie konnte dieses Ego-Spiel einfach als einen Weg sehen, ihre Angst vor dem nächsten Kapitel ihres Lebens zu verstecken. Sie ließ ihn los und war in der Lage, ihr nächstes Kapitel mit einer gewissen Zuversicht und Souveränität zu beginnen.

Denk daran, dich zu fragen: Wozu benutze ich das?

Du kannst diese Worte der Macht aus *Ein Kurs in Wundern* *(Textbuch,* Seite 62, Überschrift T-4.IV*)* verwenden: »Das muss nicht sein!«

63

Als dein Beziehungsschiff[18] versenkt wurde

So häufig mühst du dich in einer Beziehung ab, aber dein Schiff ist nicht gesegelt, es wurde versenkt. Ganz gleich, wie sehr du dich anstrengst und versuchst, die Dinge besser zu machen, das Ergebnis ist eine ausgemachte Sache. An dem Ort, wo du untergegangen bist, ist ein Muster entstanden, durch das du jedes Mal torpediert wirst und mit dem Schiff untergehst.

Frag dich, wie tief das Wasser ist, in dem sich dein gesunkenes Schiff befindet. Dann frag dich, wann dein Schiff untergegangen ist, und warte ab, was dir in den Sinn kommt. Wer war dabei und was ist passiert? Dies ist ein Wendepunkt in deiner Beziehung. Frag dich, was das Seelengeschenk, deine Lebensaufgabe und deine Bestimmung waren, von denen du dich abgewendet hast? Bring sie an die Oberfläche deines Bewusstseins und lass dich von ihnen füllen. Jetzt empfange das Wunder des Himmels für diese Zeit in deinem Leben. Teil deine und die Geschenke des Himmels mit allen in dieser Situation. Wie geht die Situation jetzt aus?

Bring das Licht dieses geheilten Ereignisses den ganzen Weg bis in die Gegenwart. Schau dir noch einmal dein Beziehungsschiff an. Wo ist es jetzt? Schwimmt es oder ist es noch nicht vollkommen an die Oberfläche zurückgebracht worden? Wenn es nicht vollständig schwimmt, wiederholst du die Übung und fragst, wo es versunken worden ist. Lass dir das Ereignis in den Sinn kommen und lad die Liebe, die göttliche Liebe und die göttliche Gegenwart in die Situation ein. Bring dein Seelengeschenk und das Geschenk des Himmels in die Situation. Nimm deine Lebensaufgabe und deine Bestimmung für dich selbst und für alle in der Situation an. Du kannst darauf wetten, dass, ganz gleich welche Emotionen du gefühlt hast und wie sehr dein Schiff versenkt wurde, alle anderen Beteiligten an dieser Szene bereits die gleiche Erfahrung gemacht hatten. Es ist also nicht nur dein Schiff, das wieder an die Oberfläche kommen muss, sondern die Schiffe von allen anderen müssen ebenfalls gerettet werden. Du kannst all das mit der Liebe, der göttlichen Liebe und der göttlichen Gegenwart tun. Wie verändert sich dieses Ereignis, während die Hilfe des Himmels dazukommt? Du kannst nicht nur deine Beziehung wieder flottmachen, sondern auch allen anderen helfen, ihre Beziehungen wieder flottzumachen. Auch wenn dies äußerst selten ist, kann es vorkommen, dass du diese Übung ein drittes Mal machen musst. Wenn das nicht notwendig ist, bringst du die geheilte Energie für dich und alle anderen in dieser Szene bis in die Gegenwart. Wie fühlt sie sich jetzt an? Bis du bereit, wieder aufs offene Meer hinauszufahren?

64

Tiefe Überzeugungen
über deinen Partner

Wenn du dazu gewillt bist, gibt es eine einfache Methode, deinen Partner zu ändern. Es kann geschehen, ohne dass du deinen Partner in irgendeiner Weise kontrollierst. Es hat damit zu tun, deine Meinung über dich selbst zu ändern, was eine gute Sache ist, da du dich selbst mehr mögen wirst.

Aber bevor wir dazu kommen, werden wir mit einem kleinen Spiel beginnen, bei dem du alles aufschreiben kannst, was dir in den Sinn kommt. Es beschwört deine Intuition herauf, die jeder ständig einsetzt.

Was ich an meinem Partner nicht mag, ist ...

Was ich an meinem Partner nicht mag, ist ...

Was ich an meinem Partner nicht mag, ist ...

Was ich an meinem Partner nicht mag, ist ...

Was ich an meinem Partner nicht mag, ist ...

Was ich an meinem Partner nicht mag, ist ...

Was ich an meinem Partner nicht mag, ist ...

Was ich an meinem Partner nicht mag, ist ...

Was ich an meinem Partner nicht mag, ist ...

Was ich an meinem Partner nicht mag, ist ...

Was ich an mir selbst nicht mag, ist ...
Was ich an mir selbst nicht mag, ist ...
Was ich an mir selbst nicht mag, ist ...
Was ich an mir selbst nicht mag, ist ...
Was ich an mir selbst nicht mag, ist ...
Was ich an mir selbst nicht mag, ist ...
Was ich an mir selbst nicht mag, ist ...
Was ich an mir selbst nicht mag, ist ...
Was ich an mir selbst nicht mag, ist ...
Was ich an mir selbst nicht mag, ist ...

Was ich an Männern nicht mag, ist ...
Was ich an Männern nicht mag, ist ...
Was ich an Männern nicht mag, ist ...
Was ich an Männern nicht mag, ist ...
Was ich an Männern nicht mag, ist ...
Was ich an Männern nicht mag, ist ...
Was ich an Männern nicht mag, ist ...
Was ich an Männern nicht mag, ist ...
Was ich an Männern nicht mag, ist ...
Was ich an Männern nicht mag, ist ...

Was ich an Frauen nicht mag, ist ...
Was ich an Frauen nicht mag, ist ...
Was ich an Frauen nicht mag, ist ...
Was ich an Frauen nicht mag, ist ...
Was ich an Frauen nicht mag, ist ...
Was ich an Frauen nicht mag, ist ...
Was ich an Frauen nicht mag, ist ...
Was ich an Frauen nicht mag, ist ...
Was ich an Frauen nicht mag, ist ...
Was ich an Frauen nicht mag, ist ...

Was ich an Beziehungen nicht mag, ist ...
Was ich an Beziehungen nicht mag, ist ...
Was ich an Beziehungen nicht mag, ist ...
Was ich an Beziehungen nicht mag, ist ...
Was ich an Beziehungen nicht mag, ist ...
Was ich an Beziehungen nicht mag, ist ...
Was ich an Beziehungen nicht mag, ist ...
Was ich an Beziehungen nicht mag, ist ...
Was ich an Beziehungen nicht mag, ist ...
Was ich an Beziehungen nicht mag, ist ...

Was ich an den Beziehungen meiner Eltern nicht mochte, ist ...
Was ich an den Beziehungen meiner Eltern nicht mochte, ist ...
Was ich an den Beziehungen meiner Eltern nicht mochte, ist ...
Was ich an den Beziehungen meiner Eltern nicht mochte, ist ...
Was ich an den Beziehungen meiner Eltern nicht mochte, ist ...
Was ich an den Beziehungen meiner Eltern nicht mochte, ist ...
Was ich an den Beziehungen meiner Eltern nicht mochte, ist ...
Was ich an den Beziehungen meiner Eltern nicht mochte, ist ...
Was ich an den Beziehungen meiner Eltern nicht mochte, ist ...
Was ich an den Beziehungen meiner Eltern nicht mochte, ist ...

Was ich an meinem Vater nicht mochte, ist ...
Was ich an meinem Vater nicht mochte, ist ...
Was ich an meinem Vater nicht mochte, ist ...
Was ich an meinem Vater nicht mochte, ist ...
Was ich an meinem Vater nicht mochte, ist ...
Was ich an meinem Vater nicht mochte, ist ...
Was ich an meinem Vater nicht mochte, ist ...
Was ich an meinem Vater nicht mochte, ist ...
Was ich an meinem Vater nicht mochte, ist ...
Was ich an meinem Vater nicht mochte, ist ...

Was ich an meiner Mutter nicht mochte, ist ...
Was ich an meiner Mutter nicht mochte, ist ...
Was ich an meiner Mutter nicht mochte, ist ...
Was ich an meiner Mutter nicht mochte, ist ...
Was ich an meiner Mutter nicht mochte, ist ...
Was ich an meiner Mutter nicht mochte, ist ...
Was ich an meiner Mutter nicht mochte, ist ...
Was ich an meiner Mutter nicht mochte, ist ...
Was ich an meiner Mutter nicht mochte, ist ...
Was ich an meiner Mutter nicht mochte, ist ...

Was mir bei Beziehungen Angst macht, ist ...
Was mir bei Beziehungen Angst macht, ist ...
Was mir bei Beziehungen Angst macht, ist ...
Was mir bei Beziehungen Angst macht, ist ...
Was mir bei Beziehungen Angst macht, ist ...
Was mir bei Beziehungen Angst macht, ist ...
Was mir bei Beziehungen Angst macht, ist ...
Was mir bei Beziehungen Angst macht, ist ...
Was mir bei Beziehungen Angst macht, ist ...
Was mir bei Beziehungen Angst macht, ist ...

Alles, was du hier aufgeschrieben hast, färbt nicht nur deine Wahrnehmung ein, es erschafft deine Wahrnehmung. Wahrnehmung entsteht sowohl aus Glaubenssätzen als auch aus Wünschen. Alle diese Antworten, die du aufgeschrieben hast, sind deine Glaubenssätze. Glaubenssätze bestimmen deine Erfahrung und umgekehrt. Es geschieht in einer Art Teufelskreis darüber, recht zu haben. Dies hält dich in einer Abwärtsspirale gefangen und gibt dir nicht viel Hoffnung auf einen besseren Weg. Alle diese Überzeugungen, die du über deinen Partner, deine Eltern und so weiter hast, sind deine Selbstkonzepte. Wir verstecken Selbstkonzepte, die Urteile über uns sind, und projizieren sie anschließend auf die Welt. Hier passt das alte Sprichwort: »Ein Esel schimpft den anderen Langohr.« Die meisten von uns versuchen, sich davon zu distanzieren, was sie auf andere projiziert haben, damit sie es als *nicht ich* sehen können, denn sie sind so viel besser als das.

Durch Vergebung erreichen wir Selbstvergebung. Eine der hervorragenden Vergebungsübungen aus *Ein Kurs in Wundern (Übungsbuch,* Seite 250, Lektion 134, Ü-I.134.15:3*)*, die dies explizit berücksichtigt, besteht darin zu sagen: »Würde ich mich dafür verurteilen, das getan zu haben?«, während du auf etwas schaust, das du verurteilt hast. Jetzt ist der Zeitpunkt gekommen, um alle deine Antworten zu untersuchen und dich dafür nicht zu verurteilen. Wenn du dich nicht selbst verurteilen würdest, wirst du auch niemand anderen verurteilen. Wenn du das lernst, wirst du nur Hilferufe anstatt einer Notwendigkeit des Urteilens und Angreifens sehen. Du hast genau die Geschenke mitgebracht, die notwendig sind, um zu helfen. Sei großzügig und dehn dich aus, anstatt zu urteilen, wenn du ein glückliches Leben haben möchtest. Der Himmel hat die Wunder, die du brauchst. Sie werden dir für diejenigen gegeben werden, die deine Hilfe benötigen. Die Alternative besteht darin, dich weiter zu verurteilen. Aber wenn du dich selbst angreifst, wirst du all diejenigen angreifen, die du liebst. Wie *Ein Kurs in Wundern (Textbuch,* Seite 123, T-7.VI.1:3*)* besagt: »Das ist der Grund, weshalb Angriff nie vereinzelt ist und völlig aufgegeben werden muss.« Und außerdem: »Du kannst dich nicht allein kreuzigen.« *(Textbuch,* Seite 567, T.27.I.1:5*)*. Deine Segnungen werden zu deiner Freiheit und bringen dein Leben in Fluss.

65

Der Eisberg deines Bewusstseins

U nser Bewusstsein ist wie ein Eisberg, bei dem möglicherweise das bis zu Dreißigfache oder noch mehr vor uns versteckt ist. Wir schwimmen im Ozean der Liebe und versuchen vor allem, unser gefrorenes Königreich zu verteidigen. Der Teil, der aus dem Wasser ragt, ist unser bewusster Verstand. Darunter befinden sich das Unterbewusstsein, das alles seit unserer Empfängnis einschließt, und das Unbewusste, unser Seelenbewusstsein, das wir in dieses Leben mitgebracht haben. Es wird nach diesem Leben weitergehen, wenn wir nicht vollständig dahinschmelzen. Es ist wichtig zu wissen, dass bei diesem Schmelzen Angst zu Liebe und Groll zu Glücklichsein werden. Was sich unterhalb unseres persönlichen Unbewussten befindet, ist das kollektive Unbewusste oder das Bewusstsein, das wir mit der ganzen Menschheit teilen. Jeden Tag gehen mehr und mehr Menschen mit kollektiven Themen an der Wurzel ihrer Probleme um. Und dennoch könnte mit Bereitwilligkeit all dies geheilt werden, da es sich als ein aktuelles, wenn auch chronisches Problem zeigt. Unsere Bereitwilligkeit zeigt sich als Verantwortlichkeit. Wir übernehmen Verantwortung für alles in unserem Leben und alles, was uns passiert ist.

Wenn wir diesem roten Faden folgen, dann sind unsere Beziehung und unser Partner so, wie wir sie haben wollen. Dies entspricht unterbewussten Prinzipien: *Wie die Dinge sind, ist, wie wir sie haben wollen*, weil wir daraus einen versteckten Gewinn haben. Die Situation dient einem Zweck. Da gibt es etwas, von dem wir hoffen, es aus der Situation zu gewinnen. Es ist nichts, was wir notwendigerweise bewusst wollen. Deshalb verstecken wir es. Wir benutzen, wie unser Partner und die Situation sind, für einen bestimmten Grund. Dies dient dem Ego, jedoch nicht unserem Leben. Deshalb ist es wichtig, diese Dinge an die Oberfläche zu bringen und sich mit der Macht des bewussten Verstands zu entscheiden. Abgesehen von dem, was wir zu bekommen hoffen, benutzen wir die Situation, um zu beweisen, dass wir der Bessere sind, und als eine Ausrede, uns zu verstecken.

Auf unbewusster Ebene spiegelt uns unser Partner, wie wir in der Vergangenheit waren. Er repräsentiert unbewusste Selbstkonzepte und Schatten, die wir zu vergeben gekommen sind. So können wir unsere versteckte Schuld und unsere versteckten Überzeugungen und die Rollen und Kompensationen aufgeben, die sie verbergen. Das Ego benutzt alle unsere Probleme mit unserem Partner, um Distanz zu halten und sich zu trennen. Das ist es, was das Ego ist: die Trennung, um unsere eigene Identität und Besonderheit zu schaffen und zu erhalten. Aus Liebe lassen wir diese Differenz für das los, was wir gemeinsam teilen und was die Unterschiede zwischen uns überbrückt. Unser Ego beruht auf Gefühlen der Ungerechtigkeit und mangelnder Fairness. Innerhalb jedes Selbstkonzeptes liegen Schmerz, Angst und Schuld. Es gibt eine Schwäche, ein Gefühl der Unzulänglichkeit und des Widerstands, das unsere eigenen Probleme verursacht. Wir fühlen uns wertlos, und zusammen mit all den anderen Emotionen streben wir danach, diese Glaubenssätze zu verstecken und zu kompensieren: Wir bleiben beschäftigt, arbeiten hart und tun Gutes. Aber als Kompensation hilft das nicht. Unter der mangelnden

Fairness, die wir durch andere erlitten haben, haben wir Ungerechtigkeit versteckt. Wir haben geglaubt, diese Ungerechtigkeit begangen zu haben, indem wir die Ereignisse als Ausrede benutzt haben, um uns abzutrennen. Auf der Seelenebene hatten wir versprochen, genau die Menschen, gegen die wir einen Groll hegen, mit unseren Geschenken und der Gnade des Himmels zu retten. Stattdessen haben wir uns von ihnen abgewandt. Unsere Beschwerden verbergen unsere Schuld, und wir lernen die Lektion nicht, die der Himmel für uns hat. Dies gibt uns zumindest in unserem eigenen Bewusstsein eine Ausrede, nicht vorwärtszugehen, unsere Geschenke nicht zu geben und nicht zu strahlen.

Das kollektive Unbewusste sind all die Schmerzen und Schuldgefühle der Menschheit, die noch nicht geheilt worden sind. Dies beeinflusst alles vom Wetter bis hin zu Kriegen. Und ein Teil unserer Lebensaufgabe besteht darin, die Welt beginnend mit unserer eigenen Heilung zu retten. Denk global und heil dich zuerst.

Übernimm also heute erneut persönliche Verantwortung für alles, was in deinem Leben geschieht. Jedes Mal, wenn du dich schlecht fühlst, weißt du, dass du geurteilt hast und stattdessen zum Segnen aufgerufen bist. Wo du ein Problem siehst, bist du aufgerufen, zu geben oder zu vergeben, bis es besser wird. Wir sind aufgerufen, Aufopferung und alle anderen Kompensationen aufzugeben oder sie zu einer neuen Ganzheit mit der Schuld, dem Versagen, der Angst und der Bedürftigkeit zu integrieren, die sie verbergen. Fang mit dir selbst an und übernimm 100 Prozent Verantwortung. Anschließend übernimmst du 100 Prozent Verantwortung für deinen Partner. Anschließend tust du das für deine Kinder. Dann weitest du dies Schritt für Schritt aus und übernimmst immer mehr Verantwortung für die Dinge und Menschen um dich herum.

Sobald du vollständige Verantwortung für dich selbst, dann für deinen Partner, dann deine Kinder übernommen hast, übergibst du sie an den Heiligen Geist, um die Probleme auflösen zu lassen. Das ist mit Sicherheit ein einfacher Weg. Dies ist die Hilfe, die der Himmel für dich bereithält. Das Ausmaß, in dem du dir vom Himmel helfen lässt, ist das Ausmaß, in dem du dir erlaubst, mit deinem Partner eine glückliche Beziehung zu haben.

66

Verfluchen

Verfluchen ist eine machtvolle, jedoch versteckte Blockade, die in einer Beziehung auftreten kann. Dies darf nicht mit der Verwendung von Kraftausdrücken und Schimpfwörtern verwechselt werden. Verfluchen bedeutet, jemandem das Schlimmste zu wünschen. Manchmal geschieht dies, ohne dass wir uns dessen bewusst sind, aber das macht es nicht weniger zu einer Falle. Einige der liebenswürdigsten, empfindsamsten Menschen, die ich kenne, haben entdeckt, dass sie es getan haben. Sie haben sich selbst, ihre Freunde, ihren Partner und Menschen verflucht, die sie verstimmt hatten. Damit haben sie auch Gott verflucht. In der Tat hat jeder, der einen anderen verflucht hat, gleichzeitig auch sich und Gott verflucht.

Meistens geschieht dieses Verfluchen auf unbewusster Ebene. Es ist eine Form des Angriffs und der Rache gegen jemanden, der es nicht richtig gemacht hat, nicht so gehandelt hat, wie wir es wollten, oder uns nicht so behandelt hat, wie wir behandelt werden wollten. Die Dunkelheit kann in unserem Innern gären und alle Arten von Flüchen erzeugen.

Frag dich: Wenn du es wüsstest, wie viele Flüche hast du in deinem Leben getan? Frag dich jetzt, wie sie dich im Allgemeinen beeinträchtigt haben. Frag dich, wie oft du dich selbst verflucht hast. Wie hat dies dich und dein Leben beeinträchtigt? Frag dich, wie oft du deinen Partner verflucht hast. Welche Wirkung hat dies auf deine Beziehung und deinen Partner gehabt? Frag dich, wen du sonst noch in deinem Leben verflucht hast und wie dich das beeinträchtigt hat. Anstatt zu helfen, hast du diese Menschen verflucht. Jedes Mal, wenn du jemanden verfluchst, verfluchst du dich selbst im gleichen Maße. Frag dich, wie all dein Verfluchen anderer Menschen dich beeinträchtigt hat. Wie oft hast du Gott direkt verflucht? Dadurch hast du dich von allem abgeschnitten, was Gott dir zu geben versucht hat. Wenn du es wüsstest, wie hat dich das beeinträchtigt? Wenn wir verfluchen, fühlen wir uns schwach. Deshalb benutzen wir die Macht unseres Bewusstseins, um jemanden anzugreifen. Das Ausmaß, in dem wir glauben, dass unsere Flüche andere beeinträchtigen, ist das Ausmaß, in dem wir glauben, dass ihre Flüche und Angriffe uns beeinträchtigen.

Das muss nicht sein! Du kannst um die Hilfe des Himmels dabei bitten, nicht nur deine Flüche, sondern auch deine Mechanismen, die zum Verfluchen führen, aufzulösen. Sie waren als Segensgeschenk gemeint, das eine machtvolle, hilfreiche Wirkung hat. Dann bitte darum, dass alle Flüche auf dir, deiner Familie und deinen Vorfahren aufgelöst werden.

Segne deinen Partner jedes Mal, wenn du an ihn denkst. Jedes Mal, wenn du an andere Menschen denkst, die du verflucht hast, segne sie. Segne dich selbst. Du verdienst die Segnungen und die Seligkeit, die aus dem Segen kommt, die du erteilst. Segne Gott von ganzem Herzen. Auch wenn Gott deine Segnungen nicht benötigt, können sie die Menge an Segen erhöhen, die du von Gott erhalten kannst. Gott zu segnen kann so viel Freude bringen.

67

Wiedersehen mit den dunklen Geschichten

Unsere dunklen Geschichten sind Skripte, die aus den Tiefen unseres Bewusstseins kommen. Wir sind uns selten bewusst, dass wir diese Geschichten schreiben, doch sie können die zerstörerischsten Muster in unserem Leben sein. Wir wollen mit der ursprünglichsten dieser Geschichten beginnen: der *Trennungsgeschichte.*

* Wenn du es wüsstest, wie viele hast du davon?
* Welchen Zweck haben diese Trennungsgeschichten?
* Wofür benutzt du sie?
* Welche Wirkung haben sie auf deine Beziehung und dein Leben gehabt?
* Wie alt ist das Selbst, das diese Trennungsgeschichten schreibt?

Die Trennungsgeschichte ist so ursprünglich, dass das Selbst ein Kind, ein uraltes Selbst als ein Mann oder eine Frau oder sogar ein Teil deiner Seele sein kann, der männlich oder weiblich ist. Sie kann sogar aus der Zeit vor dieser Orientierung stammen.

Trennung liegt an der Wurzel von allem Schmerz und allen Problemen. Ruf die Engel herbei, um dieses Selbst zu retten, oder in seltenen Fällen, diese Selbste zu retten, die diese Trennungsgeschichten schreiben. Liebe das Selbst, bis es in dein gegenwärtiges Alter kommt und wieder mit dir verschmilzt und dabei die Geschichten auflöst.

Wie viele *Herzensbruchgeschichten* hast du?

- Wofür benutzt du diese Herzensbruchgeschichten?
- Welche Wirkung haben diese Geschichten in deinem Leben gehabt?
- Wie alt ist das Selbst, das diese Geschichten schreibt?
- Schick die Engel los, um dieses Selbst zu retten und die Geschichten aufzulösen.

Wie viele *Schuldgeschichten* hast du?

- Welchen Zweck haben diese Geschichten?
- Wie hast du dich für diese Schuldgeschichten bestraft?
- Welche Wirkung haben sie auf dein Leben gehabt?
- Wie alt ist das Selbst, das diese Geschichten schreibt?
- Schick die Engel los, um es zu retten und die Geschichten aufzulösen.

Wie viele *Aufopferungsgeschichten* hast du?

- Wofür benutzt du sie?
- Welche Wirkung haben diese Aufopferungsgeschichten auf dein Leben gehabt?
- Wie alt ist das Selbst, das diese Geschichten schreibt?
- Schick die Engel los, um es zu retten und die Geschichten hinwegzuschmelzen.

Wie viele *Unwürdigkeitsgeschichten* hast du?

- Wofür benutzt du sie?
- Wie alt ist das Selbst, das diese Geschichten schreibt?
- Schick die Engel zur Erlösung los.

Wie viele *Leidensgeschichten* hast du?

- Wofür benutzt du sie?
- Welche Wirkung haben sie auf dein Leben gehabt?
- Ist es das, was du willst?
- Was willst du?
- Wie alt ist das Selbst, das diese Geschichten schreibt?
- Schick die Engel los, um dieses Selbst zu retten.

Wie viele *Todesgeschichten* hast du?

- Wofür benutzt du sie?
- Welche Wirkung haben sie auf dein Leben?
- Wie alt ist das Selbst, das diese Todesgeschichten schreibt?
- Ist es das, was du willst?
- Schick die Engel zur Rettung los.

Wie viele *Rachegeschichten* hast du?

- Welchen Zweck haben diese Geschichten?
- Welche Wirkung haben sie auf dein Leben gehabt?
- Wie alt ist das Selbst, das diese Geschichten schreibt?
- Schick die Engel los, um dieses Selbst zu retten und die Rachegeschichten loszuwerden.

Wie viele *Hassgeschichten* hast du?

- Welchen Zweck haben diese Hassgeschichten?
- Welche Wirkung haben diese Hassgeschichten auf dein Leben?
- Ist es das, was du willst?
- Wie alt ist das Selbst, das diese Geschichten schreibt?
- Schick die Engel los, um dieses Selbst zu retten.

Wie viele *Selbsthassgeschichten* hast du?

- Wofür benutzt du sie?
- Welche Wirkung haben diese Selbsthassgeschichten auf dich?
- Wie alt ist das Selbst, das diese Geschichten schreibt?
- Schick die Engel los.

Wie viele *Opfergeschichten* hast du?

- Was versuchst du, mit diesen Opfergeschichten zu bekommen?
- Welche Wirkung haben diese Opfergeschichten auf dein Leben?
- Wie alt ist das Selbst, das deine Geschichten schreibt?
- Schick die Engel los, um dieses Selbst zu retten.

Wie viele *Nicht-gut-genug-Geschichten* hast du?

- Was versuchst du, von ihnen zu bekommen?
- Wie haben sie dein Leben beeinträchtigt?
- Wie alt ist das Selbst, das sich diese Geschichten ausdenkt?

- Schick die Engel los, um das Selbst wieder zur Ganzheit zu lieben und die Geschichten loszulassen.

Wie viele *Angstgeschichten* hast du?

- Wofür benutzt du sie?
- Wie haben sie dein Leben beeinträchtigt?
- Ist es das, was du willst?
- Was ist es, das du wirklich willst?
- Wie alt ist das Selbst, das diese Geschichten schreibt?
- Schick die Engel los, um die Geschichten zu entfernen und das Selbst zu lieben, bis es wieder mit dir verschmilzt.

Wie viele *Verlustgeschichten* hast du?

- Welchen geheimen Gewinn haben diese Geschichten?
- Wie haben diese Geschichten dein Leben beeinträchtigt?
- Wie alt ist das Selbst, das diese Geschichten schreibt?
- Das hört sich nach einer Aufgabe für den Reinigungs- und Heilungsdienst der Engel an.

Wie viele *Tragikgeschichten* hast du?

- Was hast du aus ihnen zu bekommen versucht?
- Wie haben diese Geschichten dein Leben beeinträchtigt?
- Wie alt ist das Selbst, das diese Geschichten schreibt?
- Schick die Engel los.

Wie viele *Nie-klappt-etwas-Geschichten* hast du?

- Wofür benutzt du sie?
- Wie haben diese Geschichten dein Leben beeinträchtigt?

- Schick die Engel los, um dieses Selbst zu retten und die Geschichten für dich aufzulösen.

Wie viele *Grollgeschichten* hast du?

- Was für einen Zweck haben sie?
- Was hast du aus ihnen zu bekommen versucht?
- Welche Wirkung haben sie auf dein Leben gehabt?
- Wie alt ist das Selbst, das diese Geschichten schreibt?
- Schick die Engel los.

Wie viele *Rückzugsgeschichten* hast du?

- Welchen geheimen Gewinn haben diese Geschichten?
- Welche Wirkung hat das auf dein Leben gehabt?
- Was willst du?
- Zeit für eine Rettungsaktion der Engel.

Wie viele *Konfliktgeschichten* hast du?

- Welchen Zweck hat es, diese Geschichten zu schreiben?
- Ist es das, was du willst?
- Was willst du?
- Welche Wirkung hat das auf dein Leben gehabt?
- Was willst du?
- Schick die Engel los.

Wie viele *Leblosigkeitsgeschichten* hast du?

- Welchen Zweck haben diese Geschichten?
- Was versuchst du, durch sie zu bekommen?
- Was ist in deinem Leben als Folge davon geschehen?

- Ist es das, was du willst?
- Wie alt ist das Selbst, das diese Geschichten schreibt?
- Schick die Engel auf eine Rettungs- und Auflösungsmission.

Wie viele *Bösewichtgeschichten* hast du in deinem Leben?

- Zu welchem Zweck benutzt du sie?
- Welche Wirkung haben diese Geschichten auf dein Leben?
- Wie alt ist das Selbst, das diese Geschichten schreibt?
- Zeit, die Engel loszuschicken.

Stell dir die gleichen grundlegenden Fragen für:

- Mangelgeschichten
- Zynische Geschichten
- Bitterkeitsgeschichten
- Bedürftigkeitsgeschichten
- Unabhängigkeitsgeschichten
- Schattengeschichten
- Autoritätskonfliktgeschichten
- Wutanfallgeschichten
- Entfremdungsgeschichten
- Konkurrenzgeschichten
- Schlechte-Gesundheit-Geschichten
- Ego-Geschichten
- Besonderheitsgeschichten
- Vorsichtig-sein-Geschichten
- Rücksichtslosigkeitsgeschichten
- Peinlichkeitsgeschichten
- Selbstqualgeschichten

- Überlegenheits-Unterlegenheits-Geschichten
- Schmollen-Schadenfreude-Geschichten
- Gewinnen-verlieren-Geschichten
- Zwiespältigkeitsgeschichten
- Schlechte-Einstellung-Geschichten
- Idolgeschichten

Wo du dunkle Geschichten hast, lade stattdessen deinen Partner ein und lass alle dunklen Geschichten durch Liebesgeschichten ersetzen.

Ohne diese Geschichten und die Verschwörung gegen dich selbst, die damit einhergeht, kannst du eine Neugeburt erleben. Und da dein Partner ein Teil von dir ist, kannst du seine dunklen Geschichten ebenfalls loslassen.

68

Fehlen der Selbsteinbeziehung

Beziehen wir uns selbst nicht mit ein, ist es uns unmöglich, wirklichen Erfolg zu haben oder intim zu sein, weil wir nicht vollständig da sind. Wie können wir unsere Lebensaufgabe leben oder unsere Bestimmung annehmen, wenn wir uns selbst nicht einbeziehen? Was wir an die Stelle der Selbsteinbeziehung gesetzt haben, sind Rollen und Selbstkonzepte. Sie sehen aus wie wir, aber es sind in Wirklichkeit nur Hüllen, die unseren Mangel an Wert überdecken. Sie stellen keinen wirklichen Kontakt her und sind nicht wirklich im Spiel. Es gibt kein Geben oder Empfangen, nur ein Tun, das unsere Abwesenheit erlaubt. Verbindliches Engagement ist unmöglich. Liebenswürdigkeit ist verloren gegangen. Das Weibliche hat sich zurückgezogen und das Männliche hat sich selbst übertrieben, um dafür zu kompensieren.

Kämpfen um Bedürfnisse und die Leere unserer Rollen haben den Platz des Vergnügens eingenommen. Wie kann es Spontaneität geben, wenn da kein Selbst ist, das spontan sein könnte? Es gibt keine wirkliche Leichtigkeit, keine Offenheit und keinen Fluss, weil wir nicht da sind. Nichts kann uns wirklich befriedigen, weil an einem entscheidenden Punkt in unserem Leben die Verbundenheit verloren gegangen ist und wir mit ihr. Wer wir waren, hat sich niemals wirklich erholt.

Dieses wesentliche Selbst wiederzuentdecken und die Verbundenheit wiederherzustellen ist eine Abkürzung zu unserer Heilung von dem Machtkampf und auch der toten Zone. Fass jetzt eine starke Absicht und bitte den Himmel um Hilfe.

- Frag dich: Wenn du es wüsstest, wann hast du deine Selbsteinbeziehung verloren. Es war vermutlich im Alter von ...
- Wer war dabei? Es war vermutlich ...
- Und was passiert ist, war wahrscheinlich, dass ...
- Wie viele Türen zu dir selbst hast du verschlossen?
- Wie viele Schritte bist du von dir selbst zurückgetreten?
- Wie viel von dir selbst hast du weggeworfen?

Dies war ein wichtiger Scheideweg in deinem Leben. Es war eine Entscheidung zwischen Verstecken und Strahlen. Du hast dich für das Verstecken entschieden und du hast erlebt, was als Ergebnis davon passiert. Was willst du jetzt? Willst du die Wahrheit? Dann kommt sie mit deinem Strahlen und damit, dass du dich selbst einbeziehst. Bring das Seelengeschenk ein, das du an diesem Punkt geleugnet hast und das allen Beteiligten in dieser Szene geholfen hätte. Öffne die Tür zu den Geschenken des Himmels, die gemeinsam mit deinem Geschenk die größte Veränderung dieser Szene bewirken. Es gibt Aspekte deiner Lebensaufgabe, also deines Beitrags zum Leben, und deiner Bestimmung, die aus deinem *Sein* kommen und Glück bringen. Du könntest sie ebenfalls annehmen, während du die Liebe, die göttliche Liebe und die göttliche Gegenwart in diese Szene einlädst. Teile deine Geschenke, deine Lebensaufgabe, deine Bestimmung und das Geschenk des Himmels an dich mit dieser Situation. Öffne alle Türen, die du zu dir selbst verschlossen hast, und geh die Schritte zurück, um dich wieder mit dir selbst und dem Leben zu verbinden. Heiße wieder willkommen, was du von dir selbst weggeworfen hast. Sobald dies abgeschlossen ist, hilfst du allen in dieser Szene, die Türen zu öffnen, die sie zu sich selbst verschlossen haben. Geh mit ihnen zurück, damit sie dort wieder in Kontakt mit sich selbst kommen, wo sie sich in ihrem Leben von sich selbst zurückgezogen haben. Hilf ihnen, die Anteile von ihnen, die sie weggeworfen haben, wieder willkommen zu heißen.

Bring schließlich das Licht und die Energie dieser geheilten Situation durch dein Leben in die Gegenwart. Teile dieses Licht und diese Ganzheit jetzt mit deinem Partner. Schick sie aus dieser Szene den ganzen Weg zurück durch dein Leben, über deine Empfängnis bis zu deinen Vorfahren, deinen vergangenen Leben und den ganzen Weg zurück zum Kollektivbewusstsein der Menschheit.

69

Die Ich-Armer-Geschichte

Ohne uns dessen bewusst zu sein, schreiben wir das Skript für unser Leben. Wir können beginnen, einen Blick darauf zu werfen, wobei wir einen Zugang zu unserem unterbewussten Verstand erhalten. Dann sehen wir all die geheimen Gewinne, die wir aus jedem schmerzhaften Ereignis, das uns passiert ist, gezogen haben. Jedes dieser Ereignisse erlaubt uns, uns zu trennen und unabhängig zu werden. Jedes Ereignis gibt uns eine Ausrede und mit jedem Ereignis wenden wir uns von unserer Lebensaufgabe ab. Jedes Ereignis verschafft uns eine Entschuldigung dafür, den nächsten Schritt nicht zu tun. Jedes Ereignis sorgt dafür, dass wir uns aufgrund unserer Angst, unser Licht strahlen zu lassen, verstecken. Und dies sind nur einige der unterbewussten Muster. Aber die unbewussten Muster sind tiefer wie zum Beispiel, wo wir geboren worden und unter welchen Umständen, wer unsere Eltern sind und die allgemeine Kultur, die uns umgibt. Das Unbewusste umfasst auch unsere größten Traumata. Diese wurden als Teil des Lehrplans unserer Seele geplant. Unser Leiden zeigt, dass wir den schwierigen Weg gewählt haben. Wir hätten die Lektionen so viel leichter und anmutiger lernen können. Dies hängt alles davon ab, ob wir mehr zum Spirituellen oder mehr zum Ego neigen. Wenn wir zum Ego tendieren, machen wir uns daran, eine Identität zu schaffen. Wenn wir zum Geist tendieren, sind wir in Richtung Liebe und Licht unterwegs. Leider bauen wir unsere Identität durch Trennung auf. Dies bedeutet, dass wir Verlust, Schmerz, Angst, Verletzung, Schuld, Ungerechtigkeit, Schwäche und Unzulänglichkeit erleiden. Unser Ego beruht auf Schuldzuweisung und einem Groll, der aus unserer Schuld stammt. Dies sind alles Dinge aus dem unterbewussten Verstand, das Muster stammt jedoch aus dem Unbewussten. Sich in Richtung Geist zu bewegen bedeutet, den Groll und die Illusionen zu vergeben, die sich mit dem Ego angesammelt haben. Dies lässt die Trennung verschwinden.

Im Leben geht es darum, die ganze Trennung hinwegzuschmelzen, bis wir alle Schuldzuweisungen durch Liebe und allen Groll durch Wunder ersetzt haben. *Ein Kurs in Wundern* hält uns an, dies zu tun, um diese Lektionen zu lernen und glücklich zu sein. Eine der Schlüsseldynamiken, die ich erlebt habe, wenn Menschen ihr tieferes Bewusstsein hinsichtlich ihrer Krankheiten durchsuchen, ist der Wunsch nach Sympathie. Wenn sie dies untersuchen, erkennen sie, dass es ein wirklich schlechter Handel ist und sie damit natürlich nicht glücklich sein können. Einer der Schatten von Menschen, wenn sie sich selbst leidtun – auch wenn sie diese Selbstkonzepte verurteilen und hassen – ist der Trauerkloß. Die Schuld und der Selbsthass von Schatten schaffen große Blockaden für den Weg nach vorn.

Wir haben jede Menge Verluste erlitten, und dies ist typischerweise auf eine *Ich-Armer-Geschichte* zurückzuführen. Geschichten sind Teil eines Seelenmusters, das in diesem Leben als wichtige Seelenlektion fortgesetzt wird, bis wir erkennen, dass wir es sind, die die Geschichte schreiben. Dann haben wir die Wahl, welche Art von Geschichte wir fortan schreiben wollen. Lass uns jetzt die *Ich-Armer-Geschichte* hinsichtlich deiner Beziehung untersuchen.

- Wenn du es wüsstest: Wie viele dieser Geschichten hast du?
- Wenn du es wüsstest: Wie viele Ich-Armer-Verschwörungen hast du?
- Wie haben sie dein Leben beeinträchtigt?
- Und jetzt die große Frage: Wofür benutzt du sie?
- Was versuchst du, durch sie zu bekommen?
- Ist es das, was du wirklich von deinem Leben willst?
- Könnte es dich jemals glücklich machen?
- Was willst du?

Stell dir diese letzten Fragen:

- Ist das, was du in deinem Leben haben willst?
- Ist es das, was du willst?
- Was willst du?

Während du dir diese Fragen stellst, setzt du die Macht deines bewussten Verstands ein, um dich selbst zu befreien und einen großen Teil des Egos hinwegzuschmelzen. Du ersetzt es derweil durch Liebe. Frag dich, wie alt das Selbst ist, das diese Ich-Armer-Geschichten schreibt? Bitte deinen Schutzengel, zu dir zu kommen und dieses Selbst zu halten und zu lieben, bis es dein gegenwärtiges Alter erreicht und wieder mit dir verschmilzt. Dabei werden Leitungen in deinem Herzen, deinem Geist und deinem Körper erneut verbunden, die dich stärker, gesünder und ganzheitlicher machen.

70

Als die Selbstliebe verloren ging

D ies ist ein wichtiges Thema, weil es mit allem bergab geht, wenn die Selbstliebe verloren geht. Wenn Liebe kommt, bist du nicht mehr in der Lage, sie zu empfangen. Du hast kein starkes Selbstwertgefühl und wirst dir deshalb erlauben, entsprechend behandelt zu werden. Wie andere und das Leben dich behandeln, wird von dem Ausmaß an Selbstliebe und Selbstwert bestimmt, die du hast. Was auch immer geschehen ist, als du die Selbstliebe verloren hast, war ein Fehler. Jetzt ist der Zeitpunkt gekommen, ihn zu korrigieren.

Wenn du wüsstest, ob deine Selbstliebe vor, während oder nach deiner Geburt verloren ging, war es vermutlich ...

Wenn es vor deiner Geburt war: In welchem Monat ist es passiert? Wenn es nach deiner Geburt war: In welchem Jahr ist es passiert?

Wenn du wüsstest, wer daran beteiligt gewesen ist, war(en) es vermutlich ...

Wenn du deine Selbstliebe bei diesem Ereignis verloren hast, bedeutet das, dass andere in der Situation ebenfalls ihre Selbstliebe verloren haben. Geh in dieser Situation zu deinem inneren Licht und breite es aus, bis es sich mit dem Licht der anderen verbinden kann. Verbinde dann das Licht dieser Menschen mit dem Licht aller anderen Beteiligten. Bring dieses Licht zu dir zurück. Dann breite erneut dein Licht aus, bis es das Licht von allen anderen erreicht und sich damit verbindet. Verbinde die anderen Beteiligten dann untereinander, bring das Licht zu dir zurück und verbinde es erneut mit deinem Licht. Fahr damit fort, bis die ganze Szene zu einer Szene des Lichts geworden ist.

Frag dich, wie viele Türen zur Selbstliebe du geschlossen hast, und öffne sie jetzt wieder. Dann frag, wie viele Türen jeder andere in der Szene geschlossen hat und hilf den anderen dabei, alle Türen, die sie zu sich selbst geschlossen haben, wieder zu öffnen. Frag dich dann, wie viele Schritte du dich von der Selbstliebe zurückgezogen hast. Geh diese Schritte wieder zurück zur Selbstliebe und hilf allen anderen in der ursprünglichen Situation, diese Schritte zurück zu ihrer Selbstliebe zu gehen. Zum Schluss fragst du dich, welchen Prozentsatz von dir selbst du weggeworfen hast? Heiß diesen Prozentsatz jetzt wieder willkommen. Hilf allen anderen in der Szene, ihre Anteile ebenfalls willkommen zu heißen. Bring diese Selbstliebe den ganzen Weg durch dein Leben und fühl und sieh, welchen Unterschied sie jetzt in deinem Leben macht, da du es mit Selbstliebe neu schreibst. Teil diese Selbstliebe mit deinem Partner.

Bring den Teil deines Bewusstseins an die Oberfläche, der dein Partner ist. Mach diese Übung jetzt mithilfe deiner Intuition für ihn und beantworte diese Fragen so, als ob du dein Partner wärst. Dann verbinde alle Beteiligten in der Situation von Licht zu Licht, bis nur noch ein Licht vorhanden ist. Hilf dann allen in dieser entscheidenden Szene mit deinem Partner, ihre Türen zu öffnen, die Schritte zurück zur Selbstliebe zu gehen und die verlorene Selbstliebe wieder willkommen zu heißen. Teilt diese Selbstliebe jetzt miteinander.

71

Die Ursprungsmuster

Die Ursprungsmuster im Leben werden zu unseren Lebensmustern und unseren Mustern am Lebensende. Unser Geburtsmuster mit seiner Leichtigkeit oder Schwere spiegelt sowohl unsere Empfängnis als auch unseren Tod. Was in den Monaten im Mutterleib passiert, beeinflusst die entsprechenden Jahre in unserer Kindheit auf die gleiche Weise, wie auch Traumata und Herzensbruch in der Kindheit die Monate im Mutterleib spiegeln, in denen die Wurzel dieser Ereignisse liegt. Alles von der Empfängnis bis zum Alter von zehn Jahren zeigt uns unsere Seelenmuster. Es sind diese Muster, die uns beeinflussen, ähnlich wie die starke Strömung eines Flusses, die uns mitreißt, auch wenn wir hindurchschwimmen könnten, wenn wir uns dafür einsetzen.

Frag dich, in welchem Alter in deiner Kindheit du die drei Herzensbrüche erlebt hast, die jetzt die stärksten zerstörerischen Wirkungen auf deine Beziehung haben. Frag dich, wer an diesen Ereignissen beteiligt war und was dabei passiert ist. Wofür hast du das Ereignis sonst noch benutzt, abgesehen davon, unabhängig zu werden, was dein Bewusstsein in die Rollen von Aufopferung, Opfer und Unabhängigkeit gespalten hat? Wen hast du zu besiegen und ins Unrecht zu setzen versucht? Was hast du zu erreichen versucht? Hat dich dies zufriedengestellt oder glücklich gemacht?

Du kannst zu diesen Ereignissen zurückkehren und die Liebe, die göttliche Liebe und die göttliche Gegenwart in diese Situation einladen. Du kannst die Lektion des Himmels anstatt der dunklen Ego-Lektionen lernen, die zu dunklen Überzeugungen wurden und jetzt Einschränkungen und Teil deines Gefängnisses sind. Während die Situationen in der Liebe und der göttlichen Gegenwart neu geschaffen werden, ist jetzt die Zeit gekommen, die entsprechenden Monate im Mutterleib zu besuchen. Wenn ein Trauma im Alter von drei Jahren passiert ist, spiegelt dies ein Trauma im Alter von drei Monaten im Mutterleib. Hier musst du deine Intuition einsetzen, um zu vermuten, was passiert ist. Denk daran, dass du, ganz gleich was deine Eltern und andere dir nahestehende Menschen emotional erlebt haben, diese Emotionen angenommen hast, als wenn sie deine eigenen gewesen wären. Geh jetzt zu diesen Monaten zurück und frag dich, wer an jedem dieser Ereignisse beteiligt war. Was passierte mit diesen Menschen und was haben sie gefühlt? Du hast all diese Emotionen und Konflikte als deine eigenen angenommen und sie haben das Muster für die Probleme in der Kindheit begründet. Bring Liebe in diese Zeiten im Mutterleib und lade die göttliche Liebe und die göttliche Gegenwart ein, zu dir zu kommen. Teile diese Energie mit allen anderen Menschen, die in dieser Situation bei dir waren. Wenn das abgeschlossen ist, bringst du die Liebe und das Licht durch den Mutterleib in deine Kindheit und dann den ganzen Weg bis in die Gegenwart. Teile sie mit deinem Partner.

72

Was deinen Partner motiviert

Nimm dir einen Augenblick Zeit, um über deinen Partner nachzudenken. Was motiviert ihn? Sicherlich motiviert es ihn, wenn du Liebe gibst. Verwechsle Liebe jedoch nicht mit Abhängigkeit, wenn du unter der Tarnung des Gebens zu nehmen versucht. Diese Verwechslung führt zu einem rauen Erwachen. Liebe ist, was du gibst. Bedürfnisse sind eine Erwartung, dass sich jemand in bestimmter Weise um dich kümmert. Du kannst den Unterschied zwischen Bedürfnissen und Liebe erkennen: Wenn du aus Bedürftigkeit handelst, leidest du beim geringsten Mangel an Aufmerksamkeit für dich unter Verletztheit und Schmerz, während Liebe verständnisvoll und vergebend ist.

Die erste Untersuchung deines Partners dient dazu herauszufinden, ob er ein visueller, ein kinästhetischer oder ein auditiver Mensch ist. Wenn du dich deinem Partner nicht so näherst, wie es zu ihm passt, wird er sich nicht geliebt fühlen. Ein visueller Mensch ist ein schneller Denker. Er liebt es, wenn du dafür sorgst, dass das Haus schön ist, oder sogar noch besser, dass du attraktiv aussiehst. Visuelle Menschen lieben Geschenke und wenn du etwas für sie tust. Dann fühlen sie sich geliebt. Ein kinästhetischer Mensch ist ein tiefgründiger, langsamer Denker, der typischerweise keine schnellen, sondern tiefgründige Antworten hat, die Probleme lösen können. Er fühlt tief und möchte seine Gefühle mit jemandem teilen, dem er wichtig ist. Je mehr du einen kinästhetischen Menschen berührst, desto mehr fühlt er sich geliebt. Er spürt Liebe durch Berührung. Auditive Menschen müssen hören, dass du sie liebst und was dir an ihnen gefällt. Dein Tonfall ist einem auditiven Menschen sehr wichtig. Du kannst ihn lieben, wenn du deine Worte mit zärtlicher und sanfter Stimme sagst. Ohne warmen oder liebevollen Ton werden die Worte weniger wichtig. Wenn du einen auditiven Menschen anschreist, ist es so, als ob du ihm eine Ohrfeige gibst.

Als allgemeines Prinzip gilt, dass sich dein Partner geliebt und daher motiviert fühlt, wenn du ihm vertraust. Du setzt die Macht deines Bewusstseins dafür ein, dass er ein positives Ergebnis hat, denn ohne Vertrauen gibt es keine Liebe, nur Kontrolle. Kontrolle führt zu Streit und Machtkämpfen im Allgemeinen. Ein weiterer wichtiger Aspekt, deinem Partner zu helfen, sich geliebt zu fühlen, ist Ebenbürtigkeit. Behandle ihn als einen ebenbürtigen Partner, anstatt auf ihn herabzusehen oder ihn zu erniedrigen. Ihn über dich zu stellen ist auch kein Geben, weil du dich dabei selbst entwertest. Es kann einen großen Unterschied in deiner Beziehung machen, wenn du dich verbindlich für Vertrauen und Ebenbürtigkeit engagierst. Deine Hilfsbereitschaft ist ein weiterer Weg, seine Dankbarkeit und seine Liebe für dich zu erhöhen. Wir alle brauchen Hilfe. Dein Bewusstsein für sein Bedürfnis nach Hilfe und dein Reagieren darauf verringern seinen Grad an Stress und erhöhen seine Offenheit für dich. Was einen weiteren großen Unterschied in deiner Beziehung schaffen kann, ist, dass du nie aufhörst, dich auf deinen Partner zuzubewegen und dich mit ihm zu verbinden. Wenn neue Schichten hochkommen, die eine Distanz zwischen euch zu bringen scheinen, oder ein weiteres chronisches Problem auftaucht, bewege dich immer auf ihn zu und gib ihn nicht auf. Deinem Partner Aufmerksamkeit zu schenken, ist eine der grundlegendsten Formen des Gebens. Tu etwas, um ihn zu feiern, zum Beispiel kochst du sein Lieblingsessen oder führst ihn in sein Lieblingsrestaurant aus. Tu etwas, von dem du weißt, dass er es lieben wird.

Ein weiterer Weg, um deinen Partner zu motivieren, besteht darin, deine Emotionen und die Situationen um dich herum weiter zu heilen, weil emotionale Unreife deinem Partner die Motivation nimmt. Mit ihm einen Film anzuschauen, den er mag, oder die Fernsehprogramme gemeinsam zu schauen, die ihm gefallen, kann ebenfalls hilfreich sein. Einige Partner lieben das Ausgehen und andere ziehen es vor, zu Hause zu bleiben. Während du dich entscheidest, deinem Partner zu geben, indem du dich seiner Vorliebe anschließt, könnt ihr beide immer mehr zusammenwachsen. Das Ausmaß, in dem du dich deinem Partner hingibst, wird dem Ausmaß entsprechen, in dem er sich dir hingibt. Dies wird euch zu einem Ort größerer Intimität bringen. Je mehr Intimität ihr habt, desto mehr Erfolg werdet ihr auf natürliche Weise gemeinsam erleben. Erfolg wird euch zu noch größerem Erfolg motivieren.

Liebevoller Sex ist ein weiterer Weg, um deinen Partner zu motivieren. Insbesondere Männer reagieren auf dein Geben beim Sex. Du wirst feststellen, dass sie nach dem Sex allgemein empfänglicher für dich sind. Wenn du Sex jedoch für Kontrolle und Manipulation einsetzt, wirst du bald deinen besten Weg verlieren, um deinen Mann zu motivieren. Und wenn er oder du in dieser Hinsicht verwundet worden ist, gib dieses Vehikel der Liebe nicht auf. Mach den Sex mit zärtlicher Geduld zu einem nachhaltigen Bereich der Freude und der Kommunikation. Wenn du das Schlafzimmer als Teil deines Kampfes, um deinen Kopf durchzusetzen oder deinen

Partner zu missachten, benutzt hast, wirst du dafür in vielen anderen Bereichen bezahlen.

Humor ist ein weiterer Bereich, der dich mit deinem Partner zusammenbringt, und je mehr ihr zusammen seid, desto offener ist dein Partner für dich. Hör auf, daran zu arbeiten, deinen Kopf durchzusetzen, und arbeite dafür, dass du, dein Partner und eure Beziehung auf höheren Ebenen Erfolg haben.

Was inspiriert deinen Partner? Was bewegt sein Herz? Wenn das Herz eines Menschen berührt wird, ist er motiviert, sich zu ändern. Wann hast du deinen Partner das letzte Mal durch dein heroisches Geben, deine Kreativität oder das inspiriert, was dein Herz berührt?

Wenn Motivation ein Bereich ist, in dem du dich überfordert fühlst, engagiere dich verbindlich dafür, zu lernen und darin zu wachsen. Stell es dir vor. Bitte um die Hilfe des Himmels dabei, dir den Weg zu zeigen, wie du deinen Partner inspirierst und motivierst. Wo du ihn inspirierst, erlebt er bis zu einem gewissen Grad erneut das Gefühl des Verliebtseins mit dir, und dies ist ein Ort großer Offenheit.

Deinen Partner zu motivieren bedeutet, ihn und die Beziehung zu schätzen, und dies motiviert dich, einen Weg zu finden, um ihn noch mehr zu motivieren. Der Himmel wird dir dabei helfen, wenn du nur darum bittest.

Eine weitere Sache, die deinen Partner motiviert, besteht darin, es aufzugeben, immer recht haben zu wollen und dich immer durchzusetzen. Sogar, wenn du häufig recht hast, entwickelt sich deine Beziehung weiter, und jeder fühlt sich zufrieden und motiviert, wenn du die Energie seines Wegs mit deinem Weg und dem Weg des Himmels zusammenbringst. Wenn deine Kommunikation ohne Abwehr ist, führt dies zu einer weiteren Ebene des Erfolgs und dies an sich motiviert dich zu mehr Erfolg in deiner Beziehung, weil es sich so gut anfühlt.

Motivation bringt Transformation und Wachstum. Vergib dir selbst dort, wo du deinen Partner nicht motiviert hast, sich zu ändern, und wo du nicht motiviert gewesen bist, deinen Partner zu motivieren. Motivation ist eine Form des Gebens, die viele Belohnungen für euch beide hat.

73

Vertrauen

»Und du kannst nicht glauben, dass Vertrauen jedes Problem jetzt regeln würde.« *(Ein Kurs in Wundern, Textbuch, Seite 561, T-26.VIII.2:3.)*

Du kannst die Macht deines Bewusstseins unterdrücken. Du kannst sie minimieren oder ignorieren, aber du kannst sie nicht ändern. Die Macht deines Bewusstseins muss in etwas investiert werden. Das Ego investiert in Schwäche und Kleinheit. Bestenfalls mehrt es sein eigenes Ansehen, ignoriert jedoch deine Größe. Es gibt wirklich nur eine Wahl, die du hast, und die besteht darin, entweder in dein Ego oder in dein Höheres Selbst zu investieren. Das Höhere Selbst verbindet dich mit dem Himmel. Das Ego verbindet dich mit sich selbst und der Welt und es verstärkt die Überzeugung, dass du nur ein Körper bist. Dich für das Höhere Selbst zu entscheiden, bedeutet, dich für Liebe zu entscheiden. Dich für das Ego zu entscheiden, bedeutet, dich für Angst zu entscheiden. Das Höhere Selbst verkündet deine Unschuld, während das Ego deine Schuld erklärt. Das Höhere Selbst ist kooperativ. Das Ego kontrolliert. Das Höhere Selbst bringt Führung für Wahrheit und den Weg des Himmels. Das Ego bringt nur seinen eigenen Weg und beruht auf Angst. Das Höhere Selbst teilt, das Ego ist habgierig. Das Höhere Selbst verbindet sich, das Ego trennt. Das Höhere Selbst segnet und hilft, das Ego urteil und verdammt. Das Höhere Selbst ist die Entscheidung für Unschuld, das Ego baut sich durch Schuld auf. Das Höhere Selbst will dein Glück, das Ego will nur eine Identität auf deine Kosten schaffen.

Vertrauen bedeutet, die Macht deines Bewusstseins in ein positives Ergebnis zu investieren. In einer negativen Situation sorgt Vertrauen paradoxerweise dafür, dass sich die Lage entfaltet, bis sie positiv wird. Im Grunde hast du nur eine Wahl: Wirst du dich für Vertrauen oder für Angst entscheiden? Wird es dein Höheres Selbst sein, in das du investierst, was bedeutet, in Glück zu investieren, oder wirst du in die Trennung des Egos investieren? Wirst du hinsichtlich deiner Beziehung in Vertrauen und Partnerschaft investieren oder wirst du das Ego und die Angst wählen? Es gibt kein Problem, an dessen Wurzel nicht Angst, Trennung, Schuld, Groll und der Autoritätskonflikt liegen. Jetzt kannst du entscheiden, dich selbst mit Vertrauen zu ermächtigen, da dies Zuversicht schafft und das gespaltene Bewusstsein des Egos heilt. Das Ego investiert immer so, dass es gute Dinge und Trennung haben will, während es dir gleichzeitig das gespaltene Bewusstsein gibt, das Angst erzeugt. Was willst du? Das Vertrauen, das dir dein Herz und dein Bewusstsein zurückgibt, oder die Trennung, die Unabhängigkeit anstatt Liebe will? Du hast die Wahl. Was willst du?

74

Angst vor Intimität

Was auch immer das eigentliche Problem ist, in einer Beziehung ist es stets ein Symptom der Angst vor Intimität auf beiden Seiten. Ein Partner wirkt so, als wenn er keine Angst vor Intimität hätte, auf unterbewusster Ebene folgt jedoch alles einer Absprache und ein Partner kann das Problem für beide ausagieren. Angst vor Intimität sorgt dafür, dass du Angst vor dem nächsten Schritt hast. Du fühlst dich unzulänglich, mit dem nächsten Schritt umzugehen, und insbesondere fühlst du dich unzulänglich, mit deinem Partner beim nächsten Schritt umzugehen. Dein Problem ist nur eine Art, dich davon abzuhalten vorwärtszugehen. Es dauert so lange für dich, das Problem zu überwinden, wie es dauert, Zuversicht für den nächsten Schritt zu gewinnen.

Angst bedeutet, dass du dich auf dich allein verlässt. Du hast vergessen, dass der Himmel will, dass du erfolgreich und glücklich bist. Du kannst nur verängstigt sein, wenn du vergisst, wer immer mit dir geht. Liebe heilt Angst. Wahrheit heilt Angst. Vertrauen heilt Angst. Wenn du dich machtlos fühlst, ruf die Macht des Himmels an, die immer da ist, wenn du darum bittest. Angst weist auf ein gespaltenes Bewusstsein in dir hin, da ein Konflikt immer zu Angst führt. Du willst Intimität – und du willst sie nicht. Du weißt, dass ungeachtet dessen, welche Seite ihren Willen erhält, die andere Seite ausgeschlossen wird.

Häufig ist Angst vor Intimität eine Angst davor, beherrscht zu werden. Wir haben Angst, dass unser Partner uns beherrscht. Dies sind unerledigte Angelegenheiten aus der Zeit, als wir mit ersten Beziehungen begonnen haben und andere beherrschen wollten. Wir projizieren das Selbst, das bedürftig war und andere beherrschen wollte, auf die Menschen um uns herum. Als wir uns unter der Tarnung aus verlorener Verbundenheit getrennt haben, haben wir in Wahrheit die Verbundenheit weggeworfen. Diese Trennung hat Gefühle der Unzulänglichkeit, Bedürftigkeit, Einsamkeit, des gespaltenen Bewusstseins, der Angst, Schuld, Aufopferung und Fusion verursacht, in dem Versuch, uns ein Gefühl der Zugehörigkeit zu vermitteln. Das andere Extrem ist Unabhängigkeit. Wenn du weißt, dass an der Wurzel all dieser Probleme eine Angst vor Intimität und Angst vor dem nächsten Schritt liegt, könntest du die Macht der Liebe, der Wahrheit, des Vertrauens und des verbindlichen Engagements hineinbringen. Du kannst die göttliche Liebe und die göttliche Gegenwart bitten, mit dir zu gehen. Du kannst deine Bereitwilligkeit und deinen Wunsch nach Wahrheit und größerer Partnerschaft einsetzen. Sieh dir deine Beziehung an. Denk über das Problem nach.

Wir wollen einmal so tun, als ob all deine Probleme nur das wären: eine Angst vor Intimität. Was ist es, wovor du dann Angst haben würdest? Hast du Angst, dass du hinwegschmelzen und erkennen würdest, dass der Zweck deiner Beziehung darin besteht, dass deine Identitäten verblassen, sodass es nur dich und den Himmel auf Erden gibt? Während das Ego schmilzt, gibt es mehr Liebe, Freude und Reaktionsfähigkeit auf das Leben. Es gibt mehr von der göttlichen Gegenwart, nicht als eine Idee, sondern als eine Erfahrung. Also verbrenn diese Angst, indem du sie fühlst, bis sie hinwegschmilzt und du den Frieden spürst, der sich auf der anderen Seite dieses Problems befindet. Der Frieden, der aus Glauben und Integration kommt, bringt neue Ebenen der Zuversicht und des Selbstvertrauens. Dies ist alles, was du wirklich brauchst. Nimm dir Zeit, deinen Verstand zu beruhigen, und hör deinem Höheren Selbst zu. Die Stimme deines Egos ist laut und kreischend, doch dein Höheres Selbst wird so laut wie dein Wunsch sein, es zu hören, und es wird dir sagen, was zu tun ist, um vorwärtszugehen. Du glaubst vielleicht, dass du keine Angst hast, aber wenn du ehrlich und in Kontakt mit dir selbst bist, wirst du wissen, dass der Weg nach vorn darin besteht, deine Angst zu heilen.

75

Verantwortlichkeit

Der Schlüssel zu einer erfolgreichen Beziehung liegt darin, dass du die Verantwortung für sie übernimmst. Das Ausmaß, indem du dies tust, ist das Ausmaß, indem du für deinen Partner empfänglich bist und er für dich. Wenn irgendetwas anderes vor sich geht, ist es entweder ein Kampf oder die Leblosigkeit und der Rückzug in Rollen. Dies gilt insbesondere für die Rolle der Unabhängigkeit oder die Falle der Ödipusverschwörung oder der Konkurrenz. Sie sorgen dafür, dass deine Beziehung entzweibricht, anstatt zusammengehalten zu werden.

Verantwortlichkeit hängt mit deiner Unschuld und deiner Macht zusammen. Das Ego benutzt Schuld, um dich von Unschuld und Macht abzuhalten. Macht und Unschuld führen dazu, dass du dich liebenswert und liebevoll fühlst. Verantwortlichkeit ist das zentrale Element, damit du in deiner Beziehung eine Veränderung zum Besseren erreichst. Indem du keine Verantwortung übernimmst, kannst du in der Rolle des Opfers, des Täters und des Unabhängigen gefangen werden. Du kannst in emotionalem Schwelgen und gleichzeitig in Urteil, Anschuldigung und Gefühlen der Ungerechtigkeit gefangen werden. In deiner Beziehung auf hohen Ebenen Erfolg zu haben, bedeutet im gleichen Ausmaß Verantwortung für dich selbst, für deine Erfahrung und für deinen Partner zu übernehmen. Dies beginnt, uns mit unserem Partner von Seele zu Seele zu verschmelzen. Es ist dieses Verschmelzen, das uns zum Himmel auf Erden zusammenführt. Der Himmel auf Erden beginnt damit, dass wir die volle Verantwortung nicht nur für uns selbst, sondern auch für unseren Partner übernehmen. Es ist diese Empfänglichkeit, die den Weg nicht nur zu einem tiefen Verständnis von uns selbst, sondern auch zur Seele unseres Partners findet. Jemanden in Wahrheit zu kennen, bedeutet, ihn zu verstehen, Mitgefühl für ihn zu haben und ihn zu lieben. Es ist dieses Eingehen auf den anderen, das uns über uns selbst hinweg und in die Freude trägt, die daraus entsteht, einander zu kennen. Auf andere einzugehen bringt uns in unserem Leben in Fluss und lässt Schwierigkeiten verschwinden. Es bringt Vorfreude sowohl auf die Gelegenheiten als auch auf die Geschenke, die aus dem Fluss kommen. Es ist beschwingt und unbezähmbar. Verantwortlichkeit wird zu dem Klebstoff, der uns verbindet. Die Schuld fällt weg und Verbundenheit ersetzt die Trennung. Wir wenden uns wieder dem Licht zu und unsere Liebe wird erneuert. Wir hören auf, außerhalb von uns selbst nach Glück zu suchen, und erkennen, dass wir die Bilder, die wir sehen, und das Leben, das wir erfahren, wählen. Wir sind uns bewusst, dass eine große Freude in uns ist, wenn sie auch verdeckt ist. Aber wir sind bereit, zu entdecken, wer und was wir sind, und zu teilen, während wir zu diesem Licht zurückkehren. Wir tun dies Hand in Hand mit unserem Partner, gestärkt durch die Verbundenheit mit ihm. Wir entdecken wieder unser Herz und die Liebe, die wir zu Beginn unserer Beziehung flüchtig erblickt hatten. Jetzt beginnt sie, sich auf die erfreulichste Weise zu verwirklichen.

76

Spirituelle Verbundenheit
mit deinem Partner

Dies ist eine weitere Übung, die dich deinem Partner näherbringen wird. Ruf Jesus, Kuan Yin oder einen deiner Freunde in »hohen Positionen« zu dir, von dem du gern Hilfe hättest. Stell dir vor, dass du dein Bewusstsein mit seinem verbindest, sodass es nur ein Bewusstsein gibt. Dann verbindest du dieses eine Bewusstsein mit deinem Partner. Als Nächstes verbindest du dich von Herz zu Herz mit Christus (oder dem entsprechenden anderen Helfer), sodass für euch beide nur ein Herz vorhanden ist. Anschließend verbindest du dieses Herz mit dem Herz deines Partners. Als Nächstes verbindest du dein Licht mit dem Licht von Christus zu einem Licht. Dann verbindest du dieses Licht mit dem Licht deines Partners. Wie fühlt sich das an und wie denkst du jetzt über deinen Partner?

Erlaube dir, dich an das schlimmste Erlebnis mit deinem Partner zu erinnern. Mach jetzt diese gleiche Übung, bei der du dich mit Jesus oder Kuan Yin und mit deinem Partner verbindest. Nimm dir Zeit bei dieser Übung und fühle jeden Schritt, während du ihn dir vorstellst. Frag dich, welche Erfahrung aus deiner Kindheit das zerstörerischste Muster zwischen dir und deinem Partner geschaffen hat. Heiße Christus erneut willkommen und verbinde dich mit seinem Herz, seinem Bewusstsein und seinem Licht und tu dann mit allen anderen Beteiligten in der Szene das Gleiche.

Als Nächstes bringst du den Teil deines Bewusstseins an die Oberfläche, der dein Partner ist, und gehst mithilfe deiner Intuition zurück zu der Szene aus seiner Kindheit, die jetzt die zerstörerischste Wirkung auf eure Beziehung hat. Ruf Jesus an und hilf deinem Partner, sein Bewusstsein, sein Herz und sein Licht mit ihm und dann mit allen anderen Personen in dieser Szene zu verbinden. Wie fühlt sich das jetzt für euch beide an?

77

Wozu ist eine Beziehung da?

Der Zweck deiner Beziehung besteht darin, dein *Sein* zu erreichen. Dein *Sein* zu erreichen bedeutet, Gott zu erfahren, »... weil dein Sein das Wissen Gottes *ist*«. *(Ein Kurs in Wundern, Textbuch,* Seite 125, T-7.VI.10:1)

Was dir dies gibt, ist die Erfahrung der göttlichen Liebe und Gegenwart, und so bekommst du die Erfahrung des Himmels auf Erden. Du tust dies im Kontext tiefsten Joinings mit deinem Partner, sodass dein Ego und seine Forderungen nach Besonderheit und Kontrolle in Freude zerfließen. Du bist gekommen, um dein Selbst durch deinen Partner zu finden. Während die Liebe für dich mehr verfügbar wird, schätzt du deine Identität mit Bedürfnissen und dem gespaltenen Bewusstsein so viel weniger. Als Folge fallen die Mauern deiner Identität, der Schmerz, den du weggeschlossen hattest, wird losgelassen, und du schaffst Raum, damit dein Partner in deinem Herzen wohnen kann. Du hörst auf, deinen Partner dazu zu benutzen, Dinge über dich selbst zu beweisen, die du nicht wirklich glaubst. Du hörst auf, Dinge auf ihn zu projizieren, die du an dir selbst nicht magst. Du hörst außerdem damit auf, ihn als Quelle zur Erfüllung deiner Bedürfnisse zu sehen. Stattdessen siehst du ihn als deinen Pfad nach Hause: Er ist derjenige, mit dem und durch den du in den Himmel eintreten wirst. Während du ihn als vollständig unschuldig betrachtest, weißt du, dass deine eigenen Illusionen und mit ihnen die Illusionen der Welt in diesem Augenblick wegfallen, weil es nichts gibt, was du von ihnen haben willst. Das wird dir Gottes Frieden bringen.

»Suche nicht weiter. Du wirst keinen Frieden finden außer dem Frieden Gottes. Nimm diese Tatsache an und erspare dir die Seelenqual weiterer bitterer Enttäuschungen, nackter Verzweiflung und das Gefühl von eisiger Hoffnungslosigkeit und Zweifel. Suche nicht weiter. Es gibt nichts anderes für dich zu finden außer dem Frieden Gottes, es sei denn, du suchtest nach Elend und nach Schmerz.« *(Ein Kurs in Wundern, Übungsbuch, Seite 384, Lektion 200, Ü-I.200.1:1-5)*

All dies bringt dir dein Partner, wenn du es nur ihm bringst. Versuch nicht, von ihm zu nehmen, sondern strebe danach, ihm zu geben. Schätze ihn und empfange die Schönheit dessen, wer er ist, und Frieden wird kommen. Wenn du jedoch danach strebst, deine Identität zu bewahren, wird es eine eisige Verschwendung sein, die ewig im Ozean der Liebe treibt und weder ihren Sinn noch den Sinn eines Partners oder deiner Beziehung erfahren wird. Deine Identität hat nicht nur deine Wände, sondern auch deine Bedürfnisse aufgebaut. Du wirst dich nicht um das betrügen, was deine Beziehung sowohl dir als auch deinem geliebten Gegenüber bringen könnte. Dies ist der Frieden Gottes, der deinem *Wesen* erwächst, wenn du nicht versuchst, deinen Partner zu etwas zu machen, was er nicht ist, sondern erkennst, dass sein Wert dein Wert ist. Und du lässt die wertlose Trennung hinter dir und segelst in deinem »Beziehungsschiff«[19] weiter. Alles, was zwischen dir und dem Himmel steht, wird zwischen dir und deinem Partner hochkommen. Was hochkommt, sind deine Seelenlektionen, und das, was du abgespalten und in deinem eigenen Bewusstsein verdrängt hast. Während du vergibst und diese Teile wieder integrierst, werden du und dein Partner ganzheitlicher und du bist offener für die Gnade und das gute Leben. Der Himmel wartet auf dich. Entledige dich deiner Urteile, deines Grolls und deiner Schuld und du wirst das Angesicht Christi erblicken, wenn du deinen Partner anschaust. Er wird dir mehr und mehr als Lichtwesen erscheinen und du wirst dich im Himmel auf Erden befinden.

78

Die Hundehütte

Dieses wichtige Konzept gilt es in Bezug auf deinen Partner zu untersuchen. In Nordamerika ist es nicht ungewöhnlich, dass man Hunde in einer Hundehütte im Freien hält. »In der Hundehütte zu sein« ist im Amerikanischen auch ein gängiger Ausdruck dafür, sich in Schwierigkeiten gebracht und insbesondere Schwierigkeiten mit seinem Partner zu haben. Es ist nicht ungewöhnlich, dass dein Partner in der Hundehütte ist. Es kommt noch häufiger vor, dass du deinen Ehemann in die Hundehütte verbannst. Diese Bestrafung hat jedoch ihre Folgen. Oder, wie es meine Workshop-Teilnehmer schon von mir gehört haben: »Wenn du deinen Mann zu lange in der Hundehütte lässt, geht er ins Katzenhaus[20].« Die Hundehütte bedeutet, dass dein Partner versagt hat. Es ist eine Form der Kontrolle. Dein Partner duckt sich entweder oder wird in seinem Status herabgesetzt, aber es ist zu einem Kampf geworden: »Wenn du mich nicht hereinlässt, werde ich eine andere finden, die das tut!«

Wie viele Hundehütten hast du für deinen Partner gebaut? Eine Reihe von Frauen antwortet darauf: »Ich habe nur eine Hundehütte für ihn, aber sie hat so viele Anbauten, dass es ein Hundeherrenhaus ist.« Dann frage ich: »Warum hast du ihn denn in die Hundehütte geschickt? Wofür bestrafst du ihn? Welche deiner Erwartungen hat er nicht erfüllt? Hast du ihm gesagt, was du von ihm erwartest?« Sogar wenn du das getan hast, sind Erwartungen Forderungen, um deine Bedürfnisse zu erfüllen. Sie funktionieren niemals. Auch wenn er deine Forderungen erfüllt, wird er dies mit seinem »Ich tu das für dich, weil du mich dazu zwingst«-Gesicht tun. Oder er wird es einfach nicht tun. Gibt es irgendetwas, für das du ihn in die Hundehütte geschickt hast, *was du nicht tust*? Wir geben immer anderen die Schuld für etwas, was wir tun oder nicht tun. Welche Wirkung haben diese Hundehütten auf deine Beziehung gehabt? Wofür benutzt du diese Hundehütten also? Funktioniert das? Macht es dich glücklich? Ist es das, was du willst? Wenn du deinen Partner von der Hundehütte ins Schlafzimmer einlädst, wird er einen besseren Ort als den Hof finden, um seinen Knochen[21] zu vergraben. Du könntest ihn wieder in das Schlafzimmer einladen, die Hundehütten auflösen und von vorn beginnen.

79

Dein Partner ist nur so gut, wie du ihn haben willst

Dein Partner ist nur so gut, wie du ihn haben willst. Dies ist ein Prinzip, das direkt aus deinem Unterbewusstsein kommt. Im Unterbewusstsein entwickeln sich die Dinge genauso, wie du sie haben wolltest. »Die Ergebnisse entsprechen den Absichten« ist ein Prinzip des Unterbewusstseins. Wir verstecken diese Entscheidungen und unsteten Wünsche im Unterbewusstsein vor unserem bewussten Verstand, wo wir eine andere, bessere Entscheidung treffen könnten.

Wir wollen ein wenig mit diesem Konzept spielen und herausfinden, was wir aus dem Unterbewusstsein herausschütteln können. Sei versichert, dass es in deinem bewussten Verstand das Letzte ist, was du dir wünschst, dass sich dein Partner so verhält, wie er sich verhält. Wir wollen aber einmal so tun, als ob es das ist, was du unterbewusst willst. Wie kommt das? Warum solltest du nur wollen, dass dein Partner so ist? Wenn wir nun aber so tun, als ob es das ist, was du wolltest: Warum wäre das so? Wofür benutzt du ihn? Was beweist es über dich, dass dein Partner so ist? Was hast du davon? Wie benutzt du das, um dich selbst zu schützen und den nächsten Schritt nicht zu tun? Wenn du offen und ehrlich mit dir selbst bist, kannst du das Material finden, das dafür sorgt, dass er so bleibt, wie er ist, und euch als Folge davon beide gefangen hält. Ist es das, was du willst? Was ist es, das du willst? Entscheide dich noch einmal! Übernimm Verantwortung für die Situation und übergib sie dem Himmel zur Auflösung.

Sieh und fühle, was du mit deinem Partner haben willst. Erinnere dich daran, dass Gottes Willen für dich totales Glücklichsein ist. Er sieht deine Unschuld. Er weiß, wer du bist, weil er dich erschaffen hat, und auch wenn wir alle glauben, diese Identität ändern zu können (wie es unser Ego zeigt), können wir sie nur verbergen. Du verdienst alle guten Dinge, und das gilt auch für deinen Partner. Stell dir vor deinem inneren Auge vor, wie du ihn dir wirklich wünschst. Fühle, wie du dich fühlen würdest, wenn er so wäre. Hör, was er zu dir sagen würde, wenn er so wäre. Was würden andere zu dir über ihn sagen und was würdest du zu dir selbst sagen, wenn er so wäre? Verweile dabei, dass dein Partner sich so verhält. Sieh es. Fühle es. Hör und spür, wie sich dein Partner auf diese neue, gelöste und freie Weise verhält. Verbinde dich mit deinem Partner von Licht zu Licht und fühle, wie das Licht des Himmels sich durch dein Licht in ihn ergießt, bis ihr beide zu einem Licht werdet. Tu dies jedes Mal, wenn du an deinen Partner denkst. Verbinde dich mit ihm in Licht und Liebe. Entscheide dich dafür, dass dein Partner so gut ist, wie du ihn haben willst, und wähle das auch für dich selbst. Feiere, wie dein Partner vor deinem inneren Auge mehr zu seinem wahren Selbst geworden ist. Feiere deinen Partner.

80

Wiederholung:
Wofür benutzt du das?

»Die Welt ist ein Traum und ich bin der Träumer«, sagte Buddha, nachdem er Erleuchtung gefunden hatte. Er erkannte, was viele Quantenphysiker heute wissen: Dass die Welt Licht ist, bis wir uns entscheiden, dass wir dort etwas als ein Bild haben wollen. Diese Bilder folgen unseren Wünschen, denn Träume sind, wie Freud erklärt hat, Wunscherfüllung. Dazu gehört auch der Wachtraum, der unser tägliches Leben ist.

Lass uns diese Prinzipien jetzt erwägen, die die gleichen Prinzipien sind, die ich bei der Arbeit im unterbewussten und unbewussten Verstand entdeckt habe. Es sind die gleichen Prinzipien, die in *Ein Kurs in Wundern* beschrieben werden. Als Lebensberater und Workshop-Leiter habe ich festgestellt, dass diese Prinzipien äußerst praktisch und hilfreich für Menschen sind, die die Situationen in ihrem Umfeld ändern möchten.

Ein Weg, um Zugang zum Unterbewusstsein zu erhalten, besteht darin, deine Intuition einzusetzen und das »So tun, als ob«-Spiel zu spielen. Damit dieses Spiel funktioniert, rätst du einfach mithilfe deiner Intuition. Dein Denken wird immer von deinem Ego zensiert. Dieses Zensieren erzeugt einen unterbewussten Verstand und scheint dafür zu sorgen, dass Dinge gegen unseren Willen geschehen. Tu also so, als ob du deinen Partner genauso haben wolltest, wie er ist. Wie kommt es, dass du ihn so haben willst? Wie dient dir das? Wofür benutzt du das? Was erlaubt dir das zu tun? Was ist es, das du nicht tun musst? Auch wenn du das scheinbar nicht willst: Gibt dir das, was dein Partner nicht tut, nicht einen Vorteil im Konkurrenzkampf und hilft dir, deine Lebensaufgabe und deine Bestimmung zu vermeiden? Benutzt du die Unterlegenheit deines Partners dazu, dich selbst in einem besseren Licht zu zeigen, überlegen zu sein, den Konkurrenzkampf zu gewinnen und dich zu etwas Besonderem zu machen? Welche Schuld versteckst du, indem du ihn ins Unrecht setzt? Was hast du ihm angetan oder nicht für ihn getan, indem du das kategorisierst, was er dir deiner Meinung nach angetan oder nicht für dich getan hat? Wie *Ein Kurs in Wundern (Textbuch,* Seite 589, T-27.VIII.8:1-3*)* erklärt: »Die Welt zeigt nur eine uralte Wahrheit auf: Du wirst glauben, dass andere dir genau das antun, was du ihnen angetan zu haben glaubst. Lässt du dich erst einmal dahingehend irreführen, ihnen die Schuld zuzuweisen, dann siehst du die Ursache dessen, was sie tun, nicht mehr, weil du *willst,* dass die Schuld auf ihnen liege. Wie kindisch ist das störrische Manöver, deine Unschuld dadurch zu bewahren, dass du Schuld nach außen abschiebst, sie aber niemals loslässt!«

Du ziehst einen gewissen versteckten Gewinn daraus, dass du deinen Partner klein und gefühllos hältst. Welche Ausrede gibt dir das? Du betrügst dich selbst dadurch, dass dein Partner so ist, wie er ist. Ist es das, was du willst? Was willst du? Wird dich das, was du tust, glücklich machen? Wie lange wird es dauern, bis dein Partner sich zurückzieht oder dir einen Hinterhalt stellt, wenn du die Konkurrenz für dich entscheidest? Indem du Punkte für dein Ego sammelst, vermeidest du sowohl die Süße des Erfolgs als auch der Intimität. Du hinderst den Fluss und machst alles schwierig für dich. Das ist nicht notwendig. Du hast die kleinsten Preise bekommen und das vermieden, was wahren Wert hat.

Möchtest du recht haben oder glücklich sein? Möchtest du ein Sklave deines Egos sein, verstecken, was wirklich abläuft, oder willst du dich ändern und erreichen, dass ihr beide erfolgreich seid? Möchtest du dich von der Vergangenheit gefangen halten lassen oder sie loslassen und um die Neugeburt bitten, die möglich ist? Es liegt in deiner Macht, deine Beziehung zu transformieren. Der Himmel steht hinter dir, aber stehst du hinter dem Himmel und hinter deinem Partner? Den Himmel zu unterstützen bedeutet, in deinen Partner zu investieren und dich in Richtung Freude aufzumachen. Was willst du?

81

»Ich werde mich dafür nicht verurteilen«

Eine der einfachsten Vergebungsübungen besteht in einer Entscheidung. Dafür, dich für kein Problem, keinen Groll und keinen Fehler zu verurteilen, den du oder jemand anders verursacht haben. Das Bewusstsein funktioniert so: Wenn du einen Fehler siehst, ist es dein Fehler. Wenn du wütend bist, übernimmst du keine Verantwortung für das Problem. Wenn du jemandem die Schuld gibst, versteckst du deine eigene Schuld bezüglich der gleichen Sache oder etwas Ähnlichem. Dieses Ähnliche zeigt sich in deiner Welt als etwas, das dich stört. Es zeigt die Überzeugungen, die du über dich selbst hast. Du hast deine Schuld im Innern vergraben und nach außen projiziert. Die Welt um dich herum zeigt dir Probleme, die du kompensiert hast, und es wäre fast unmöglich, sie auf andere Art und Weise zu finden. Wenn du daher dankbar dafür sein kannst, was dir die Welt als der Spiegel deiner Seele zeigt, dann hast du dich bereits auf den Weg gemacht, die versteckten Elemente deines Bewusstseins zu heilen.

Du kannst diese Worte benutzen und auf diese Weise dich selbst und die Menschen um dich herum befreien, insbesondere deinen Partner. Wenn du Fehler um dich herum siehst, sage diese Worte: »Ich werde mich für dieses Tun nicht verur-

teilen.« Während du diese Aussage mit fester Absicht deklarierst, kann sie Schicht um Schicht das Problem lösen, das
vielleicht unbewusste oder sogar kollektive Wurzeln hat. Halte
dich also an diese heilenden Worte und befreie dich selbst. Du
kannst auch die göttliche Liebe herbeirufen, bevor du sprichst,
denn die göttliche Liebe wirkt immer Wunder.

82

Eine Schachfigur sein

Unbewusste Eltern machen uns zu einer Schachfigur in ihren Kriegen und Machtkämpfen. Wenn sie uns herabsetzen oder uns wie einen Sklaven behandeln, neigt ein Teil von uns dazu, nicht erwachsen zu werden und unseren ebenbürtigen Platz neben unserem Partner nicht einzunehmen. Dadurch wird unserem Partner und uns etwas vorenthalten. Ein Teil unserer Beziehung wird niemals verwirklicht, und als Folge davon klafft dort eine Lücke, wo Erfüllung sein sollte. Aber wir müssen in diesem Mangel an Verbundenheit nicht länger feststecken.

- Wie sehr warst du für deine Eltern eine Schachfigur?
- Auf welche Weise beeinträchtigt dich das jetzt in deiner Beziehung?

Übernimm Verantwortung dafür und übergib es dem Himmel zur Auflösung.

- Wofür hast du die Situation, eine Schachfigur zu sein, benutzt?
- Wovor hast du dich versteckt?
- Welche Ausrede hat dir das gegeben?

Übernimm Verantwortung und übergib alles an den Heiligen Geist, damit er es für dich auflöst. Indem du jetzt loslässt, eine Schachfigur zu sein, kannst du deinem Partner dort helfen, wo er eine Schachfigur gewesen ist. Andernfalls bleibt eure Beziehung in der Vergangenheit stecken und wird ihr volles Potenzial als eine Treppe zum Himmel nie entfalten.

Beginn damit, Verantwortung dafür zu übernehmen, dass dein Partner eine Schachfigur ist.

- Wofür benutzt du das?
- Was erlaubt dir das zu tun?
- Was ist es, das du nicht tun musst?
- Vor welcher Angst versuchst du dich zu schützen?

Das Ausmaß, in dem dein Partner eine Schachfigur ist, ist das Ausmaß, in dem er sich mit einem oder beiden Elternteilen in Fusion befindet. Es kann auch sein, dass du das benutzt, um deinen Partner zu beherrschen.

Willst du wirklich, dass eure Beziehung darin stecken bleibt?

Du kannst Verantwortung dafür übernehmen, dass dein Partner eine Schachfigur ist, und das ebenfalls dem Himmel übergeben. Indem du dich selbst davon befreist, eine Schachfigur zu sein, kannst du deine Geschenke, deine Macht und dein verbindliches Engagement in deinen Partner ergießen und ihm helfen zu wachsen. Indem du Verantwortung dafür übernimmst, dass dein Partner eine Schachfigur ist, kannst du einen Teil deiner Geschenke, deiner Macht und deiner Fähigkeit zum Geben und Empfangen wieder in Anspruch nehmen. Er lag im Unbewussten verschlossen.

83

Aufopferung heilen

Wir haben begonnen, uns aufzuopfern, als wir kleine Kinder waren. Unsere Aufopferung fing an, sobald wir die Verbundenheit verloren hatten. Für die meisten von uns begann dies schon im Mutterleib. Wir haben uns getrennt und es so aussehen lassen, als wäre jemand anders daran schuld gewesen. Wir haben das, was wirklich passiert ist, im Unterbewusstsein versteckt, und wenn wir nicht versuchen würden, der Wahrheit zu entfliehen, bräuchten wir kein Unterbewusstsein, um so viel vor uns selbst zu verbergen. Das Problem eines Unterbewusstseins, abgesehen von einem Mangel an Integrität, ist jedoch, dass wir in Bezug auf beinahe alles ein gespaltenes Bewusstsein haben. Und die Realität, die wir für wahr halten, ist alles andere als die Wahrheit. In Augenblicken der Trennung fühlen wir uns wie ein Opfer, während wir leiden, um uns abzutrennen und eine Identität aus Konzepten von Ungerechtigkeit und Schmerz aufzubauen. Unter dieser Tarnung werden wir dissoziierter und unabhängiger. Wir spielen Rollen, um das zu kompensieren. Hinter diesen Masken haben wir uns jedoch einen Schritt von uns selbst und dem Kontakt entfernt, der für Intimität und Erfolg sorgt. In der Aufopferung tun wir vielleicht viel, aber wir geben uns nicht hundertprozentig. Wir halten ein wenig von uns selbst für uns selbst zurück. Es ist dieses Zurückhalten, das die Aufopferung ausmacht. Als Kind scheint sie uns einen guten Charakter zu geben, es sei denn, unsere Familie brauchte einen Sündenbock. Dann haben wir den schlechten oder bedürftigen Charakter gespielt.

Aufopferung lädt unser authentisches Selbst nicht ein und lässt nicht zu, dass es verfügbar ist, um zu empfangen oder in Partnerschaft zu gehen. Unser Herz ist verborgen und geschützt. Wir tragen alles auf unseren Schultern, anstatt die Leichtigkeit der Partnerschaft zu genießen. Wir kämpfen und wir arbeiten, sogar gegen jede Chance, hart für den Erfolg, obwohl es so viel einfacher sein könnte. Was wir durch diese Mühsal und diese Schwierigkeiten bekommen, ist Aufmerksamkeit, das Gefühl wichtig und etwas Besonderes zu sein. Unter der Rolle eines netten Menschen, der das Richtige tut und hart arbeitet, befinden sich Angriff und Groll. In gewisser Weise haben wir, als unsere Aufopferung begann, zu unseren Eltern gesagt: »Ihr macht es falsch. So hättet ihr es machen müssen. Ich bin besser als ihr.« Aufopferung ist eine Form der Konkurrenz mit einem Teufelskreis aus Gewinnen und Verlieren, Überlegenheit und Unterlegenheit, Aufgeblasenheit und Zusammenfallen (Selbstabwertung) und schließlich Schmollen und Schadenfreude. Dies sind hässliche unterbewusste Muster, die zwischen uns und unserem Partner stehen. Sie werden sogar noch subtiler, während wir in die Phase wechselseitiger Abhängigkeit gelangen und ebenso anschließend auf dem spirituellen Pfad radikaler Abhängigkeit, wenn wir uns weiter auf das Einssein zubewegen.

Sobald wir erkennen, dass Aufopferung eine Falle ist, beginnen wir zu verstehen, dass dies niemand außer uns selbst von uns verlangt. Dann fangen wir an zu untersuchen, wofür wir die Aufopferung benutzt haben. Sicherlich hat sie dazu gedient, Gefühle der Schuld und des Versagens zu kompensieren, die begannen, weil wir unsere Familie nicht gerettet haben. Zu ihrer Rettung hätten wir unsere Seelengeschenke enthüllen und bereit sein müssen, zu strahlen. Wir hätten unsere Lebensaufgabe und unsere Bestimmung annehmen müssen. Aber stattdessen haben wir unsere Verletzung und die Aufopferung benutzt, um uns vor dem Aufleuchten und Strahlen zu drücken. Jetzt könnte ein guter Zeitpunkt mit deinem Partner sein, zu strahlen, da diese Geschenke sich immer noch in dir befinden und viele von ihnen genau das sind, was dein Partner für den Mut zur Veränderung braucht. Würdest du für deinen Partner den Preis des Strahlens bezahlen? Für deine Kinder? Deine Familie?

Du könntest jedes Problem, das du oder dein Partner haben, oder jedes Problem in der Beziehung untersuchen. Erwäge, was das Geschenk wäre, das einen Fluss über das Problem hinaus erzeugen und euch frei machen würde. Jedes Geschenk intensiviert das Licht, das aus dir strahlt.

Frag dich, wie viele Aufopferungsgeschichten du hast. Welche Wirkung haben sie auf dein Leben und deine Beziehung? Wofür benutzt du diese Aufopferungsgeschichten? Ist es das, was du wirklich willst? Was willst du wirklich? Aufopferungsgeschichten werden immer von anderen Geschichten wie Geschichten der Schuld, der Angst, des Urteilens, des Versagens, des Grolls, der Unwürdigkeit, der Leblosigkeit und der Habgier begleitet. Frag dich, welche Wirkung diese Geschichten auf dein Leben und deine Beziehungen haben. Welchen geheimen Gewinn haben diese Geschichten? Wofür benutzt du sie? Wenn du erkennst, wie diese Geschichten dich beeinträchtigt haben, könntest du eine andere Entscheidung treffen. Du könntest dich entscheiden, diese Geschichten loszulassen in dem Wissen, dass es dir, deinem Partner und deiner Familie sowie der kollektiven Menschheit helfen wird. Als

Nächstes heißt du eine Engelschar willkommen und fragst dich, wie viele deiner Selbste es gibt, die diese Geschichten schreiben, und wie alt sie sind. Lade die Engel ein, jedes dieser Selbste zu lieben, bis es erwachsen geworden ist und wieder in dich zurückschmilzt. Dabei verbinden sich Leitungen in deinem Herzen, deinem Bewusstsein und in deinem Körper neu.

Erkenne, wenn sich dein Partner in Aufopferung befindet und eine geringere Position einnimmt als du. Ermutige ihn, seinen Platz als ebenbürtiger Partner einzunehmen. Sonst wird er entweder sich selbst und auch dich betrügen, indem er sich unterwürfig zeigt, oder, wenn er sich endlich entscheidet, aus dieser Position auszubrechen, wird er dich als Unterdrücker loswerden wollen. Erkenne stattdessen, dass eine intime und saftige Beziehung durch Ebenbürtigkeit und Gegenseitigkeit entsteht. Alles andere wird schlimme Folgen haben. Du erkennst vielleicht deinen eigenen Selbstwert, wenn du dies jedoch auf Kosten von jemand anderem tust, versteckst du immer noch einen Mangel an Selbstwert auf deiner Seite. Indem du deinen Partner wertschätzt und ihn keinen geringeren Platz einnehmen lässt, musst du dich nicht dem Karma stellen, das sich sonst früher oder später zeigen würde. Entferne jeden Herr-Sklaven-Aspekt aus deiner Beziehung, sobald er auftaucht. Wenn du das nicht tust, wird dein Partner Ärger und Groll aufstauen. Und wenn du derjenige bist, der sich in eine unterwürfige Position versetzt hat, erkenne, dass du damit ihn und dich selbst betrügst.

Du nimmst dir die »obere Schublade«, während du ihm den »billigen« Keller gibst. Oder umgekehrt. Engagiere dich verbindlich für dich selbst, ihn, die Ebenbürtigkeit und die Beziehung. Engagiere dich verbindlich für deinen Wert. Engagiere dich verbindlich für Liebe anstatt Unabhängigkeit und Abhängigkeit. Ebenbürtigkeit ist die Essenz der Intimität.

Achte ständig auf diesen Aspekt deiner Beziehung. Ohne ihn wird es Konkurrenz, Kämpfe und die Leblosigkeit geben, die aus Rollen anstatt aus freier Wahl entsteht. Du stufst dich vielleicht unter deinem Partner ein, aber dann wirst du nur so lange bleiben, bis du alles von ihm genommen hast, was du kriegen kannst. Dann wirst du ihn verlassen, aber du wirst mit Sicherheit nicht all das gewonnen haben, was du durch Intimität und das Teilen der Geschenke erhalten hättest, die du hast und die dich ausmachen.

84

»Du bist genau wie deine Mutter«

Wir fürchten diese Worte. Ganz gleich, ob es um unsere Mutter oder unseren Vater geht, wir haben typischerweise die Entscheidung getroffen, dass wir nie so wie unsere Eltern sein wollen, und sie in unserer Unabhängigkeit zu einem gewissen Grad abgelehnt. Dabei haben wir einen Teil von uns selbst verurteilt und abgelehnt und in unser Unterbewusstsein verbannt. Wir kompensieren dann den größten Teil der Zeit dafür und verhalten uns genau umgekehrt. Je mehr wir etwas an unseren Eltern verurteilen, desto mehr nehmen wir das an, was wir verurteilt haben. Auf der Seelenebene ist die Welt natürlich unser Spiegel und unsere Eltern repräsentieren Selbstkonzepte, die tief aus dem Unbewussten kommen. Sie existieren jedoch in unserer Welt, deshalb glauben wir diese Dinge bereits über uns selbst. Je älter wir werden, desto mehr werden wir uns wie der Elternteil verhalten, den wir verurteilt haben. Auf einer Ebene ist das so, weil wir, wenn wir es nicht durch Verständnis, Akzeptanz und Vergebung heilen, eine Zeit lang ihren Fußstapfen folgen werden, bis wir ihnen und uns selbst vergeben oder bis wir uns in Verleugnung verlieren und in Kompensation handeln. Wir haben auf diesen Elternteil projiziert, was wir nicht mögen und weswegen wir uns selbst quälen.

Auf zwischenmenschlicher Ebene sind wir gekommen, um die Menschen um uns herum zu retten. Dies sind Seelenlektionen, von denen der Himmel möchte, dass wir sie lernen. Auf innerpsychischer oder Seelenebene ist das, was wir sehen, das, was wir zu sein glauben. Alles, was wir sehen, sind wir selbst. Auf dieser Seelenebene ist alles, was passiert, eine Entscheidung, die uns erlaubt zu tun, was wir immer tun wollten, und nicht zu tun, was wir nicht tun wollten. Wir sind unglücklich, dass unsere Eltern nicht tun, was wir wollten, aber wir verstecken vor uns selbst, dass sie genau die tieferen Skripte ausagieren, die wir ihnen zugewiesen haben, damit wir etwas bekommen konnten, eine Ausrede haben oder beweisen können, dass wir die bessere Person sind und so weiter.

Wenn wir diese Worte von unserem Partner hören, kommen sie entweder aus echter Besorgnis, sind Teil eines Kampfes oder ein Weg, um durch einen Schlag unter die Gürtellinie zu gewinnen. Oder es handelt sich um eine große Beschwerde. Und, wie du dich erinnern wirst, eine Beschwerde ist eine Beschwerde, dass der Partner unsere eigenen Bedürfnisse nicht erfüllt, wobei wir die Tatsache vergessen, dass das Geschenk, was uns glücklich machen und ihn heilen würde, in uns ist. Das ist das Geschenk, das unserem Partner helfen würde. Wir projizieren alles auf unseren Partner, seine Mutter und seinen Vater, seine Schwestern und Brüder, unsere Eltern, unsere Expartner und so weiter. Vergebung hilft, anstatt zu verurteilen, und sie verbindet uns, sodass die Negativität verschwindet.

Es gibt einen weiteren wichtigen Aspekt, der mit der Fusion mit unseren Eltern und den Eltern unseres Partners zu tun hat. Wenn wir uns in Fusion befinden, fangen wir an, so zu denken, zu handeln und den Menschen ähnlich zu werden, die wir verurteilt und von denen wir uns getrennt haben. Wir können das Gefühl der Einsamkeit nicht ertragen, das aus einer Trennung entsteht. Fusion ist ein Versuch des Egos, die verlorene Verbundenheit zu lindern. Sie funktioniert nicht. Sie sorgt nur dafür, dass die Grenzen zwischen uns unklar werden. Die Fusion verdeckt die Trennung, den Groll, die Einsamkeit und die Angst vor dem nächsten Schritt. Gleichzeitig ist Fusion Aufopferung, Unabhängigkeit und Opfersein in Bezug auf die Person, der wir ähnlich zu werden beginnen. Fusion ist ein Streich des Egos, der viele Fallen auf einmal stellt und den tieferen Konflikt der Trennung verbirgt. Fusion unterbricht die Kommunikation und die Brückenbildung, die durch das Kommunizieren entsteht.

Es gibt eine weitere Schicht der Fusion, die durch Introjektion entsteht. Davon gibt es zwei Formen. Eine ist, dass du eine bestimmte Menge des Schmerzes der Person, mit der du in Fusion gegangen bist, in dich aufnimmst. Das fängt damit an, dass du dich so verhältst wie sie. Die zweite Form besteht darin, dass du ihre Persönlichkeit, ihre Werte und Ansichten ohne nachzudenken introjizierst oder schluckst. So beginnst du, auf nicht authentische Weise deinen Eltern, deinen Ex-partnern oder deinen Geschwistern zu ähneln.

Eine der Methoden, um eine wahre Beziehung und eine authentische Seinsweise zu schaffen, ist eine Integrationsübung. Du kannst diese Übung in einem großen leeren Zimmer oder im Freien machen und dir vorstellen, dass es zwei weitere »Teilnehmer« gibt: die Person, mit der du dich in Fusion befindest und dich selbst. Stell dich so viele Schritte von der Person entfernt auf, wie es sich richtig anfühlt, um die wahre Distanz und die Differenzen zwischen euch zu repräsentieren, welche die Fusion verdeckt hat. Stell dir vor, dass du dich an einem Punkt befindest und die Person an dem anderen. Markiere diese beiden Stellen mit zwei verschiedenen Gegenständen. Beginne an dem Punkt der anderen Person. Dies ist der Teil von der Person, der du bist, der Teil, den du vielleicht introjiziert hast, oder der Teil, der dein tiefes verstecktes Selbstkonzept oder deinen Schatten repräsentiert. Was ist es, das dieser Aspekt von dir im Allgemeinen sagen möchte, und was möchte er insbesondere zu dir sagen? Wenn Du-als-die-Person dies ausgesprochen hat, machst du einen Schritt in Richtung auf die andere Markierung zu und stellst die Markierung für Du-als-die-Person dorthin, wo du jetzt stehst. Dann gehst du zu der anderen Markierung, die dich repräsentiert. Was möchtest du sagen oder antworten, wenn du an diesem Ort stehst? Wenn du damit fertig bist, machst du einen Schritt auf die andere Seite zu und stellst an diesem neuen Ort die Markierung für dich auf. Geh zu dem Selbstkonzept für Du-als-die-Person zurück und sprich von dort aus. Was gibt es jetzt im Allgemeinen oder zu dir zu sagen? Mach einen Schritt nach vorn, stell die Markierung an diesem neuen Ort auf und geh wieder zu dir selbst zurück. Von dort aus sprichst du erneut für dich. Fahre so fort, indem du die Positionen zwischen dir und Du-als-die-Person wechselst. Sprich aus, was jeder dieser Teile sagen will, bis sie nur noch einen Schritt voneinander entfernt stehen. Dann sagst du von jeder Seite aus alles, was es noch zu sagen gibt, bis keine Seite mehr etwas zu sagen hat. Warte einen Augenblick in dieser unentschiedenen Situation, bis beide Seiten spontan als ein neues Ganzes zusammenkommen. Dies führt zu Frieden und Zuversicht.

Wenn du diese Schicht geheilt hast, machst du auf dem Pfad deiner Beziehung einen Schritt nach vorn. Im gleichen Ausmaß wird dein Partner aufgrund der Heilung, die du für euch beide erreicht hast, mit dir voranschreiten. Dies wird dort helfen, wo du zu dem wurdest, was du abgelehnt hast. Das Vorwärtsschreiten wird deinem Partner helfen, wenn er dabei war, wie jemand zu werden, mit dem er sich in Fusion befunden hat, zum Beispiel seine Mutter oder sein Vater. Das Ausmaß der Fusion, das du hast, wird das Ausmaß der Fusion zeigen, die dein Partner hat.

Diese Übung gibt dir eine hilfreiche Methode, um deine Fusionen und auch die deines Partners zu heilen. Der Grund dafür ist, dass die Fusion, die du mit anderen hast, in einer Beziehung ein Hindernis darstellt, das zu Opfer-, insbesondere jedoch zu Unabhängigkeits- und Aufopferungsrollen zwischen euch führen wird. Indem du vorwärtsschreitest, hilfst du, euch beide zu befreien.

85

Gefängnisgeschichten und -verschwörungen

Wir leben in einem Gefängnis, das aus unseren eigenen Überzeugungen besteht. Wir haben uns selbst mehr und mehr eingeschränkt. Während wir uns jedoch weiterentwickeln, bewegen wir uns emotional, psychologisch und spirituell wieder auf das Licht zu. Alles, was jeder Einzelne von uns tut, um sich zu befreien, hilft allen anderen. Wir leben in einer Gefängniswelt, in der wir durch unsere Schuld eingesperrt sind. Jede Trennung, die wir jemals vollzogen haben, hat auch Schuld und Angst erzeugt. 1984 gab ich eine Reihe von Heilungsworkshops im Männergefängnis auf Hawaii. Ein Gedicht eines Insassen enthielt eine bewegende Zeile, in der er erklärte, dass er, sobald er seine Angst vor der Freiheit überwunden hatte, frei wäre, ganz gleich, wie lange seine Haft noch anhielte.

Kürzlich habe ich sowohl mit Klienten als auch mit Freunden gearbeitet, die sich in ihren Beziehungen in einem Machtkampf befanden. Einige waren in einem großen Beziehungsdilemma gefangen, bei den anderen beiden Beziehungen zeichnete sich nach einer katastrophalen Krankheit gerade zum ersten Mal eine Besserung ab. Alle von ihnen zögerten trotz ihrer Probleme, die Falle zu überwinden. Sie hatten

Angst vor dem Übergang und dem unangenehmen Gefühl direkt nach der Falle selbst, das zu einem völlig neuen Kapitel und einer neuen Phase in ihrem Leben führen würde. Sie schleppten sich dahin und bemühten sich eilig, so langsam zu gehen, wie sie nur konnten. Einige drückten einen großen Wunsch nach Heilung, Workshops, Sitzungen und Gesprächen aus, machten jedoch keine besondere Anstrengung, loszulassen und wirklich einen Sprung nach vorn zu machen. Alle glaubten entweder, dass ihre Situation nicht gelöst werden und sich bessern könnte, oder sie hatten Angstfantasien, dass es beim nächsten Schritt schlimmer werden würde. Einige waren in dem alten Ego-Aufschub gefangen von: »Ich weiß nicht, was der nächste Schritt ist. Wie kann ich ihn machen, wenn ich nicht weiß, was er ist?« Insbesondere Menschen, die die Kontrollphase der Unabhängigkeit noch nicht überwunden haben, hängen an dieser Stelle fest, an der sie das Gefühl haben, dass sie wissen müssen, was der nächste Schritt ist. Diese Art Verhalten entspricht Gefängnisgeschichten und Gefängnisverschwörungen.

Frag dich, wie viele Gefängnisgeschichten und Gefängnisverschwörungen du hast. Frag dich, welche Wirkung sie auf dein Leben gehabt haben. Frag dich, wofür du die diese Gefängnisgeschichten und -verschwörungen benutzt hast. Für welchen Zweck haben sie dir gedient? Als Nächstes fragst du dich mithilfe deiner Intuition, wie viele Gefängnisgeschichten und -verschwörungen dein Partner hat. Welche Wirkung haben diese Geschichten und Verschwörungen auf sein Leben ausgeübt? Wofür hat er diese Gefängnisgeschichten und -verschwörungen benutzt? Für welchen Zweck haben sie ihm gedient? Wofür benutzt du die Gefängnisgeschichten und -verschwörungen deines Partners? Wie dienen sie *dir*? Wofür bestrafst du deinen Partner? Warum bestrafst du dich selbst, indem du dich zu einem Gefängnisaufenthalt verurteilst? Du kannst diese Geschichten und Verschwörungen dem Himmel übergeben und sehen, was dir im Austausch dafür gegeben wird. In der gleichen Weise kannst du deinem Partner helfen, seine Gefängnisgeschichten und -verschwörungen dem Himmel zu übergeben und zu sehen, was er dafür erhält. Als Nächstes fragst du dich, wie alt das Selbst ist, das deine Gefängnisgeschichten und -verschwörungen schreibt, und wie alt das Selbst ist, das die Gefängnisgeschichten und -verschwörungen deines Partners schreibt. Bitte eine Engelschar zu kommen und diese Selbste zu lieben, bis sie erwachsen werden und wieder in euch beide hineinschmelzen, wodurch ihr zuversichtlicher, unschuldiger und ganzheitlicher werdet.

Frag jetzt, in welchem Alter du dich in diesem Leben selbst eingeschränkt und ins Gefängnis geworfen hast. Es war im Alter von ... Wer war dabei und was ist passiert? Wie hat dies dich in deinem Leben beeinträchtigt? Welche Ausrede hat dir dieses Ereignis gegeben? Was hat es dir zu tun erlaubt, das du sonst nicht getan hättest? Bitte deine Engel, dich aus dem Gefängnis zu tragen und die Haftstrafe, unter der du gelitten hast, aufzuheben. Sobald du frei bist, kannst du diese Unschuld allen in der Szene bringen und ihre Haftstrafen aufheben.

Stell dir jetzt die gleichen Fragen in Bezug auf deinen Partner und bring mit den Engeln die Unschuld herbei, die ihn aus dem Gefängnis befreit und ebenso die Menschen, die dort mit ihm waren, sodass alle aus dem Gefängnis entlassen werden.

Frag dich, welche Seite deiner Familie die größte Gefängnisstrafe an dich weitergegeben hat. War es die Seite deiner Mutter oder die Seite deines Vaters? Was wurde in der Ahnenlinie weitergegeben, das zu deiner Gefängnisstrafe wurde? Stell dir vor, dass du über deinem Körper schwebst und dich von den Engeln in die Vergangenheit tragen lässt und auf deine Zeitachse herunterschaust, bis du eine schöne, funkelnde Farbe siehst, die das perfekte Gegenmittel für die Gefängnisfarbe ist. Schweb in diese Farbe herunter und bring sie gemeinsam mit den Engeln durch die Zeitachse. Lass die Farbe sich zu Cousinen, Nichten und Neffen und auch zu deinen Kindern ausbreiten und weiter den ganzen Weg zurück dorthin, wo das Gefängnis für deine Eltern und dann für dich begann. Schmilz dieses Gefängnis hinweg. Wenn das abgeschlossen ist, bringst du diese Farbe durch die Zeitachse der Familie in die Zukunft, bis du eine weitere schöne Farbe erreichst, von der du weißt, dass es die perfekte Farbe ist, um eine Gefangenschaft zu verhindern. Bring diese Farbe mit der Hilfe deiner Engel durch die Familie zur Gegenwart und breite sie aus, während du siehst, wie sie durch den zukünftigen Stammbaum läuft. Als Nächstes machst du die gleiche Übung für deinen Partner.

Schließlich fragst du dich, in welchem Leben du so stark in Gefangenschaft geraten konntest, dass es dich noch heute stark beeinträchtigt. Dies geschah vermutlich in einem Land, das heute ... genannt wird. Wenn du wüsstest, ob du ein Mann oder eine Frau warst, warst du vermutlich ein(e) ... Was geschah dort, das dich nicht nur damals, sondern auch heute so beeinträchtigt hat? Es war vermutlich ... Wenn du das wüsstest: Was war die Lektion, die du in jenem Leben lernen wolltest? Lade von dem Zeitpunkt an, als du in jenem Leben ein kleines Kind warst, die göttliche Liebe und die göttliche Gegenwart ein. Geh mit diesem Segen durch jenes Leben und teil die Liebe und Gegenwart mit allen, mit denen du in Kontakt kommst. Wie entwickelt sich jenes Leben jetzt? Bring die Energie dieses geheilten Lebens zusammen mit der göttlichen Liebe und der göttlichen Gegenwart durch alle deine Lebenszeiten bis in die Gegenwart. Wie fühlt sich das jetzt an? Sobald das abgeschlossen ist, machst du die gleiche Übung für vergangene Leben mit deinem Partner, um ihn aus dem Gefängnis zu befreien, das er in der Vergangenheit gebaut hat und das ihn jetzt immer noch zurückhält.

All diese Übungen können natürlich auch mit dem zweitschlimmsten Gefängnisereignis gemacht werden, das ebenfalls durch die Ahnenlinie und durch vergangene Leben weitergegeben worden ist. Diese Serie von Übungen kann effektiv während eines Monats durchgeführt werden, um diese blockierten Muster Schicht für Schicht aufzulösen.

86

Deinem Partner helfen

Um deinem Partner zu helfen, änderst du deine Einstellung zu dir selbst. »Die Welt von jeder Art des Schmerzes zu befreien, heißt nur, dein Denken über dich zu ändern.« *(Ein Kurs in Wundern, Übungsbuch,* Seite 243, Lektion 132, Ü-I.132.10:2)

Du beginnst damit, deine Einstellung zu dir selbst aufzugeben, indem du deinen Selbstangriff loslässt. Die Probleme und Defizite deines Partners sind in der Tat eine Form des Selbstangriffs. Die Tatsache, dass sie Selbstkonzepte sind, die auf der Seelenebene begraben liegen, bedeutet, dass es einen inneren Konflikt gab, der jetzt im Außen gespiegelt wird. Frag dich, wie viele Selbstangriffsgeschichten du hast. Wie haben sie dein Leben beeinträchtigt? Wofür hast du diese Geschichten benutzt? Hat dich das glücklich gemacht? Ist es das, was du willst? »Illusionen sind Investitionen. Sie währen so lange, wie du sie wertschätzt.« *(Ein Kurs in Wundern, Textbuch,* Seite 127, T-7.VII.4:1-2)

Du könntest dich entscheiden, diese Selbstangriffsgeschichten nicht mehr länger aufrechtzuerhalten. Du könntest sie loslassen und herausfinden, wodurch sie ersetzt werden. Dann kannst du dir vorstellen, wie dein Leben und dein Partner ohne deine Selbstangriffsgeschichten wären. Wie alt ist das Selbst, das deine Selbstangriffsgeschichten schreibt? Ruf eine

Gruppe von Engeln herbei, die dieses Selbst lieben, bis es dein gegenwärtiges Alter erreicht hat und wieder mit dir verschmelzen kann, wobei Leitungen in deinem Herzen, deinem Bewusstsein und deinem Körper erneut verbunden werden. Dies stellt Aspekte deines Herzens, deines Bewusstseins und deiner Gesundheit wieder her, die verloren gegangen waren. Mach jetzt die gleiche Übung mit Selbsthassgeschichten, Machtkampfgeschichten und Beschwerdegeschichten. Als Nächstes fragst du, ob die Selbstkonzepte, die dein Partner ausagiert, für dich vor, während oder nach deiner Geburt begonnen haben. Wenn es vor der Geburt war, fragst du, ob sie im Mutterleib oder davor begonnen haben. Wenn sie aus diesem Leben stammen, fragst du mithilfe deiner Intuition, in welchem Monat im Mutterleib sie begonnen haben. Frag, wer bei dir war und was passiert ist. Frag, was du begonnen hast, über dich selbst, Beziehungen, Männer, Frauen, Erfolg und deine Lebensaufgabe zu glauben. Alles, was du zu glauben begonnen hast, ist nicht nur ein Glaubenssatz, sondern ein Selbstkonzept. Deine Überzeugungen werden zu deinem Gefängnis. Du nimmst dich durch deine Glaubenssätze wahr und siehst die Welt um dich herum gemäß deiner Überzeugungen. Die Überzeugungen, für die du dich damals entschieden hast, haben die Art und Weise bestimmt, wie dein Leben sich entfaltet hat. Du könntest dich entscheiden, diese Überzeugungen loszulassen. Dies lässt dein Ego verblassen und ersetzt es durch Liebe. Stell dir vor, wie du in diese ursprüngliche Situation eine Engelschar einlädst, die Freude bringt und diese Überzeugungen in dir und allen anderen Personen in der Szene, mit denen du derartig negative Überzeugungen hattest, hinwegschmilzt. Lass die Situation durch Freude verwandelt werden.

Wenn sie nach deiner Geburt passiert ist, als du zum Beispiel drei Jahre alt warst, gehst du zu dem entsprechenden

Monat im Mutterleib zurück und lässt die Freude von den Engeln zu allen bringen, die damals anwesend waren. Lass die Glaubenssätze und damit auch die schmerzhaften Emotionen, Verhaltensweisen und Zweifel, die aus deinen Überzeugungen und deinen Wünschen entstanden sind, weggewaschen werden.

Wenn deine Überzeugungen vor deiner Zeit im Mutterleib entstanden sind, frag, ob sie von Glaubenssätzen deiner Ahnen stammen, ob du sie auf der Seelenebene mitgebracht hast oder ob beides zutrifft. Überzeugungen auf der Seelenebene stammen von Überzeugungen deiner Ahnen und Überzeugungen aus vergangenen Leben. Wenn die Glaubenssätze aus Ahnenmustern kommen, bittest du die Engel, dich in die Zukunft zu tragen, wo diese Glaubenssätze und diese Negativität aufgelöst worden sind und deine Familie eine goldene Lebensgeschichte erlebt. Erfreu dich an diesem Ort und lass dir von den Engeln dabei helfen, das Licht und die Liebe an diesem Ort für deine Familie und deine Vorfahren zurück in die Gegenwart zu tragen. Bitte dann die Engel, dich an einen Ort vor dem Beginn dieser dunklen Überzeugungen auf der mütterlichen oder väterlichen Seite deiner Familie zurückzutragen. Wenn du erneut einen Ort mit einer goldenen Lebensgeschichte für diese Seite der Familie oder auf beiden Seiten erreichst, bringst du mithilfe der Engel die goldene Lebensgeschichte von diesen Orten durch den Stammbaum, bis die Freude bis in die Gegenwart reicht.

Frag bezüglich deiner Überzeugungen aus vergangenen Leben und von der Seelenebene, wann diese dunklen Glaubenssätze begonnen haben. Wenn du es wüsstest, wäre das in dem Land gewesen, das heute ... heißt. Frag, ob du damals ein Mann oder eine Frau warst. Frag, ob du jemanden kanntest, den du heute in diesem Leben kennst. Wer ist das und welche

Beziehung hattest du damals zu diesem Menschen? Bitte die Engel, mit dir dorthin zurückzugehen. Was ist damals passiert? Was hat diese dunklen Überzeugungen über dich selbst geschaffen? Was waren diese Überzeugungen? Sie wurden zu dunklen Ego-Überzeugungen und dunklen Selbstkonzepten. Wie haben sie dich in allen deinen Leben beeinträchtigt? Wofür benutzt du sie? Ist es das, was du willst? Bitte die Engel, dir zu helfen, diese dunkle Lektion loszulassen, die du mit diesen Glaubenssätzen angenommen hast. Lad die Liebe und die göttliche Liebe in jenes Leben ein. Hilf den Engeln, ihre Freude und deine Seelengeschenke zu verschenken, die für jenes Leben bestimmt waren. Lass dir von den Engeln helfen, deine Lebensaufgabe und deine Bestimmung in jener Zeit anzunehmen, und bring das Licht und die Heilung jenes Lebens durch alle deine Leben bis in das jetzige und in die Gegenwart. Ändere auf diese Weise, was du über dich selbst glaubst, um deinem Partner zu helfen. Wie Konzepte aus *Ein Kurs in Wundern* erklären: Wahrnehmung ist Projektion und wir können unsere Einstellung und damit die Welt ändern.

87

Das Unverzeihliche vergeben

Da Groll zu Distanz führt und diese verfestigt, ist es äußerst wichtig, dass du deine Beziehung frei von Groll hältst. Du kannst dies durch Vergebung, Loslassen und Hinausgehen über den Ort erreichen, an dem der Groll dich festhält. Wenn du dir jetzt wünschst, deiner Beziehung und deinem Partner zu einem Sprung nach vorn zu verhelfen, fragst du dich nach den drei schlimmsten »Sünden«, die dein Partner deiner Ansicht nach begangen hat und die unverzeihlich sind. Schreib diese drei Ereignisse auf und betrachte sie eins nach dem anderen. Welche Wirkung hat jedes Ereignis auf deine Beziehung? Welche Wirkung haben alle drei Ereignisse gemeinsam auf deine Beziehung? Wofür benutzt du diese Ereignisse? Wie dienen sie dir? Welchen geheimen Gewinn versuchst du aus diesem Groll zu ziehen?

Groll besteht aus Urteil, Wut und Angriff auf deinen Partner. Was dir das Unterbewusstsein zeigt, ist, dass es damals eine Zeit war, in der dein Partner etwas brauchte und du ihn verurteilt hast, anstatt ihm zu helfen. Du hast das Ereignis für deine Unabhängigkeit und als eine Ausrede zur Trennung benutzt. Dennoch gibt es eine weitere wichtige Dynamik, und zwar, dass du das Gefühl hast, eine unverzeihliche Sünde begangen zu haben. Dein Groll gegen deinen Partner ist nur eine Tarnung für deine Schuld. Welche Wirkung hat diese

Schuld auf deine Beziehung? Frag dich, wofür du diese Schuld benutzt. Für welchen Zweck dient sie dir? Dienst du der Liebe oder deinem Ego? Versuchst du, recht zu haben oder besonders zu sein? Hast du Angst vor dem nächsten Schritt in Richtung Intimität? Hast du das Gefühl, dass dein Partner dich nicht mögen oder lieben würde, wenn er dich besser kennen würde? Hast du das Gefühl, dass du nicht das Zeug hast, um auf der nächsten Stufe mit deinem Partner oder der Beziehung umzugehen? Der Schlüssel, um dich selbst zu befreien und Erfolg zu haben, besteht darin, dir selbst zu vergeben. Das wird es dir leicht machen, deinem Partner zu vergeben. Was willst du? Wenn du willst, dass es deiner Beziehung, deinem Partner und dir besser geht, ist Vergebung der Ausweg. In dem Gericht, bei dem der Heilige Geist den Vorsitz führt, würden eure beiden Fälle verworfen werden. Sie würden als Fehler betrachtet, die korrigiert werden können. Lass Vergebung dich, deinen Partner und die Beziehung befreien. Erinnere dich daran, dass du das, was du dir oder jemand anderem vorhältst, auch allen weiteren Personen einschließlich deiner Kinder vorhalten wirst. Wie du jemanden bestrafst, ist so, wie du dich und die Menschen bestrafst, die du liebst. Ist es das, was du willst? Dies ist eine Chance, um deiner Beziehung, dir selbst und deinem Partner Starthilfe zu geben. Dies ist eine Chance, um einen neuen Grad an Offenheit und Ehrlichkeit in dein Leben und deine Beziehung zu bringen. Hier ist deine Chance und hier ist deine Veränderung. Ergreif die Chance und führe die Veränderung durch. Der Himmel ist auf deiner Seite. Du kannst es tun. Der Himmel hält dich für unschuldig. Glaubst du nicht, dass es ein wenig arrogant von dir ist, zu glauben, du könntest schuldig sein?

88

Zunichtemachen

Es gibt eine Dynamik im Bewusstsein einiger Menschen, die sehr zerstörerisch ist. Es ist das Zunichtemachen. Es ist im Wesentlichen das, was passiert, wenn ein Dreijähriger seine Bauklötze aufeinanderstellt und sie anschließend alle zum Einstürzen bringt, einfach aus der reinen Freude, alles zusammenbrechen zu sehen. Dies ist ein ziemlich gemeiner Mechanismus, und er tritt typischerweise dann auf, wenn wir in unserem Leben oder unserer Beziehung in Trübsal feststecken. Anstatt den Mut zu ergreifen, uns zu ändern und voranzugehen, reißen wir unser Leben auseinander, auch wenn es so scheint, als ob die Umstände uns das angetan hätten. Wir bauen unser Leben auf, und es ist nicht perfekt, deshalb reißen wir unter dem Vorwand einer Katastrophe, die uns passiert, alles wieder ein.

Frag dich mithilfe deiner Intuition, ob du oder dein Partner diesen Mechanismus in sich tragen. Frag dich, wie alt das Selbst ist, das dies sowohl in dir als auch in deinem Partner tut. Es ist ein Selbst, das emotional stecken geblieben ist. Bitte deine Engel, zu dir zu kommen und dieses Selbst zu lieben, bis es dein und das gegenwärtige Alter deines Partners erreicht hat, abhängig davon, wer den Mechanismus hat. Schmilz dieses jetzt reife Selbst wieder in dich zurück und verbinde dabei Leitungen in deinem Herzen, deinem Bewusstsein und deinem Körper neu miteinander.

Ein weiterer einfacher Weg ist das spirituelle Annullieren, um das zerstörerische Zunichtemachen in dir zu heilen. Zuerst übernimmst du die vollständige Verantwortung dafür, wie dein Leben ist inklusive der Zerstörungswut in dir, und auch dafür, wie dein Partner ist inklusive seiner Zerstörungswut. Dann bittest du sofort den Himmel darum, diese Mechanismen und die Art und Weise, wie dein Leben festgefahren ist, zu annullieren. Spür deine Dankbarkeit dafür, wie einfach dies erreicht werden kann.

89

Selbstkreuzigung

Wenn es Herzensbruch oder zerbrochene Träume in deinem Leben gegeben hat, waren das Gelegenheiten, bei denen du dich selbst gekreuzigt hast. Wenn du es wüsstest, wie alt warst du, als du dich zum ersten Mal gekreuzigt hast? Wer war dabei und was ist passiert? Wie viele Selbste hast du gekreuzigt? Wie hat dich das in deinem Leben beeinträchtigt? Wofür benutzt du diese Selbstkreuzigung? Welcher Zweck liegt darin? Welchen geheimen Gewinn ziehst du daraus? Wenn du dir diese Dinge mit deinem bewussten Verstand ansiehst, was ist es, was du jetzt willst? Ruf zuerst ein Team von Engeln herbei, die dich vom Kreuz abnehmen und diesen gekreuzigten Selbsten dabei wieder den heiligen Atem des Lebens einhauchen. Lass jedes dieser Selbste von den Engeln halten und lieben, bis es erwachsen geworden ist und wieder in dich zurückschmilzt. Dabei verbinden sich Leitungen in deinem Herzen, deinem Bewusstsein und in deinem Körper neu miteinander. Wenn das abgeschlossen ist, fragst du, wie viele Selbste der »Täter« in sich selbst gekreuzigt hat, damit es zu diesem Ereignis kommen konnte. Nimm auch diese Selbste vom Kreuz herunter. Hauch diesen Selbsten den heiligen Atem des Lebens ein und liebe sie gemeinsam mit den Engeln, bis sie dein jetziges Alter erreicht haben und wieder mit dir verschmelzen. Dabei verbinden sich Leitungen in deinem Herzen, deinem Bewusstsein und deinem Körper von Neuem. Anschließend machst du die gleiche Übung für alle anderen Beteiligten an der Szene, um ihre gekreuzigten Selbste zu heilen.

Entweder machst du diese Übung danach, indem du deinen Partner bittest, seine Intuition zu benutzen, oder du bringst den Teil deines Bewusstseins in den Vordergrund, der dein Partner ist, und benutzt deine Intuition, um ihm zu helfen. Finde das Alter, die Beteiligten und die Situation, in der dein Partner sich gekreuzigt hat. Nimm alle diese Selbste mit den Engeln vom Kreuz und hauche ihnen den heiligen Atem des Lebens ein. Liebe sie, bis sie erwachsen werden und wieder in deinen Partner zurückschmelzen können und dabei alle Leitungen neu verbinden, die sie in seinem Herzen, seinem Bewusstsein und in seinem Körper durchtrennt hatten. Anschließend machst du die gleiche Übung mit dem Täter und allen anderen Beteiligten an der Szene. Nimm auch diese Selbste vom Kreuz herunter. Hauch ihnen den heiligen Atem des Lebens ein und liebe diese Selbste zusammen mit den Engeln, bis sie das gegenwärtige Alter erreicht haben und wieder mit den entsprechenden Personen verschmelzen und ihnen eine neue Ganzheit schenken.

90

Das Astrale heilen

Einer der letzten wichtigen Bereiche, die du für dich und deinen Partner überprüfen solltest, stammt aus den tiefsten Ebenen deines Bewusstseins, dem dunklen Übernatürlichen. Dieser Aspekt des Bewusstseins, der direkt nach dem »Fall« in den Traum entstanden ist, ist der Ort, an dem du, anstatt aufzuwachen, deinem neu erschaffenen Ego immer tiefer in die Dunkelheit der Illusion gefolgt bist. Dies geschah sogar bevor und gerade nachdem du dich getrennt hattest, und nach den vielen Stürzen seit dem Fall reichte dies aus, um Körper zu erschaffen, die die Trennung dauerhaft machen sollten. Dies ist die Realität der dunklen Götter (um eine Metapher aus dem Buddhismus zu verwenden) sowie der Dämonen und Teufel. Dies sind alles Aspekte des uralten Ego und sie scheinen eine Urkraft zu besitzen. Dies ist jedoch eine Illusion und der Himmel ist immer bei dir, um dich zu leiten und zu beschützen. Während dein Bewusstsein wächst, bringst du diese tiefen, dunklen, uralten Spaltungen an die Oberfläche, die zwischen dir, deinem Partner und Gott stehen. Für alles, was dir begegnet, hast du auch die erforderlichen Mittel, um damit umzugehen. Das gilt insbesondere dann, wenn du dich an die Quelle erinnerst.

Der Schlüssel zur Heilung des Astralen besteht darin, deine Freunde an hohen Orten zu Hilfe zu rufen, um diesen Aspekt zu bereinigen, während du dich gleichzeitig vollständig verbindlich für das Licht engagierst. Zuerst findest du heraus, wo du Pakte mit dem Teufel geschlossen hast, und heilst diese Fallen. Geh auf die gleiche intuitive Weise, die du in dem vorherigen Kapitel benutzt hast, durch dein Leben zurück. Frag dich bezüglich der Orte in deinem Leben, an denen du leidest, ob du Pakte mit dem Teufel geschlossen hast, und frag dich, wie viele Pakte zu jeder dieser Stellen gehören. Was hast du versucht, aus diesen Pakten zu bekommen? Hast du das bekommen, was du zu erreichen versucht hast? Hat es dich glücklich gemacht? Wurdest du um das betrogen, was du zu bekommen versucht hast? Welche Wirkung hat dieser Pakt mit dem Teufel auf dein Leben gehabt? Wie viele Teufel haben sich an diesen Vertrag mit dir angehängt? Welche Wirkung hat das auf dein Leben gehabt? Ist es das, was du willst? Du kannst den Himmel um Hilfe bitten. Anschließend bittest du die göttliche Gegenwart oder einen deiner Freunde in »hohen Positionen«, diese Teufel von dir zu lösen und sie dem Licht zurückzugeben. Während diese Teufel dich gequält und dir das Leben schwergemacht haben, hatten sie insgeheim die Hoffnung, dass du eines Tages so weit erwachen würdest, um sie mit der Hilfe des Himmels von dort, wo alles für sie begann, zum Licht des Himmels zurückzutragen. Wenn dies nun erreicht worden ist, kannst du den Teufelspakt mit dem Schwert der Wahrheit auflösen. Tu dies für dein ganzes Leben. Stell dir dann vor, dass du dein Partner bist, und geh durch sein Leben an die Stellen zurück, wo er genau wie du Pakte mit dem Teufel (dem uralten Ego) geschlossen hat.

Beim nächsten Aspekt der Heilung dieser astralen Ebene für dich und deinen Partner fragst du dich, wie viele große Spaltungen du in deiner Seele trägst, durch die das Astrale in dein Leben einströmen kann. Bitte dann den Himmel um Hilfe.

Ruf deine Freunde in »hohen Positionen« herbei. Stell dir vor, dass du, sie und deine Engel durch die größte Spaltung in deinem Seelenbewusstsein gehen. Dies ist typischerweise ein Ort, an dem du dich im Zwielicht oder in der Dunkelheit befindest. Er ist entweder leer oder mit den Seelen von Männern und Frauen bevölkert, die versuchen, auf der astralen Ebene Bedürfnisse erfüllt zu bekommen. Während das Licht zu ihnen kommt, werden sie befreit und auf die nächste Stufe im Lehrplan ihrer Seele getragen. Falls dort niemand ist, erleuchtet das Licht die Dunkelheit und löst sie auf. Dieser Ort sieht typischerweise wie eine riesige Flugzeughalle aus, und erst am Ende wirst du Dämonen, Teufel oder dunkle Herrscher finden, die Dunkelheit als einen Angriff auf dich schicken. Dies kann dich nur kurzzeitig aufhalten, wenn du weiterhin das Licht bringst. Wenn du zum Ende kommst, fliehen sie entweder oder werden, während du deine Freunde um Hilfe bittest, zum Licht des Himmels zurücktransportiert.

Wenn du dies mit jeder großen Spaltung auf der Seelenebene vollbracht hast, lässt du dir von einem deiner Freunde deine Seele mit Licht pflastern und wieder ganz machen, bis sie strahlt und vollkommen wiederhergestellt ist. Sobald dies erreicht ist, kannst du dich mithilfe deiner Freunde um die Spaltungen im Seelenbewusstsein deines Partners kümmern. Begib dich in jede große Kluft, und wenn sie gereinigt ist, heilst du sie mithilfe deiner Freunde und machst das Seelenbewusstsein deines Partners wieder ganz. So kann dieser dunkle Einfluss nicht mehr hindurchdringen und deinen Partner und dich auf diese Weise nicht mehr angreifen. Nachdem du deine eigenen Seelenspaltungen bereinigt hast, ist es natürlich, deinem Partner dabei zu helfen, seine Spaltungen zu heilen und zu bereinigen. Genieß den Frieden, der daraus entsteht, nicht ständig über die Schulter nach Astralangriffen

Ausschau halten zu müssen. Diese Spaltungen für deinen Partner zu bereinigen, stellt typischerweise ein heiliges Versprechen dar, das du gegeben hast, um ihn vor den Folgen dieser tiefsten Dunkelheit zu retten.

»Es gibt keinen Frieden außer dem Frieden Gottes.« *(Ein Kurs in Wundern, Übungsbuch,* Seite 384, Überschrift Ü-I.200*)*

91

Dunklen Einfluss heilen

Während wir uns tiefer in das Unbewusste begeben, wird es zu einem immer stärker faszinierenden Reich. Wir verwenden Mythen, Metaphern und Symbole, um mit dem Unbewussten in Kontakt zu kommen. In seinem tiefsten Bereich finden wir das Astrale, die Heimat der Dämonen, der Teufel und der dunklen Herrscher. Diese sind alle Symbole für das uralte Ego. Sie scheinen eine eigene dunkle Kraft zu besitzen, aber sie sind wirklich einfach nur die tiefsten, negativsten Teile unseres Bewusstseins, die uns gespiegelt werden. Es sind die Teile von uns, die sich vom Licht abgewandt haben. Der Umgang mit diesem Bereich des Bewusstseins wird einfach und sicher, wenn du deine Engel und deine Freunde in »hohen Positionen« herbeirufst.

Frag dich, ob du als Kind unter astralen Angriffen gelitten hast. Wenn dies der Fall ist, kann es sein, dass es eine bestimmte emotionale Wunde gibt, die du einfach nicht überwinden konntest, ganz gleich, wie sehr du dich um Heilung bemüht hast. Diese Wunde fühlt sich giftig an. Es kommt häufig vor, dass die Person, die dir diese Wunde zugefügt hat, keine Erinnerung an ein derartiges Ereignis hat. Stell dir vor, dass all die Menschen, die Astralangriffe weitergegeben haben, vor dir stehen. Lass das Licht und die Liebe des Himmels durch dich und durch deine Wunde strahlen. Ergieß dieses

Licht und diese Liebe in die Personen, in ihre Verbindung mit dem Astralen und auch in deine Verbindung damit. Diese astrale Dunkelheit und dieser astrale Angriff können zu jedem Ort, an dem deine Seele eine Spaltung erlitten hat, vordringen und sich gegen dich und andere wenden. Lass diese Liebe und dieses Licht in diese Spaltungen einströmen, in diese Öffnungen zum Astralen. Anschließend lässt du die Liebe und das Licht durch die Spaltungen des anderen strömen, der diesen astralen Angriff gegen dich gerichtet hat. Während das Licht der göttlichen Liebe und der göttlichen Gegenwart in das Astrale strömt, bringt es Erlösung für alle astralen Wesen dort. Wenn dies erreicht und abgeschlossen ist, kommen sie von diesem dunkelsten Ort des Bewusstseins hervor und verheilen alle astralen Öffnungen in dir und der anderen Person mit göttlichem Licht und göttlicher Liebe.

92

Einige Beziehungen
sind wie Stützräder

Dieses Kapitel soll alles ausgleichen, was über das Retten deiner Beziehung gesagt wurde, indem du dich änderst und so auch deinen Partner änderst. Nicht jede Beziehung soll ein Leben lang bestehen bleiben. Einige Beziehungen sind wie Stützräder an einem Fahrrad zu der Zeit, als du gelernt hast zu fahren. Sie dienen dazu, dir beim Lernen zu helfen. Natürlich wäre ich immer noch mit meiner ersten Liebe zusammen, wenn ich in dieser ersten Beziehung gewusst hätte, was ich jetzt weiß. Aber ich musste sehr viele Lektionen lernen, um in die Lage zu kommen, eine erfolgreiche Beziehung zu führen. Meine Fahrräder und meine Stützräder wurden entsprechend größer, bis ich meine jetzige Frau traf. Dann wurden die Lektionen fortgesetzt, aber diesmal auf dem gleichen Fahrrad.

Deine Beziehung ist deine Beziehung. Es ist dein Leben, und du kannst tun, was du willst. Dies ist kein Regelwerk, sondern ein Buch mit Transformationsprinzipien, die dich anleiten können, vorwärtszuschreiten und schwierige Zeiten zu überwinden. Du entscheidest, wie weit du gehen wirst. Die meisten Menschen gehen so weit, wie sie können, bevor sie aufgeben. Dennoch geben unglücklicherweise sehr viele auf, bevor dies nötig ist. Manchmal stoßen wir auf eine Landmine, und die Reaktion wirft uns aus der Beziehung, wenn eine Heilung vorher oder nachher die ganze Sache ohne Notwendigkeit einer Explosion hätte regeln können.

Weiterhin ist es wichtig, dir nicht für vergangene Beziehungen, bei denen du keine Antwort wusstest, Vorwürfe zu machen. Reue und Schuld sind einfach hinterhältige Methoden des Egos, um festzuhalten und die Lektion nicht vollständig zu lernen. Dein Ego will aufschieben und dich auf so viele Umwege wie möglich schicken. Setz dir in deiner Beziehung realistische Ziele. Was hältst du für möglich? Wenn es so aussieht, als ob es zu schwierig werden würde, erinnere dich daran, dass du nicht aufgerufen bist, dich aufzuopfern. Auf der anderen Seite kann nur eine enge Beziehung einiges der versteckten Schuld, der Rollen und der Aufopferung an die Oberfläche bringen, die wir in unserem Innern vergraben haben. Das ist es, was wir heilen sollen. Und Wunder sind möglich. Sie sind die Lösung des Himmels für all das Chaos, in das wir uns manövriert haben. Wenn du dein Bewusstsein von jeglichem Groll gereinigt hast, kannst du darum bitten, dafür beten und die Wunder empfangen.

Ein weiterer Weg nach vorn besteht darin, dir dein Leben vorzustellen, wenn du die Beziehung beendest. Wie wird die Situation in drei Monaten aussehen? In sechs Monaten? In einem Jahr? In drei Jahren? In fünf Jahren?

Stell dir jetzt vor, dass du in deiner Beziehung bleibst und dich weiter heilst. Wie wird die Situation in drei Monaten aussehen? In sechs Monaten? In einem Jahr? In drei Jahren? In fünf Jahren? Was sieht nach der besten und wahrsten Lösung aus?

Der ganze Zweck einer Beziehung besteht darin, immer noch glücklicher zu werden. Sie dient dazu, dass unsere Liebe uns motiviert, die Wand des Egos einzureißen und die Trennung zu beenden.

Dieses Kapitel soll dir keine Ausrede geben, die Beziehung aufzugeben, noch soll es dich in einer Beziehung halten, die nicht so aussieht, als ob sie besser werden würde, weil du das nicht willst. Es gibt vielleicht Lektionen, die du noch nicht gelernt hast. Es ist dein Leben. Triff eine kluge Entscheidung. Wenn du viel Zeit in deine Beziehung investiert hast und weit gekommen bist, ist es manchmal weiser, zu bleiben und die Lektionen zu lernen.

Letztendlich dreht sich alles darum, das Ego aufzulösen und das Göttliche einzuladen, an deiner Beziehung teilzuhaben. Dein Ego will nicht, dass deine Beziehung funktioniert, ganz gleich, ob du darin bleibst oder sie verlässt. Welches ist der wahre Pfad zu deinem Herz, zu deinem wahren Selbst und schließlich zum Himmel selbst? Es ist in Ordnung, Fehler zu machen. Sie sind Lektionen, die du lernen könntest. Du könntest deine Fehler korrigieren und einen Schritt hin zu größerer Liebe tun.

93

Astralangriffe

Eine der Fallen, von denen Paare geplagt werden können, sind Astralangriffe. Diese kommen aus einigen der tiefsten Teile des Bewusstseins. Es ist das Reich des uralten Ego, noch bevor wir bei unserem Abstieg aus dem Einssein in weitere Tiefen der Trennung Körper angenommen haben. Das uralte Ego will, dass die Dinge bleiben, wie sie sind, oder dass wir noch tiefer fallen. Es ist jedoch nicht an uns und noch viel weniger an unserem Wohlbefinden interessiert. Dies ist die Wurzel von Wunden, die aufgrund von Trauma nicht heilen. Während sie von außerhalb zu kommen scheinen, resultieren die negativen Ereignisse in unserem Leben immer auf der einen oder anderen Ebene aus einem Konflikt in uns.

Das Astrale nimmt die Form von Inkubus, Sukkubus, Dämonen, Teufeln und sogar dunklen Herrschern an. Dies sind alles Aspekte des uralten Ego, die wir auf unserem Weg zurück zum Einssein heilen wollen. Nichts davon muss uns Angst machen, weil *Gott wirklich ist* und nichts anderes wahrhaft wirklich ist. Es gibt Engel und alle Arten spiritueller Hilfe von denjenigen, die bereits das Einssein erreicht und einen Pfad für uns zurückgelassen haben, auf dem wir ihnen folgen können. Der Rest ist die Illusion einer Welt der Trennung, und das ist es, was unsere Aufmerksamkeit erfordert. Wenn du die Trennung zwischen dir und deinem Partner heilen kannst, vergrößerst du nicht nur deine Macht, deine Zuversicht und dein Glücklichsein, sondern auch die Macht, die Zuversicht und die Liebe von deinem Partner und allen anderen. Du zeigst einen Weg hindurch. Du zeigst einen Weg nach vorn in Beziehungen. Du zeigst, dass es einen besseren Weg gibt und dass er erreicht werden kann. Damals in den Siebziger- und Achtzigerjahren ging ich mit diesem dämonischen Bereich mit der Macht meines eigenen Bewusstseins auf schamanische Weise um. Nach einem knappen Entkommen rufe ich jedoch seitdem die Hilfe des Himmels an und habe jedes Mal ohne Ausnahme gute Ergebnisse erzielt.

Das Astrale kann dich dazu benutzen, andere anzugreifen. Wenn dies passiert, dann durch eine Form des Schwelgens und des Sich-gehen-Lassens. Du bist dir vielleicht nicht bewusst, dass dieser Angriff durch dich erfolgt, sogar bis zu dem Grad, dass dein Gedächtnis aussetzt. Meistens hast du keine Ahnung, dass du so etwas tust. Das geht den meisten Menschen so. Nur wenige, die in ihrer eigenen Ignoranz gefangen sind, tun es bewusst und absichtlich. Daher waren die Menschen, die es mit dir gemacht haben, größtenteils ebenfalls blind dafür. Das Astrale kann durchkommen, um dich anzugreifen, wenn du eine wichtige Lebensaufgabe hast und Licht zu bringen versuchst. Dies geschieht, um dich zu verkrüppeln, damit du dich nicht daranmachst, das heilige Versprechen deiner Lebensaufgabe zu erfüllen. Der Angriff auf dich kann in emotionalen Situationen, Unfällen, Krankheiten, verbalem, körperlichem und sexuellem Missbrauch erfolgen. Er kann durch Eltern, Geschwister, Freunde, Verwandte oder Fremde erfolgen. Er kann geschehen, während du bewusstlos bist oder unter dem Einfluss von Rauschmitteln stehst. Er kann zu dir im Schlaf oder im Wachzustand kommen, obwohl er dich, wenn du schläfst, normalerweise in einem Zustand des Schreckens aufweckt.

Frag dich jetzt, wer dich astral angegriffen hat. Stell dir vor, dass diese Person zum Zeitpunkt des Angriffs vor dir steht, und verbinde dich von dem Licht in deinem Innern mit dem Licht im Innern dieser Person. Nimm dir einige Augenblicke Zeit, um diese Verbindung zu genießen. Dann erweiterst du sie wiederum von deinem Licht auf die Astralwesen oder die Energien, die zu dir durchgedrungen sind und von dieser Person kommen. Verbinde das Licht von deinem Geist mit dem Licht deiner Engel. Dies kann heilen, was von jenem Angriff giftig und ungeheilt zurückgeblieben ist. Es kann mit Astralwesen umgehen und sie mit der Hilfe deiner Engel wieder ins Licht freigeben. Es kann göttliches Licht in das Astrale fließen lassen, das dieses Licht so nötig braucht.

Frag, ob du als Folge dieses Angriffs Pakte mit dem Teufel geschlossen hast. Wie viele gibt es? Wie viele Teufelspersönlichkeiten hast du als Ergebnis davon in dir? Wie viele Teufel haben sich als Folge dieses Vorfalls an dein Aurasystem angehängt? Bitte deine Engel und deinen Meisterlehrer, sie zurück zum Licht zu tragen. Bitte den Erzengel Michael, sein Schwert der Wahrheit zu nehmen und die Teufelspakte und die Teufelspersönlichkeiten hinwegzuschmelzen. Anschließend machst du mit dem nächsten Astralangriff oder astralen Trauma weiter, bei dem du Pakte mit dem Teufel geschlossen hast oder möglicherweise in den dunklen Trennungen des Egos eingeschlossen worden bist. Frag, welche Wirkung dies auf dein Leben gehabt hat. Frag, wozu du es benutzt hast. Denn genau wie das Astrale dich benutzt hat, hast du es ebenfalls benutzt. Wofür? Was hat es dir zu tun erlaubt? Welche Ausrede hat es dir gegeben? Was hast du daraus zu bekommen versucht?

Du kannst das jetzt alles loslassen und Licht hineinbringen. Dies ist hier deine Lebensaufgabe: die Liebe und das Licht zu bringen.

Ganz gleich, wie groß oder bösartig die Teufel auch erscheinen mögen, und auch wenn sie sich in deinem Leben böswillig verhalten haben: Sie haben sich nach dem Tag gesehnt, an dem jemand ausreichend aufwachen würde, um sie wieder nach Hause ins Licht zu schicken. Der heutige könnte für sie leicht zu diesem Tag werden. Bitte deine Engel und deine Freunde in »hohen Positionen« um Hilfe und schick diese dunklen Wesen zurück ins Licht. Sobald du alle Traumata und Ähnliches beseitigt hast, die dämonische Energien haben, kannst du dies auch für deinen Partner tun, weil er ein Spiegel deiner Seele ist. Du kannst diesen Teil deines Bewusstseins, der dein Partner ist, in den Vordergrund bringen, und dann damit so arbeiten, als ob es dein Partner wäre. Mach die gleiche Übung so, als wenn du dein Partner wärst, um ihn zu befreien. Auf spiritueller Ebene sind wir alle eins und auf unbewusster Ebene ist unser aller Bewusstsein verbunden. Jeder ist ein Spiegel für uns.

Es gibt noch eine weitere große Übung in Bezug auf das Unbewusste. Frag dich, wie viele große Öffnungen du zum Astralen hast. Bitte deine Engel, deinen Meisterlehrer, den Erzengel Michael und alle anderen Freunde, die du herbeirufen möchtest, mit dir zu gehen. Begib dich in die größte Spaltung, in das Astrale. Dort wirst du typischerweise einen Ort finden, der sich in vollständiger Dunkelheit oder im Zwielicht befindet. Er wird entweder vollständig leer oder mit einem riesigen Wirrwarr von astralen Körpern gefüllt sein, die versuchen, ein Bedürfnis an einem Ort erfüllt zu bekommen, an dem dies unmöglich ist. Bring das Licht hierher. Ruf ein Bataillon aus Engeln herbei, um diese Seelen zu befreien und sie zu ihrem nächsten Schritt zu bringen. Die Venen des Astralen liegen wie riesige Höhlen in unserem Bewusstsein. Bring das Licht, während du gemeinsam mit deinen Freunden in »hohen Positionen« reist. Am Ende der Höhle können sich Dämonen, Teufel oder dunkle Herrscher befinden, die dir all ihre Dunkelheit entgegenwerfen, insgeheim jedoch auf Erlösung hoffen. Bring einfach weiter das Licht, und wenn du sie schließlich erreicht hast, schickst du sie zurück ins Licht. Wenn dies abgeschlossen ist, lässt du dir von all deinen Engeln und Freunden deine Seele mit Licht heilen, damit es dort keine Öffnungen zum Astralen mehr gibt. Wenn du das Gefühl hast, einige weitere Öffnungen reinigen zu müssen, tust du das zuerst. Wenn das alles für dich beendet worden ist, machst du die gleiche Übung für deinen Partner oder mit deinem Partner.

94

Die Elemente des Kämpfens

Wenn wir mit unserem Partner streiten oder kämpfen, dann kämpfen wir mit uns selbst. Äußere Konflikte zeigen, dass ein bedeutender innerer Konflikt abläuft. Wenn du dich in einem Kampf befindest, bitte den Himmel, den Teil zu integrieren, der dein Unterbewusstsein beziehungsweise dein Unbewusstes ist, das dein Partner dir spiegelt. Ein Konflikt gibt dir keinen Frieden und daher auch keine Intimität und keinen Erfolg. Sprich diese Worte der Macht: »Ich könnte stattdessen Frieden sehen.« *(Ein Kurs in Wundern, Übungsbuch,* Seite 51, Überschrift Ü-I.34.*)* Wenn sie mit fester Absicht und mit der Bitte um die Unterstützung des Himmels ausgesprochen werden, führen diese Worte zu noch größeren Ebenen des Friedens. Die ersten Ebenen können jedoch Dissoziation oder intensive Emotionen mit sich bringen, wenn unser Konflikt Wurzeln im Unbewussten hat. »Ich könnte stattdessen Frieden sehen«, das sind sehr machtvolle Worte, um Schichten von Selbstkonzepten zu entfernen, die auf Schmerz und Ungerechtigkeit beruhen. Es ist ein Ort des Kampfes anstatt der Partnerschaft. Nur Frieden bringt die Zuversicht und die Integration, die dir das Beste von beiden Seiten schenken.

Bei jedem Streit geht es um Bedürfnisse. Du hast deine Bedürfnisse, dass Dinge in bestimmter Weise erfolgen, und das geht deinem Partner genauso. Deine Bedürfnisse signalisieren, dass es eine Trennung, den Verlust von Verbundenheit und Illusionen gibt und dass du versuchst, etwas außerhalb von dir zu bekommen, um deine Bedürfnisse zu erfüllen. Dies ist ein Pfad, der zu Schmerz, gebrochenen Herzen, Streit, Enttäuschung und Desillusionierung führen wird. Doch das ist nur das halbe Problem. Mit einem Bedürfnis hast du ein gespaltenes Bewusstsein an der Stelle, wo du das Bedürfnis erfüllt haben und auch nicht erfüllt haben willst. Du willst es und du willst etwas anderes noch mehr. Du willst es und du willst auch deine Unabhängigkeit. Also schlägt dir dein Ego vor, dass du es nicht wirklich empfangen willst, weil es dich wieder verbinden würde und du die Unabhängigkeit und ein Stück Ego verlieren würdest. Im Konflikt eines gespaltenen Bewusstseins willst du, was du willst, und du hast zugleich Angst, es zu haben, weil der Teil, der sich Unabhängigkeit wünscht, Angst hat, dass seine Bedürfnisse nicht erfüllt werden. Dies führt zu einem Hin und Her im Bewusstsein und auch zu einem äußeren Konflikt.

Nach den Bedürfnissen ist das zweitwichtigste Element in einem Streit, recht haben zu wollen. Während die Wahrheit nicht verteidigt werden muss, verlangt unsere Schuld jede Menge an Abwehr. Eine Abwehr besteht darin, unsere Schuld auf unseren Partner zu projizieren und ihn als die schuldige Partei anzusehen. Das Ego verspricht, dass dies uns von unserer Schuld befreien wird, aber in der Tat versteckt es sie nur und macht es schwieriger, sie zu finden und sie als die Illusion zu erkennen, die sie ist. Wahrnehmung ist ein so großer Faktor bei Streitigkeiten, wir sind dafür verantwortlich, was wir sehen. Die zweite Methode, mit der sich das Ego vor Schuld schützt, besteht darin, dafür zu kompensieren: durch Beschäftigt-Sein, harte Arbeit, dadurch, gut und wohltätig zu sein, und so weiter. Auf diese Weise sieht es überhaupt nicht so aus, als wenn wir eine negative Qualität hätten, und wir bestehen hartnäckig darauf, dass wir frei davon sind. Aber es ist recht praktisch, einen Partner zu haben, dem wir die Aspekte anhängen können, die wir an uns selbst nicht mögen.

Der nächste größere Aspekt eines Kampfes besteht darin, dass wir Dinge über das Leben, uns selbst, unseren Partner, Männer, Frauen, Beziehungen, Sex, Geld und so weiter beweisen wollen. Und natürlich wollen wir beweisen, dass wir recht haben. Was wir jedoch zu beweisen suchen, glauben wir nicht wirklich, sonst müssten wir ja nicht versuchen, es zu beweisen. Beweisen ist nur eine weitere Kompensation. Wenn wir Dinge über uns selbst beweisen, tun wir dies manchmal gegen jede Vernunft, es ist eine fürchterliche, unnötige Verschwendung von Zeit und Energie.

Die nächste wichtige Dynamik bei deinem Kämpfen ist die Konkurrenz. Es gibt keine Kämpfe ohne Konkurrenz. Sie rühren von deiner Familie her, der die Verbundenheit verloren gegangen ist, und von dem Mangel, der als Folge davon entstanden ist. Aber wenn du das Gewinnen-Verlieren der Konkurrenz spielst, werden Zeitpunkt und Ort kommen, wo auch du verlierst. Wenn Menschen stark konkurrieren und den größten Teil ihres Lebens gewinnen, sparen sie sich das Gefühl, ein Verlierer und ein Versager zu sein, normalerweise für das Ende ihres Lebens auf. Wenn du eine ständig erfolgreichere Beziehung haben willst, dann gib Schritt für Schritt oder auf einmal deine Konkurrenz, deine Konkurrenzschatten und deine -geschichten, -verschwörungen und -idole auf. Spiel stattdessen ein größeres Spiel, bei dem du und dein Partner gleichermaßen gewinnen können.

Das abschließende Element in einem Kampf ist die Angst vor dem nächsten Schritt und die Angst vor Intimität. Es gibt keinen Kampf ohne die Angst, dass du mit dem nächsten Schritt nicht umgehen kannst. Dass du dich vielleicht hilflos und außer Kontrolle fühlen könntest, erzeugt Angst. Es handelt sich um ein gespaltenes Bewusstsein und die Angst ist, dass nur eine Seite erfüllt werden kann. Dass ein Teil von dir Erfolg und Intimität will und ein anderer Teil Unabhängigkeit, führt zu Angst. Angst entsteht aus deinen Urteils- und Angriffsgedanken. Diese gehen hinaus, werden aber als Angst erlebt, während du erfährst, wie das, was du ausstrahlst, zu dir zurückkehrt. Strahle nur Liebe aus, und du wirst erleben, dass nur Liebe zu dir zurückkehrt. Angst kommt daher, dass du versuchst, die Zukunft zu regeln, während du in der Gegenwart bist. Sie kommt daher, dass du eine Zukunft voraussiehst, die deiner Vergangenheit entspricht. Lass die Vergangenheit los. Sie ist vorbei. Lass die Zukunft los, sie ist nicht hier. »Ich lege die Zukunft in Gottes Hand.« *(Ein Kurs in Wundern, Übungsbuch,* Seite 370, Überschrift Ü-I.194.) Komm in die Gegenwart zurück, an den Ort des Friedens und der Freude. Wenn du dir vorstellst, dass Jesus, die Engel oder Buddha mit dir gehen, dann kann es keine Angst geben, denn Angst bedeutet zu vergessen, wer du bist und wer immer mit dir geht.

Erinnere dich, dass du ewiger Geist bist. Erinnere dich, dass du als ein Kind Gottes alle guten Dinge verdienst. Erinnere dich, wer mit dir geht, und genieße die Gnade der göttlichen Liebe, frei von Angst zu sein. »Ich könnte stattdessen Frieden sehen.«

95

Deine Lebensgeschichte II

Denk an dein ganzes Leben und all die Höhen und Tiefen darin. Wir wollen einige Minuten lang annehmen, dass du der Autor deines Lebens bist, so wie es sich entfaltet hat. Warst du der Autor von Liebe und Hilfsbereitschaft oder warst du der Autor einer Geschichte voller Angst, Herzensbruch und Schuld? Offenbarungen aus dem Unbewussten oder dem Seelenbewusstsein zeigen, dass wir der Autor unserer Lebensgeschichte sind. Dies mag dir im Licht von einigen Dingen, die dir passiert sind, unglaubwürdig erscheinen. Eine Methode, in die tieferen Schichten deines Bewusstseins vorzudringen, besteht darin, so zu tun als ob. Während dein bewusster Verstand offensichtlich nicht haben wollte, dass dir diese Dinge geschehen, und jeder Behauptung, dass dies anders wäre, heftig widersprechen würde, hast du einen unterbewussten Verstand, der viel größer als dein bewusster Verstand ist. Er enthält alles, was du vor dir selbst versteckt hast. Er ist voller Selbstbetrug, Verleugnung und Dissoziation. Er enthält unterdrückte Emotionen und hat eine Menge von dem verdrängt, was im Zusammenhang mit den negativen Ereignissen in deinem Leben abläuft. Hier sind einige wichtige Fragen, um dein Unterbewusstsein in Bezug auf negative Erfahrungen zu öffnen:

- Was hattest du befürchtet, würde passieren, wenn du vorangeschritten wärst und dieses Ereignis nicht benutzt hättest, um dich aufzuhalten?
- Warum hast du dich so angegriffen?
- Welchen Gewinn glaubtest du zu bekommen, indem dies passierte?
- Was hat dir dieses traumatische Ereignis zu tun erlaubt?
- Was ist es, das du nicht tun musstest?
- Wen hast du zu besiegen versucht, indem dies passiert ist?
- Welche Kontrolle glaubtest du zu bekommen, indem dies passierte?
- War es Kontrolle über dich oder andere oder beides?
- Aus welchem Grund wolltest du diese Kontrolle?
- Welche Schuld hast du abzubezahlen versucht?
- Hat dieses Ereignis dazu geführt, dass du dich momentan weniger schuldig und dann schlechter gefühlt hast, als die Auswirkungen deiner selbst auferlegten Bestrafung begonnen haben?
- Welche Ausrede hat dir dieses Ereignis gegeben?
- An welchem Schwelgen hast du versucht, dich festzuhalten?
- Wie viel Unabhängigkeit hast du daraus gewonnen, und war es den Preis der Schmerzen wert, den du bezahlt hast, um sie zu bekommen?
- Ist es das, was du willst?
- Hat dich das glücklich gemacht?
- Was ist es, das du wirklich willst?
- Welche Art von Geschichten hast du in Beziehungen für dich geschrieben?
- Hast du Geschichten von wahrer Liebe oder einem schönen Leben geschrieben?
- Hast du Geschichten des Herzensbruchs, der Rache, der

Kontrolle, des Hasses, des Selbsthasses, der Schuld, der Aufopferung, des Zynismus und der Bitterkeit geschrieben?

Du kannst diese tiefen Seelenmuster untersuchen, die du geschrieben hast:

- Warum könntest du die Art von Geschichten mögen, die du geschrieben hast?
- Wofür hast du die schmerzhaften Ereignisse und die dunklen Geschichten benutzt?
- Was hast du geglaubt, durch diese Geschichten und Ereignisse gewinnen zu können?

Du kannst wählen, welche Arten von Skripten du für dich selbst schreiben willst, auch wenn sich die meisten Leute dessen nicht bewusst sind:

- Was hast du geglaubt, dadurch bekommen zu können, dass du deine Beziehungen und dein Leben so gelebt hast?
- Mit wem hast du gekämpft und an wem hast du dich gerächt, wenn dein Liebesleben nicht kometenhaft war?
- Warum schreibst du diese Beziehungsgeschichte mit deinem Partner?
- Ist es das, was du willst?

Untersuche jetzt noch einmal deine Lebensgeschichte und dein Beziehungsskript:

- Was ging auf der Seelenebene vor sich, das dich dazu gebracht hat, die Art von Geschichten zu schreiben, die du in deinem Leben erzählt hast?

- Wenn es eine besonders schmerzhafte Beziehungsgeschichte war, an wem hast du dich gerächt, indem du
  dich so angegriffen hast?

Dies ist eine Zeit tiefen Nachsinnens, denn wenn es wahr ist,
dass du der Autor deiner Beziehungsgeschichte bist, ist es
auch wahr, dass du jetzt der Autor einer so viel besseren Geschichte werden könntest. Frag dich, was du willst. Die Antworten führen dich typischerweise zu Liebe und dem Selbst-
vertrauen für die Intimität zurück. Während du fragst, was du
willst, wird die Spaltung in deinem Bewusstsein integriert.
Du entscheidest dich bewusst für die positive Geschichte, die
du haben willst.

96

Was du deinem Partner vorhältst und warum

S tell eine Liste aller Dinge auf, die du deinem Partner übel nimmst. Was sind das für Sachen?

1. _____

2. _____

3. _____

4. _____

5. _____

Jetzt frag dich, welche Auswirkungen sie auf dich und deine Beziehung haben. Wenn du deinem Partner etwas vorwirfst, schaffst du blinde Flecken über dich selbst und die Beziehung. Frag dich, welche blinden Flecken du als Folge deines Grolls erzeugt hast. Vielleicht hast du die Dinge so wirkungsvoll vor dir selbst versteckt, dass du viele dieser blinden Flecken nicht finden kannst. Aber Groll zeigt Dinge auf, *für die du keine Verantwortung übernimmst.* Er zeigt, wo du versuchst, deinen

Partner dazu zu bringen, sich zu ändern. Ohne Verantwortlichkeit gibt es nicht viele Chancen, dass du ihn dazu bringen wirst, den Fehler zu ändern – der befindet sich immer noch in dir. Also wirst du irgendwann wieder darauf zurückkommen, und zwar hoffentlich, um ihn zu korrigieren. Außerdem zeigt deine Verstimmung, dass du versuchst, das von der Welt zu bekommen, was nur von dir selbst oder von Gott kommen kann. Die Beziehung, die du mit deinem Partner hast, zeigt die Beziehung, die du auf unbewusster Ebene zu Gott hast. Du willst, dass Gott dich liebt, sich um dich kümmert und alle deine Gebete erhört. Gleichzeitig willst du nicht, dass Gott dies tut, weil du das Gefühl hast, dass es die Identität verletzten würde, die du für dich selbst erschaffen hast. Sie will die Quelle von allem sein, auch wenn du deinen Partner kontrollieren oder manipulieren musst, damit er dir gibt, was du willst.

Wenn wir unseren Partner auf diese Weise kontrollieren, haben wir das Gefühl, dominant zu sein. Wir zwingen ihn, etwas zu tun, und unser Ego fühlt sich als das Höchste. Unbewusst wollen wir Gottes Liebe nicht, die die Selbstliebe vergrößert, weil wir Angst haben, dass Gottes Liebe unser Ego hinwegschmelzen und uns unaufhaltsam aus der Welt und in den Himmel ziehen würde. Wir würden alles verlieren, was wir aus uns selbst und der Welt gemacht haben. Deshalb wollen wir Gottes Liebe – und wir wollen sie auch nicht. Genauso wollen wir die Liebe und die Hilfe unseres Partners und wollen sie auch nicht.

Hier kommen die großen und wichtigen Fragen, um diese Situation mit deinem Partner zu transformieren:

- Was erlaubt es dir zu tun, dass sich dein Partner so verhält oder so ist?

- Was musst du nicht tun, weil dein Partner so ist?
- Vor welcher Angst glaubst du, dich beschützen zu können, indem dein Partner so ist?
- Welche Schuld versteckst du, indem du ihm gegenüber einen Groll hegst?

Bis du erkennst, dass du aus einem bestimmten Grund dieses Skript in deiner Beziehung schreibst, wirst du versuchen wollen, alles deinem Partner und seinen Problemen in die Schuhe zu schieben, und du wirst in der Situation stecken bleiben.

- Ist es das, was du willst?
- Was willst du?

Diese Worte der Macht solltest du immer und immer wiederholen, um die Situation, wie du sie siehst, zu enthüllen. Jedes Mal, wenn du sie mit fester Absicht deklarierst, achte darauf, wie du dich fühlst und wie die Situation aussieht: »Ich kann der Welt, die ich sehe, entrinnen, indem ich Angriffsgedanken über ... aufgebe.« *(Ein Kurs in Wundern, Übungsbuch, Seite 35, Lektion 23, Ü-I.23.6:4)*

97

Eine kurze Spiegelübung

Es gibt eine uralte Spiegelübung aus der spirituellen Tradition, die sich ausgezeichnet dazu eignet, Differenzen mit dem Partner zu heilen. Der erste Schritt besteht darin zu erkennen, dass alles ein Traum ist und der Inhalt von Träumen unwichtig ist. Was wichtig ist, ist das Aufwachen. Wenn die Heilung eintritt, erleben wir einen Augenblick reiner Gnade, der uns einen Einblick in den Himmel verschafft. Es ist der Himmel, den du erreichen willst, und das Tor und der Weg zum Himmel auf Erden und zum Himmel selbst führen durch deinen Partner. Erkenne in diesem Traum, dass alles ein Spiegel deines Bewusstseins ist. Stell dir einen großen Spiegel vor und stell dir vor, dass sich dein Partner in diesem Spiegel befindet. Er sieht wie dein Partner aus, aber du erkennst auch, dass er einen Teil von dir spiegelt, den du von dir gewiesen hast. Wende dich jetzt diesem Selbst im Spiegel so zu, als würdest du einen lange verschollenen Freund begrüßen. Stell dir vor, dass sich dein Partner aus dem Spiegel lehnt und dich umarmt, während du ihn umarmst. Und während ihr euch umarmt und umarmt werdet, siehst du, wie ihr zu einem vollständigeren, friedlicheren Du verschmelzt. Durch diese Übung kommst du der Einheit einen Schritt näher.

98

Die großen Kriege

D ie großen Kriege treten in den Tiefen des Unbewussten
auf. Auch wenn ihre Auswirkungen häufig als stark erfahren werden, erkennen wir nicht einmal, dass es derartig
große Konflikte in unserem Unbewussten gibt. Als wir ins
Bewusstsein gefallen sind, wurde die Welt in Gegensätze po-
larisiert, die unsere eigenen Seelenspaltungen und -sprünge
spiegelten. Wir haben unsere Zentriertheit verloren. Wir haben unser Zuhause im Einssein verloren. Diese Gegensätze
befinden sich im Konflikt. Häufig klaffen diese Gegensätze
zwischen Wahrheit und Illusion und nur eines davon kann
wahr sein. Einige Beispiele dafür sind: Leben und Tod, Himmel und Hölle, Engel und Dämonen. Nur jeweils eines davon ist keine Illusion. Was wahr ist, wurde vom Ego auf
eine scheinbare Ebenbürtigkeit reduziert und in einen gigan-
tischen Konflikt geführt, um die Wahrheit weiter zu verbergen. Die Wahrheit kann aber nur verdeckt werden. Sie
kann nicht geändert werden. Jeder Konflikt soll dazu dienen,
uns aufzuhalten oder anzuhalten. Die großen Kriege erzeugen sogar noch mehr Aufschub und die Tatsache, dass er
versteckt ist, macht ihn noch unzugänglicher. Sobald wir erkennen, dass es große Kriege gibt und wie einfach wir sie
überwinden können, verliert das Ego seine Fähigkeit, uns
aufzuhalten.

Es gibt noch weitere große Kriege, die nicht zwischen Wahrheit und Illusion geführt werden, jedoch dennoch polarisieren wie zum Beispiel die großen Kriege zwischen Männern und Frauen, Mutter und Vater, Auf und Ab, Herein und Heraus sowie Yin und Yang. Dies sind Gegensätze, deren zwei Seiten ohne die jeweils andere unvollständig wären. Sie können zu einer neuen Ganzheit verbunden werden. Jede Integration verbindet unser Bewusstsein zu einer Ganzheit und einer größeren Vision.

Auch wenn diese Polaritäten dabei helfen, Bewegung zu erzeugen, verstecken sie die tiefere Zentriertheit der Meisterschaftsphase, die sie verhindern sollen. Während diese Gegensätze zusammenkommen, geben sie viel größeren Frieden und eine größere Gnade frei. Dieser Grad an Integration verleiht uns nicht nur neue Tiefen der Zuversicht in uns selbst, sondern auch neue Ebenen des Vertrauens in den Himmel. Meisterschaft ist einfach, und es gibt nichts zu tun, es sei denn, wir werden dazu angeleitet. Meisterschaft ist friedvoll und strahlend. Sie empfängt und sie gibt. Sie kommt mehr aus unserem *Sein* als unserem *Tun*.

Einige der großen Kriege laufen zwischen Gut und Böse, Richtig und Falsch, Liebe und Angst, Geben und Bekommen, Gesundheit und Krankheit, Loslassen und Festhalten, Unschuld und Schuld, Segnen und Urteilen, Vergebung und Groll, Glücklichsein und Elend ab. Das sind Teufelskreise. In einem großen Krieg ist nur eine Seite wahr.

Ich würde dir vorschlagen, jeden Tag drei bis fünf dieser großen Kriege zur Heilung zu integrieren. Achte auf die Wirkung, die das darauf hat, wie du dich fühlst und wie es deinem Partner und der Beziehung geht. Lass uns den großen Krieg von Gesundheit und Krankheit als Beispiel nehmen. Frag dich, wie viele solche Kriege in dir sind. Frag dann, wie viele große Kriege von Gesundheit und Krankheit dein Partner hat. Stell dir jetzt vor, dass du dich auf einer großen Landzunge befindest und auf diese großen Kriege von dir und deinem Partner blickst. Fass die feste Absicht, dich und deinen Partner zu heilen. Bitte den Himmel um Hilfe und stell dir dann vor, wie eine Engelschar dich und deinen Partner über diese großen Kriege hinweghebt. Die ganze Absicht deines Egos besteht darin, dich von der Ganzheit deines Meisterschaftsbewusstseins mit seiner starken Verbindung zum Himmel abzuhalten. Die übereinanderliegenden großen Kriege können dich nicht aufhalten, während ihr gemeinsam durch die Luft zur anderen Seite gebracht werdet, wo euch ein tiefer Friede erwartet. Nachdem du ein wenig Zeit damit verbracht hast, dich an diesem Frieden zu erfreuen, wählst du vier weitere große Kriege, die du heute bearbeitest. Morgen wählst du dann drei bis fünf weitere große Kriege, die dich am meisten zu beeinträchtigen scheinen, wie den zwischen Licht und Dunkel, Engel und Teufel, Geist und Ego, Kind Gottes und Sklave des Egos, Beherrschung und Unterwerfung. Achte auf die Ergebnisse und freu dich an dir selbst.

99

Wie ihr euch unterscheidet

Wie ihr euch unterscheidet, ist die größte langfristige Herausforderung in einer Beziehung, und sie zieht sich den ganzen Weg durch deine Beziehung, vom Anfang bis zur Gegenwart und darüber hinaus. Die Herausforderung besteht darin zu heilen, wie gegensätzlich du deinem Partner bist. Dies ist nicht so unmöglich, wie es scheint, auch wenn du dir deinen Partner mit seinen Problemen ansiehst und vielleicht denkst: »Nein, das ist wirklich unmöglich.« Aber würdest du es nicht lieben, wenn es einen Weg gäbe? Und natürlich würde uns der Himmel nicht in der Falle lassen, daher muss es einen Weg geben. Ich habe bereits eine Reihe von Wegen in diesem Buch erwähnt, aber hier gibt es eine Gelegenheit, einen weiteren Weg zu demonstrieren. Methoden zur Heilung von Gegensätzen zu finden ist entscheidend, weil du auf dem Weg zum Einssein mit deinem Partner Polaritäten begegnen wirst. Die Heilung dieser Polaritäten führt dazu, dass sich eine Beziehung entwickelt. In diesem Buch haben wir über Akzeptanz, Vergebung, Geben, Loslassen, Vertrauen, Integration, vollkommenes Geben deiner selbst, Helfen anstelle von Urteilen, Verantwortlichkeit und Übergeben an den Himmel gesprochen, aber es gibt noch weitere Möglichkeiten.

Differenzen sind das, was das Ego benutzt hat, um sich zu trennen. Damit dein Partner zum Himmelstor wird, wie er es für dich sein soll, wirst du dich mit ihm immer wieder verbinden müssen. Dies bedeutet, dass es entscheidend ist, Groll, Differenzen und letztendlich die Trennung aufzugeben. Jedes Mal, wenn du das tust, erweiterst du das Fundament des Einsseins. Du kannst dich so tief mit deinem Partner verbinden, dass du das Licht in ihm erlebst. Wenn du diesen Punkt erreichst, kehrst du von dieser Ebene des tiefen Joinings zurück, weil es immer noch Lektionen gibt, die gelernt werden müssen, und Verbundenheit, die geschaffen werden muss. Auch wenn es kleinere Rückschläge gibt, wenn neue Konflikte auftauchen, besteht ein gewisses allgemeines Niveau, das du nicht mehr verlierst. Probleme und Krankheiten erzählen von Orten, an denen ihr nicht nur nicht verbunden seid, sondern auch unterschiedliche Standpunkte habt, von denen sich einige diametral gegenüberliegen. Das ist es, was ihr zu ändern aufgerufen seid. Probleme mit Kindern, Eltern, Vorgesetzten oder Kollegen oder alle Probleme in der Beziehung spiegeln Probleme der Trennung, die immer noch zwischen dir und deinem Partner stehen. Lerne, wie du deine Beziehung und die Liebe, die du für deinen Partner empfindest, als den schnellsten Weg zum Wachstum einsetzt, um über dich selbst, deine versteckte oder nicht so versteckte Selbstgerechtigkeit und deine Sturheit hinwegzukommen. Dies wird deine Beziehung lebendig halten und sie weiterentwickeln, bis die nächste Differenz mit ihren Problemen auftaucht. Wenn du als Folge deiner Heilung nicht weiterwächst, wirst du dich mit dem zufriedengeben, was in deiner Beziehung abläuft. Anstatt den Fluss zu genießen, der aus Akzeptanz entsteht, fällst du in Widerspruch oder Leblosigkeit. Alle der Heilungsprinzipien bringen dich einem glücklichen Traum mit deinem Partner näher. Indem du jedoch das Licht in deinem Partner und damit in dir selbst findest, könntest du jederzeit aus diesem

Traum erwachen und das werden, was *Ein Kurs in Wundern* als einen Retter der Welt bezeichnet. Dies öffnet dann dich und deinen Partner für den Himmel auf Erden.

Sieh dir jeden Tag die größte Differenz zwischen dir und deinem Partner an. Es könnte dort sein, wo er eine Schwäche oder ein Problem zu haben scheint. Es könnte das sein, worüber ihr streitet. Es könnte dort sein, wo du eine Schwäche oder ein Problem hast und dein Partner das Geschenk zu haben scheint, das dies heilen würde. Oder es könnte einfach ein Ort sein, an dem ihr beide unterschiedlich seid.

Die folgende Übung ist eine Übung in *Hingabe*. Stell dir vor, dass du bereit bist, den Kampf und die Distanz zwischen euch aufzugeben. Stell dir vor, dass du die Meinungsverschiedenheit loslässt. Stell dir vor, dass du dich mit deinem Partner von Geist zu Geist und von Herz zu Herz verbindest. Dies ist deine Hingabe. Du gibst deine Position auf und verbindest dich mit deinem Partner in seiner Position. Lass den Streit oder die Differenz außer Acht, ganz gleich, wie groß sie sind. Während du dich mit deinem Partner in seiner Position verbindest, *verbindet er sich im gleichen Maß mit dir in deiner Position*. Dies ist ein weiterer paradoxer Weg, um gemeinsam voranzugehen. Als Folge dieses Joinings erlebt ihr vielleicht neue Flitterwochen. Oder dieser Konflikt hat einen noch tieferen Konflikt verborgen, der nun an die Oberfläche steigt. Falls dies passiert, machst du die Hingabeübung einfach noch einmal. Mach jeden Tag mindestens eines dieser Joinings und achte auf die Ergebnisse. Es erscheint dir vielleicht wundersam, wie sich dein Partner oder die Situation verändert.

Noch einmal, mach diese Übung jeden Tag mindestens einmal:

1. Sieh den Unterschied.
2. Sei bereit, den Kampf oder die Distanz zwischen euch aufzugeben.
3. Fass eine feste Absicht und bitte den Himmel um Hilfe.
4. Mach dir um die Meinungsverschiedenheit keine Sorgen, verbinde dich einfach mit dem Partner in seiner Position, von Bewusstsein zu Bewusstsein und von Herz zu Herz.
5. Erlebe das Zusammenkommen und den neuen Grad an Frieden.
6. Achte auf die Resultate. Jede Differenz zwischen dir und deinem Partner in deinem Bewusstsein kann ziemlich groß sein, daher kann mehr erforderlich sein, um die Trennung zu heilen. Es kann sein, dass du auf das gleiche Problem zurückkommst, bis du auf jeder seiner Schichten einen völlig neuen Grad an Frieden, Liebe und Erfolg erreicht hast.

Diese Hingabeübung kann eine Goldmine für dich, deinen Partner und die Beziehung sein. Sie kann dein Wachstum beschleunigen, bis du bereit bist, es einzusetzen, um das Licht in deinem Partner zu finden. Je klarer du eure Differenzen siehst, desto leichter und schöner wird dein Leben sein und desto bereitwilliger wirst du dich mit dem Licht in deinem Partner verbinden und dich für die Erfahrung des Einsseins öffnen.

100

Den Himmel wählen

E
in Kurs in Wundern zufolge wählen wir in jedem Augenblick zwischen dem Himmel und der Hölle. Wir wählen zwischen Gott und dem Ego. Wir wählen zwischen Wahrheit und Illusion. Wir glauben, dass wir sehr viele Entscheidungen treffen können, aber in Wirklichkeit gibt es nur eine. *Ein Kurs in Wundern (Übungsbuch,* Seite 264, Lektion 138, Ü-I.138.4: 3-8)* sagt weiter: »Verwirre dich nicht mit all den Zweifeln, die Myriaden von Entscheidungen auslösen würden. Du triffst nur eine. Und wenn diese eine getroffen ist, wirst du wahrnehmen, dass es gar keine Wahl war. Denn die Wahrheit ist wahr und nichts sonst ist wahr. Es gibt kein Gegenteil, das du stattdessen wählen könntest. Es gibt keinen Widerspruch zur Wahrheit.«

Der Zweck einer Beziehung besteht darin, gemeinsam glücklich zu sein. Dies bedeutet, dass wir unser Ego mit jeder Entscheidung aufgeben, die wir für den Himmel und unseren Partner treffen. Wir reißen die Wände des Egos ein, um eine Öffnung und einen Zugang zu finden, die zuvor gefehlt haben. Wir finden in unserem Partner einen immer besseren Partner, während wir beginnen, von der Ebene der wechselseitigen Abhängigkeit einer wahren Partnerschaft zur radikalen Abhängigkeit aufzusteigen, die nicht nur mehr Verbundenheit mit unserem Partner, sondern auch mehr Erfahrung mit dem

Himmel beinhaltet. Wir fangen bald an zu erkennen, dass wir uns auf einem Pfad der Ego-Vernichtung befinden. Es ist weniger von uns und mehr vom Himmel da. Wir fangen an zu entdecken, was *Ein Kurs in Wundern* als Sühne bezeichnet, und zwar die Erkenntnis der Identität, mit der wir von Gott erschaffen worden sind, anstelle der Identität, die wir unter Schmerzen, Ungerechtigkeit und Trennung selbst aufgebaut haben. Während wir mit jeder Entscheidung bezüglich der besten Wahl hin- und herzuschwanken scheinen, zeigt uns unser Vertrauen, dass nur eine davon eine Entscheidung für den Himmel ist. In Bezug auf unseren Partner ist der Himmel die Wahl, die wir treffen müssen. Ohne diese Entscheidung wird das Ego versuchen, uns in seine Richtung zu beeinflussen, und uns bezüglich dessen verwirren, worum es in der Situation geht. Es ist einfach: Wenn wir uns für den Himmel entscheiden, entscheiden wir uns für das Beste für unseren Partner, für uns selbst und für unser Wachstum. Wenn wir uns für das Ego entscheiden, entscheiden wir uns gegen Liebe und Freude. Wir entscheiden uns gegen uns selbst, unseren Partner und den Himmel auf Erden, den wir doch anstreben. Sich für das Ego zu entscheiden, bedeutet, das Besonderheit der Liebe vorzuziehen, die Selbstsüchtigkeit dem Teilen und der Fülle, Konkurrenz dem gemeinsamen Gewinnen und Aufopferung dem Geben und Empfangen.

Also gilt »Der Himmel ist die Entscheidung, die ich treffen muss« *(Ein Kurs in Wundern, Übungsbuch,* Seite 264, Überschrift Ü-I.138)*,* wenn wir glücklich sein und unsere Ziele erreichen wollen. Lass uns den Pfad der Wahrheit erlernen. Lass uns erkennen, dass Erfolg das ist, was uns gemeinsam in unserer Beziehung glücklich macht.

»Der Himmel wird bewusst gewählt. Die Wahl kann nicht getroffen werden, solange die Alternativen nicht korrekt gesehen und verstanden werden. Alles, was in Schatten gehüllt ist, muss zum Verständnis hochgehoben werden, damit es noch einmal beurteilt wird, diesmal mit des Himmels Hilfe. Und alle Fehler beim Beurteilen, die der Geist zuvor gemacht hat, stehen der Berichtigung offen, während die Wahrheit sie als ursachlos entlässt. Jetzt sind sie ohne Wirkungen. Sie können nicht verborgen werden, weil ihre Nichtigkeit wahrgenommen wird.« *(Ein Kurs in Wundern, Übungsbuch,* Seite 265, Lektion 138, Ü-I.138.9:1-6)*

Ein Kurs in Wundern erklärt weiter, dass die bewusste Entscheidung für den Himmel die Angst vor der Hölle beendet. Der Schlüssel liegt darin zu lernen, zwischen dem Himmel und dem zu unterscheiden, was zum Ego führt. Lass uns emotionale Reife erlernen, denn unsere Entscheidung hängt von unserem Lernerfolg ab. Den Himmel zu wählen bedeutet, einen Weg zu wählen, bei dem du und dein Partner gewinnen und ihr beide zusammenkommt. Bitte jeden Morgen, wenn du aufwachst, und jeden Abend vor dem Schlafengehen den Himmel um Hilfe dabei, dich für den Himmel zu entscheiden.

Zusammenfassung

Wie dir jetzt klar sein wird, dreht sich *Wie du deinen Partner änderst* eigentlich darum, wie du dich selbst änderst und wie sich die Welt um dich herum als Folge davon verändert. Während du lernst, dich selbst zu heilen und vorwärtszugehen, entwickelt sich dein Umfeld in gleicher Weise. Wenn du gibst, anstatt dich zu beschweren, werden sich die Dinge ändern. Was du von anderen erwartest, gibst du entweder ihnen oder dir selbst nicht. Dennoch bist *du* derjenige, dessen Geschenk oder Gabe unter dem Groll versteckt liegt. Selbstgerechtigkeit, Groll, Schuld und Urteil können dir eine Ausrede geben, dich zu verstecken. Vielleicht geben sie dir die Ausrede, mit der du glauben kannst, dass du der Überlegene bist. Dies wird dich jedoch nie glücklich machen. Dass du glaubst, mit deiner Wahrnehmung recht zu haben, macht diese Dinge in deiner Beziehung weder wahr noch schenkt es dir die Erfüllung, deine Lebensaufgabe zu leben. Dazu gehört, dabei zu helfen, die Menschen um dich herum zu befreien, während du dich selbst heilst. Rechthabenwollen verdeckt die Wahrheit und deine Lebensaufgabe.

Wenn du wirklich möchtest, dass dieses Buch für dich funktioniert, wird es das tun. Wenn du den geheimen Wunsch hegst, dass es nicht funktioniert, kann dieser Wunsch alles aufhalten. Wenn du, dein Partner oder die Beziehung sich nicht weiterentwickeln, ist eine Reihe unbewusster Dynamiken am Werk. Wahrscheinlich gibst du wichtigen Menschen und Gott die Schuld dafür. Wahrscheinlich hast du Angelegenheiten mit deiner Ursprungsfamilie nicht überwunden. Wahrscheinlich hältst du an einem Menschen aus der Vergangenheit fest. Wahrscheinlich weigerst du dich, aufgrund eines Wutanfalls – oder einer Masche, also eines Wutanfalls, den du zu einer Kunstform gemacht hast – Erfolg zu haben. Wahrscheinlich gibt es da einen gewissen Grad an Sturheit, schlechter Einstellung, Arglist, passiver Aggression, Unbeweglichkeit, Trotz, Widerstand, Verstocktheit, Unzugänglichkeit, Unnachgiebigkeit und Unverbesserlichkeit. Unter all dem liegt die Angst vor der Veränderung. Dann gibt es da die Anhaftung an die Welt mit Idolen, Schmerz und Groll und den Selbstkonzepten des Egos. Dies führt zu unbewusster Rebellion und zu einem Kampf mit Gott, der eine Rache an wichtigen Menschen in deinem Leben sowie an Gott darstellt. Dies alles bestimmt das versteckte Ausmaß, in dem du nicht willst, dass sich deine Beziehung verbessert. Wenn nichts besser wird, machst du immer noch den größten Fehler im Leben und in Beziehungen: zu glauben, dass sich jemand oder etwas außerhalb von dir ändern müsse, damit du glücklich bist oder gerettet wirst.

Wenn du der Welt verhaftet bist, hängst du an dem Ego, das du erschaffen hast. Du glaubst vielleicht, dass dies normal und unwichtig ist und wenig Auswirkungen hat, aber du hast den Himmel und den Himmel auf Erden verloren – für die Version der Welt, die du aus den Glaubenssätzen, Entscheidungen und Wünschen deines Verstandes projizierst. Du kannst es wirklich so haben, wie du es willst. Ist das wirklich, was du willst? Deine Beziehung ist offenbar eine deiner Seelenlektionen, und du hast das Versprechen gegeben, deinen

Partner und dich selbst zu retten. Wenn dies dein Versprechen war, muss es einen Weg geben. Der Himmel wird dich weder verlassen noch ohne Trost lassen. Horch nach innen. Verpflichte dich der Wahrheit und schreite vorwärts.

Du könntest drei Zahlen zwischen Eins und Hundert wählen und die entsprechenden Lektionen im Buch noch einmal machen. Anschließend kannst du das Buch jeden Tag auf einer bestimmten Seite öffnen oder eine Zahl zwischen Eins und Hundert als deine Lektion für den Tag oder für die Woche wählen. Dieses Buch könnte dein täglicher Begleiter sein, um dir nicht nur mit deinem Partner, sondern mit chronischen Problemen zu helfen. Wenn du die Situation mit deinem Partner jedoch veränderst, wirst du die Zuversicht und die Macht haben, jedes Problem zu verändern. Dein Ego will keine Veränderung. Es will Drama und Seifenoper. Aber du entscheidest, was du willst und damit auch, wo hinein du investierst. Und es ist wichtig zu wissen, dass dein Wachstum keine einmalige Angelegenheit ist, obgleich es bereits bedeutende Durchbrüche gegeben haben kann. Wachs immer weiter. Lern deine Seelenlektionen. Entlass dein Ego als deinen persönlichen Berater. Es hat nur seine eigenen Interessen im Sinn.

Als das Schreiben dieses Buchs zu einem Ende kam, stellte ich fest, dass ich mehr und mehr Kapitel geschrieben hatte, während mir immer neue Eingebungen gekommen waren. Schon bald waren es mehr als zwanzig Kapitel über die geplanten hundert hinaus. Mir und meinem Verleger wurde klar, dass dieses Buch kein Einzelkind sein würde. Wenn du also mit deinem Partner noch nicht weitergekommen bist, ist weitere Hilfe unterwegs. Bis dahin wünsche ich dir stetiges Wachstum und ganz viel Gnade.

Dank

Ich möchte mich bei den folgenden Menschen bedanken: Cilla Ordenstein und Charlie Latiolais haben die Büroarbeiten für mich erledigt, damit ich dieses Buch schreiben konnte.

Ich danke Harrylne, die sich so gut um unser Haus kümmert, dass ich mich uneingeschränkt dem Schreiben widmen kann.

Ich möchte meiner Stenotypistin Sunny danken, die Ordnung in mich und meine Bücher bringt.

Ich danke Eric und Celia Taylor dafür, dass sie diese Bücher auf Hochglanz polieren.

Ich danke meinen Kindern für all ihre Liebe. Sie inspirieren mich, zu geben und zu empfangen.

Ich möchte meiner Frau, *mi corazon*, für ihre Zärtlichkeit und Liebe danken.

Ich danke Daniel Ladinsky für seine inspirierende mystische Poesie.

Und schließlich bedanke ich mich bei *A Course in Miracles (Ein Kurs in Wundern)* für die Führung und Gnade, die mir dieses Buch während der letzten achtunddreißig Jahre geschenkt hat.

Anmerkungen

1 *Ein Kurs in Wundern. Textbuch/Übungsbuch/Handbuch für Lehrer.* Greuthof Verlag, Gutach i. Br. 11. Auflage, 2014

2 In diesem Buch wurde der Lesbarkeit halber darauf verzichtet, das englische Wort *partner*, das zwischen den Geschlechtern nicht unterscheidet, mit Partner/-in zu übersetzen. Gemeint ist immer das jeweils zutreffende Geschlecht.

3 *Ein Kurs in Wundern.* Vorwort, Seite xv.

4 *Wenn es verletzt, ist es keine Liebe: Die Gesetzmäßigkeiten erfüllter Partnerschaft,* Goldmann, 2005

5 *Beziehungs-Notfall-Set: Die Gesetzmäßigkeiten unserer Beziehungen verstehen,* Goldmann, 2009

6 *Emotionale Reife: Die Heilung der Gefühlswelt,* Via Nova, 2014

7 Die *Sprache des Herzens: Durch Heilung der Emotionen ein Leben in Liebe führen,* Via Nova, 2014

8 *Leben in emotionaler Freiheit: Heilung von unbewussten Hindernissen und Blockaden,* Via Nova, 2015

9 *Heilung beginnt im Herzen: Die inneren Kräfte wecken, um Körper und Seele zu heilen,* Via Nova, 2009

10 *Die inneren Gesetzmäßigkeiten des Erfolgs,* Via Nova, 2013

11 *Wo Engel gehen auf leisen Sohlen: Wie Sie Beziehungen erfolgreich und harmonisch gestalten können,* Via Nova, 2007

12 *Partnerschaft und spirituelles Leben: Gemeinsam in ein höheres Bewusstsein*, Via Nova, 2015

13 *Glückliche Partnerschaft: Beziehungen in einer neuen Dimension des Bewusstseins*, Via Nova, 2016

14 Friedrich Salomon Perls (1893–1970), Psychiater und Psychotherapeut deutsch-jüdischer Herkunft, Mitbegründer der Gestalttherapie (Anm. d. Ü. unter Zuhilfenahme von Wikipedia)

15 Zitat aus der Bibel, Korinther 13:12

16 Im englischen Originaltext wird hier das jiddische Wort *shtick* verwendet (artverwandt mit dem deutschen Wort Stück), das eine Bezeichnung für eine typischerweise komische oder wiederholte Aufführung oder Routine ist.

17 Wortspiel mit dem englischen Wort für Beziehung, *relationship*. *Relation* bedeutet zu Deutsch Beziehung und *ship* bedeutet Schiff.

18 Wortspiel mit dem englischen Wort für Beziehung, *relationship*. *Relation* bedeutet zu Deutsch Beziehung und *ship* bedeutet Schiff.

19 Wortspiel mit dem englischen Wort für Beziehung, *relationship*. *Relation* bedeutet zu Deutsch Beziehung und *ship* bedeutet Schiff.

20 Wortspiel mit einem amerikanischen Slang-Ausdruck für ein Bordell, ein sogenanntes *cathouse* (Katzenhaus).

21 Wortspiel mit dem amerikanischen Slang-Ausdruck *bone* (Knochen) für Penis.

Chuck Spezzano

Die Spiegel deiner Seele

978-3-7787-9245-2

Chuck Spezzano zeigt, wie jede Verbindung mit einem anderen Menschen unseren inneren Zustand spiegelt, unsere Probleme ebenso wie
unser verborgenes Potenzial. Indem wir die geheimen Botschaften
unserer Beziehungen entschlüsseln, erhalten wir unschätzbar wertvolle
Wegweiser für Selbstverwirklichung und persönliches Wachstum.

Leseprobe unter **www.integral-verlag.de**